Gegenwartsliteratur in Mitteleuropa. Kulturwissenschaftliche und komparatistische Studien

Herausgegeben von
Anna Majkiewicz und Agata Mirecka

Band 7

2025
Harrassowitz Verlag · Wiesbaden

Geschichte in Geschichten

Dramatische und epische Texte im Spannungsfeld zwischen Fakt und Fiktion

Herausgegeben von
Natalia Fuhry und Agata Mirecka

2025
Harrassowitz Verlag · Wiesbaden

Gedruckt mit finanzieller Unterstützung der Universität der Kommission für Nationale Bildung in Kraków (Uniwersytet Komisji Edukacji Narodowej w Krakowie) in Polen.

Umschlagabbildung: Historie [Geschichten]
(watercolor on paper, 24 × 34 cm, 2025) © Justyna Talik (www.justynatalik.pl)

Die Beiträge in diesem Band wurden im double-blind Peer Review-Verfahren begutachtet von:
Prof. Dr. Hans-Heino Ewers (Goethe-Universität Frankfurt)
Prof. Dr. Randi Gunzenhäuser (Technische Universität Dortmund)
Prof. Dr. Gabriela Jelitto-Piechulik (Uniwersytet Opolski)
Prof. Dr. Zoltán Kulcsár-Szabó (Eötvös Loránd University Budapest)
Prof. Dr. Joanna Ławnikowska-Koper (Uniwersytet Jana Długosza w Częstochowie)
Prof. Dr. Anna Majkiewicz (Uniwersytet Jana Długosza w Częstochowie)
Dr. Jelena Spreicer (Sveučilište u Zagrebu)
Prof. Dr. Krzysztof Tkaczyk (Uniwersytet Warszawski)

Bibliografische Information der Deutschen Nationalbibliothek
Die Deutsche Nationalbibliothek verzeichnet diese Publikation in der Deutschen Nationalbibliografie; detaillierte bibliografische Daten sind im Internet über https://dnb.de/ abrufbar.

Bibliographic information published by the Deutsche Nationalbibliothek
The Deutsche Nationalbibliothek lists this publication in the Deutsche Nationalbibliografie; detailed bibliographic data are available on the internet at https://dnb.de/.

Informationen zum Verlagsprogramm finden Sie unter
https://www.harrassowitz-verlag.de/

Kreuzberger Ring 7c–d, 65205 Wiesbaden, produktsicherheit.verlag@harrassowitz.de

Gedruckt auf alterungsbeständigem Papier.
Druck und Verarbeitung: Prime Rate Zrt.
Printed in Hungary

ISSN 2749-7119 eISSN 2749-7127
ISBN 978-3-447-12453-9 eISBN 978-3-447-39739-1

Inhalt

Einleitung

Natalia Fuhry, Agata Mirecka

Das Spannungsverhältnis zwischen Fiktion und tatsächlichen historischen Begebenheiten ist ein Charakteristikum zahlreicher literarischer Texte. Es sind zumeist Themen wie gesellschaftliche Umbrüche, Kriege, einschneidende Krisensituationen oder (Natur-)Katastrophen, die literarisch verarbeitet werden. Geschichtliche Ereignisse haben Autorinnen und Autoren verschiedener Jahrhunderte als Inspirationsquellen für Ihre Werke gedient, die wiederum jene historischen Geschehnisse literarisch kommentierten und interpretierten. So dienen in der Literatur faktuale Ereignisse nicht selten dazu, überzeitliche Gültigkeiten paradigmatisch herauszuarbeiten und neu zu beleuchten. Solche literarischen Texte funktionieren für die Leseinstanz zumeist in zweifacher Weise. Einerseits rekonstruieren sie die in ihnen verarbeiteten historischen Ereignisse und ermöglichen dadurch einen literarischen Zugang außerhalb geschichtswissenschaftlicher Betrachtungen. Andererseits bietet die Rezeption dieser literarischen Texte die Möglichkeit, einen Bezug vergangener Geschehnisse zur gegenwärtigen sozialen Wirklichkeit herzustellen. Sie geben daher nicht nur der Vergangenheit eine konkrete Ausgestaltung und machen damit Geschichte (history) mithilfe von Erzählungen (story) greifbar, sondern ermöglichen auch eine Reflexion aktueller Ereignisse durch Analogien und geschichtliche Parallelen.

Diese Publikation unter dem Titel *Geschichte in Geschichten. Dramatische und epische Texte im Spannungsfeld zwischen Fakt und Fiktion* umfasst wissenschaftliche Analysen epischer und dramatischer Texte sowie von Tagebüchern als literarischer Gattung, in denen eine literarische Welt vor dem Hintergrund historischer Ereignisse geschaffen wird. Der Band ist das Ergebnis der internationalen wissenschaftlichen Tagung *Geschichte in Geschichten*, welche im Dezember 2023 an der Pädagogischen Hochschule Ludwigsburg stattfand und in Zusammenarbeit mit der Universität der Kommission für Nationale Bildung in Krakau veranstaltet wurde.

Die in diesem Band zusammengestellten Beiträge befassen sich mit verschiedenen Formen literarischer Auseinandersetzungen mit der Vergangenheit und verdeutlichen, wie in literarischen Texten die Grenzen zwischen künstlerischer Erfindung und historischer Genauigkeit ausgelotet werden. Die Untersuchungen befassen sich sowohl mit klassischen Texten, wie etwa von Friedrich Hebbel, als auch mit modernen Ausdrucksformen, etwa Graphic Novels oder zeitgenössischen Theatertexten.

Der vorliegende Band verfolgt das Ziel, die Möglichkeiten der Literatur zu ergründen, die Vergangenheit neu zu beleuchten, den Dialog mit der Gegenwart anzuregen und den Weg in die Zukunft aufzuzeigen. Der weite zeitliche Rahmen der Primärtexte, vom

Ende des 19. Jahrhundert bis zur Covid-19-Pandemie im 21. Jahrhundert, sowie die unterschiedlichen Genres, vom kanonisierten Text, über literarische Tagebücher bis hin zum Graphic Novel und zu postdramatischen Theatertexten, eröffnet einen überzeitlichen Blick auf die breite Vielfalt innerhalb der Literaturwissenschaft. Der Band umfasst Forschungen von Wissenschaftlerinnen und Wissenschaftlern mit unterschiedlichen fachlichen Schwerpunkten aus Deutschland, Kroatien, Polen und Tschechien. In den Beträgen werden neue Perspektiven auf das Verhältnis von Literatur und Geschichte entfaltet.

Die Publikation ist in drei Kapitel unterteilt: epische Texte, dramatische Texte und literarische Tagebücher. Das erste Kapitel umfasst Romane und Erzählungen, die auf historische Ereignisse rekurrieren und damit eine spezifische Form epischer Literatur darstellen. So ist etwa im historischen Roman das literarische Spiel mit geschichtlichen Fakten ein essenzielles Gattungselement, welches zu einer Unsicherheit über den ontologischen Status des Erzählten führt. Gerade die Frage, ob einzelne Elemente, Aussagen oder Informationen in der Erzählung fiktiv oder faktual sind, konstituiert diese Erzählform.[1] So untersucht **Ralph Olsen** (Pädagogische Hochschule Ludwigsburg) in seinem Beitrag *Ein Choral, den Hanno nicht hätte hören können...* die komplexen Zusammenhänge der Lübecker Stadtgeschichte in Thomas Manns Roman *Die Buddenbrooks*. Die Analyse verdeutlicht die subtilen Diskrepanzen zwischen Fiktion und Faktualität und betont die Rolle der Literatur bei der Konstruktion eines spezifischen Bildes der Vergangenheit. **Monika Tokarzewska** (Nicolaus-Copernicus-Universität Toruń) widmet sich Marcel Bayers Roman *Flughunde* auf zweifache Weise, zum einen mit dem Fokus auf narrative Aspekte des Romans und zum anderen auf narrative Aspekte der Graphic Novel. Die Analyse fokussiert sich auf die Perspektive der Täter in der NS-Zeit sowie auf die Rezeption historischer Themen. Der von **Carlo Brune** und **Felix Quiram** (Pädagogische Hochschule Ludwigsburg) gemeinsam verfasste Text *Spiegelungen durchdringen einander – Daniel Kehlmanns literarisches Lichtspiel mit der NS-Vergangenheit des österreichischen Filmregisseurs G. W. Pabst* beleuchtet die Art und Weise, wie Daniel Kehlmann mit Metaphern und narrativen Erzähltechniken die in die Geschichte des Nationalsozialismus verstrickte Biografie des Regisseurs G. W. Pabst neu erzählt. **Karol Sauerland** (Universität Warschau) analysiert in seinem Beitrag *Der sowjetische Teil der deutschen Geschichte. Der Fall der Brüder Ruge* die literarischen Darstellungen der deutsch-sowjetischen Beziehungen in den Werken von Eugen und Wolfgang Ruge. Der Artikel zeigt dabei auf, in welcher Weise die jeweilige politische Situation das Schicksal der beiden Autoren beeinflusst hat. **Natalia Fuhry** (Pädagogische Hochschule Ludwigsburg) analysiert in *Pandemie erzählen. Konstruktionen literarischer Authentizität in Thea Dorns Roman ‚Trost. Briefe an Max'* den vor dem Hintergrund der Covid-19-Pandemie spielenden Postkarten-Briefroman, in dem ein Reflexionsprozess über die tatsächliche Pandemie entfaltet wird. Sowohl auf inhaltlicher und narratologischer wie auch auf visueller Ebene zeigen sich im Text vielfäl-

1 Vgl. D. Lamping (Hrsg.), *Handbuch der literarischen Gattung*, Alfred Kröner Verlag, Stuttgart 2009, S. 360.

tig eingeschriebene Elemente von Wahrhaftigkeit, die das Spannungsverhältnis von Fakt und Fiktion potenzieren.

Im zweiten Kapitel finden sich Analysen dramatischer Texte, beginnend mit einem Beitrag von **Paul Martin Langner** (Schlesische Universität in Opava), in dem die historische und die dramatische Figur des Demetrius bei Friedrich Hebbel beleuchtet und das Verhältnis zwischen historischer Treue und poetischer Wahrheit in Hebbels unvollendetem Dramentext analysiert wird. Das Kinderhörspiel als Medium zur Interpretation des Krieges ist Gegenstand des Textes *Geschichte in Geschichten am Beispiel des Kinderhörspiels ‚Feldpost für Pauline‘* von **Sabine Pfäfflin** (Pädagogische Hochschule Ludwigsburg). Durch das Prisma der Kinderperspektive werden hier Kriegserlebnisse geschildert und als dramatischer Audiotext für eine junge Zuhörerschaft greifbar gemacht. Im Text *Meine Obsession ist mein Lebenslauf – eine Skizze von Janusz Krasińskis Dramen* von **Agata Mirecka** (Universität der Kommission für Nationale Bildung in Krakau) werden dramatische Texte des polnischen Autors Janusz Krasiński untersucht, um das Thema „Der Mensch im Drama der Geschichte“ im Kontext der Volksrepublik Polen zu beleuchten. Die Werke des Autors thematisieren das Schicksal des Individuums innerhalb der komplexen Strukturen des totalitären polnischen Staates während der Zeit der Volksrepublik Polen (1945–1989).

Der Text *Das vielschichtige Textgeflecht von Elfriede Jelineks ‚Stecken, Stab und Stangl‘ und die Gattungsfrage* von **Sonja Novak** (J.-J.-Strossmayer-Universität in Osijek) befasst sich mit Elfriede Jelineks narrativen Experimenten im Kontext einer Auseinandersetzung mit Geschichte und dem kollektiven Gedächtnis. **Marijana Mandić** (J.-J.-Strossmayer-Universität in Osijek) untersucht in ihrer Analyse von Elfriede Jelineks *In den Alpen* das Motiv der historischen Brandkatastrophe, mit dem Kritik an zeitgenössischen sozialen und politischen Problemen geübt wird.

Im dritten Kapitel des Bandes werden literarische Tagebücher behandelt, die entweder als eigenständiges literarisches Genre verstanden werden oder signifikante literarische Anteile aufweisen. **Angela Bajorek** (Universität der Kommission für Nationale Bildung in Krakau) analysiert in *Die gestohlene Kindheit* literarische Zeugnisse, wobei sie einen Fokus auf die Topoi der Erinnerungen und Kriegserfahrungen legt. In diesem Zusammenhang ist auch der Text von **Dorota Szczęśniak** (Universität der Kommission für Nationale Bildung in Krakau) mit dem Titel *‚Ich will um Gottes willen leben!‘ Holocaust-Tagebücher von Mädchen aus dem Krakauer Ghetto* von Bedeutung. Die Tagebücher von jüdischen Mädchen aus dem Krakauer Ghetto werden einer Analyse unterzogen, um ihre Bedeutung als historische Dokumente und als Zeugnisse des Holocausts zu bestimmen. Die Tagebücher von Max Frisch hingegen, die sich mit der Reflexion über Geschichte, eigener Identität und dem Vergehen der Zeit befassen, sind Gegenstand des Textes von **Michael Gans** (Pädagogische Hochschule Ludwigsburg) mit dem Titel *‚Die Zeit verwandelt uns nicht. Sie entfaltet uns nur.‘ Das Tagebuch als literarische Form der Geschichtsschreibung bei Max Frisch.* In dem Artikel wird die literarische Form der historiografischen Darstellung anhand der literarischen Tagebücher von Max Frisch untersucht.

Der vorliegende Sammelband präsentiert eine Vielzahl von Analysen, die sich mit dem literarischen Geschichtsbild befassen. Darüber hinaus wird der Stellenwert der Vergangenheit im zeitgenössischen Bewusstsein erörtert. Das Ausloten der Grenzen zwischen Fakt und Fiktion, die Betrachtung von Geschichte durch das Prisma literarisch konstruierter Erfahrungen, die Reflexion über Literatur als Sprachrohr sozialer und politischer Kritik sowie das Verhältnis von kollektivem und individuellem Gedächtnis bilden die Forschungsschwerpunkte dieses Sammelbandes. Die wissenschaftlichen Beiträge verdeutlichen, dass Literatur keine passive Aufzeichnung der Geschichte darstellt, sondern sich aktiv an ihrer Neuinterpretation und Dekonstruktion beteiligt. Das 2023 gestartete Projekt zwischen der Pädagogischen Hochschule Ludwigsburg und der Universität der Kommission für Nationale Bildung in Krakau soll sowohl im Rahmen gemeinsamer Forschungen zu konkreten historischen Aspekten, die ihren Platz in der Literatur finden, als auch durch Treffen im Rahmen internationaler, wissenschaftlicher Konferenzen fortgeführt werden. Die Herausgeberinnen des Bandes hoffen dadurch, weitere Dimensionen an der Schnittstelle von Literatur und Geschichte aufzuzeigen.

Ludwigsburg und Krakau im Herbst 2025

I
ROMANE

Ein Choral, den *Hanno* nicht hätte hören können …

Anmerkungen zu diffizilen stadtgeschichtlichen Aspekten in den *Buddenbrooks*

Ralph Olsen
Pädagogische Hochschule Ludwigsburg

A chorale that Hanno could not have heard … Notes on difficult aspects of urban history in the Buddenbrooks

Thomas Mann's novel *Buddenbrooks* can be read almost like a city guide to Lübeck: the diverse aspects of the city's history are, for the most part, still 'congruent' with their non-fictional counterparts. However, there are a few exceptions that are presented in this article. Following the presentation of new findings in this regard, the literary studies problems are 'resolved' with reference to neorealist positions and with regard to literary didactic considerations.

Keywords: Buddenbrooks, fictionality, factuality, fields of meaning

Christiane Hochstadt in Dankbarkeit zugeeignet.

Die *Buddenbrooks* von Thomas Mann handeln vom Untergang einer Lübecker Kaufmannsfamilie im 19. Jahrhundert. Der Ort Lübeck selbst spielt in dem Roman – obwohl er nicht ein einziges Mal explizit erwähnt wird – eine herausragende Rolle insofern, als der Autor dem Leser die Altstadt und das typische frühindustrielle Treiben in einer früher überaus bedeutsamen Handelsstadt zum Teil recht detailliert vor Augen führt. Immer wieder wird deshalb behauptet, dass die *Buddenbrooks* quasi auch ein ‚Stadtführer' seien. In fachdidaktischer Hinsicht tritt durch dieses unweigerliche Streifen stadtgeschichtlicher Aspekte neben das literarische unausweichlich auch das historische Lernen. Im folgenden Beitrag soll aufgezeigt werden, welche besonderen Stolperstellen der Text diesbezüglich bereithält, wie Derartiges literaturwissenschaftlich bewertet werden kann und welches literaturdidaktische Potential daraus erwächst.

Thomas Mann hat mit der Veröffentlichung der *Buddenbrooks* seiner Heimatstadt ein bedeutsames Denkmal gesetzt, da weder zuvor noch danach ein literarisches Werk geschaffen wurde, das die alte Hansestadt an der Ostsee derart dezidiert in den Blick nimmt. Der Autor führt die Leserschaft auf den Spuren der literarischen Figuren[1] vom Zentrum des Geschehens aus – dem Stammsitz der Familie in der Mengstraße 4 (das heute so genannte *Buddenbrookhaus*) – immer wieder durch die Straßen, Gruben und Gänge der Altstadt und streift dabei nicht nur bestimmte geschichtsträchtige Orte und Gebäude, sondern fängt auch immer wieder anderweitig die besondere Stimmung dieser ehemaligen Weltstadt ein. Das hat zwangsläufig zur Folge, dass zwischen der fiktionalen Welt, in der die Familie Buddenbrook lebt, und dem außerliterarischen Lübeck ein ganz besonderes Spannungsverhältnis besteht. Wißkirchen beispielsweise hat angemerkt, dass die *Buddenbrooks* einerseits als „Stadtführer gelesen werden"[2] können, andererseits jedoch unterstreicht er, dass sich in Manns Werken „von Beginn an keine realen Welten, sondern träumerische Räume, phantastische Städte und Häuser, die mit dem Wirklichen wenig gemein haben"[3] finden – deshalb dürfe „man die Korrektheiten der Wirklichkeitsschilderungen nicht vorschnell für einen platten Realismus nehmen"[4].

Thomas Mann: ein unzuverlässiger Erzähler?

> Aber: trotz so vieler stimmiger Details, *Buddenbrooks* ist kein Geschichtsroman, keine historische Erzählung, die mit dem Hilfsmotor einer reißerischen Allerweltsfabel Unmengen von Daten, Fakten und Ereignissen aus der Lokalgeschichte eines Flecken Erde an den Leser bringen will.[5]

Im Folgenden soll an ein paar ausgewählten Textbeispielen aus den *Buddenbrooks* konkret aufgezeigt werden, wie Thomas Mann als Romancier mit der lübeckischen Stadtgeschichte – auch – umgegangen ist.

Das Glockenspiel, das Hanno *nicht hätte hören können*

Hanno Buddenbrook, der letzte Spross der ehemals so mächtigen und einflussreichen lübschen Kaufmannsfamilie, muss nach dem Tod seines Vaters gemeinsam mit seiner Mutter Gerda in ein kleineres Haus vor dem Burgtor – „die kleine rote Villa"[6] – ziehen. Sein nun auch längerer Schulweg zum Katharineum führt ihn täglich durch eben dieses

---

1 Der Roman hat nach seiner Veröffentlichung für große Aufregung in Lübeck gesorgt, weil viele lübsche Bürger meinten, sich in bestimmten literarischen Figuren ‚wiederzuerkennen'; dieser in vielerlei Hinsicht überaus interessante Aspekt wird im folgenden Beitrag keine Rolle spielen.

2 H. Wißkirchen, *Buddenbrooks – Die Stadt, der Autor und das Buch*, in: *Die Welt der Buddenbrooks*, hrsg. v. H. Wißkirchen, S. Fischer Verlag, Frankfurt am Main 2008, S. 49.

3 H. Wißkirchen, *Buddenbrooks – Die Stadt, der Autor und das Buch*, S. 51.

4 H. Wißkirchen, *Buddenbrooks – Die Stadt, der Autor und das Buch*, S. 53.

5 M. Eickhölter, *Die Stadt Lübeck in Buddenbrooks*, in: *Die Welt der Buddenbrooks*, hrsg. v. H. Wißkirchen, S. Fischer Verlag, Frankfurt am Main 2008, S. 63.

6 T. Mann, *Große kommentierte Frankfurter Ausgabe*, Band 1.1: *Buddenbrooks. Verfall einer Familie.*

Stadttor: Als er zum Romanende hin frühmorgens zur Schule eilt und sich offenbar in der Großen Burgstraße befindet[7], soll er dort ein bestimmtes Glockenspiel der Marienkirche hören:

> Das Burgthor, das Burgthor erst, und dabei war es vier Minuten vor acht! Während er sich in kalter Transpiration, in Schmerz, Übelkeit und Not durch die Straßen kämpfte, spähte er nach allen Seiten, ob nicht vielleicht noch andere Schüler zu sehen seien … Nein, nein, es kam niemand mehr. Alle waren an Ort und Stelle, und da begann es auch schon, acht Uhr zu schlagen! Die Glocken klangen durch den Nebel von allen Türmen, und diejenigen von Sankt Marien spielten zur Feier des Augenblicks sogar, »Nun danket Alle Gott« …[8]

Sankt Marien zu Lübeck – die bedeutendste gotische Backsteinkirche im Ostseeraum – steht direkt neben dem *Buddenbrookhaus* (in diesem Haus lebten Hannos Großeltern und im nicht-fiktiven Lübeck diejenigen von Thomas Mann). Interessanterweise thematisiert der Autor in seinem Roman weder das unvergleichliche Exterieur noch das Interieur dieser Kirche, sondern er behandelt sie ausschließlich als „auditiv-atmosphärische Evokation“[9]: Lediglich das Glockenspiel nimmt einen größeren Raum ein, indem es in den *Buddenbrooks* vier Mal erwähnt wird. Die Choralfolgen des Glockenspiels zu St. Marien ertönen seit Jahrhunderten nach einem bestimmten Plan.[10] Es darf sicherlich behauptet werden, dass selbst einem Großteil derjenigen Leser der *Buddenbrooks*, die Lübecks Altstadt sehr gut kennen, nicht (sogleich) auffiele, dass Hanno in der oben umrissenen Szene *Nun danket alle Gott* nicht hätte hören können. Kadelbach hat allerdings eher beiläufig darauf aufmerksam gemacht, dass „Thomas Mann den Choral an einem nebeligen Spätwintertag ertönen läßt“[11]: Da dieser Choral außerhalb der fiktionalen Welt jedoch stets ausschließlich zwischen dem 29. September und dem 30. Oktober ertönt, liegt hier eine interessante erste Diskrepanz zwischen der buddenbrookschen und der lübschen Wirklichkeit vor.

Roman, hrsg. u. textkritisch durchgesehen v. E. Heftrich unter Mitarbeit v. S. Stachorski u. H. Lehnert, S. Fischer Verlag, Frankfurt am Main 2002, S. 777 (siehe auch S. 770 u. S. 824).

7 Konkrete Lernaufgaben zu dieser Textstelle finden sich in R. Olsen: *Den Buddenbrooks auf der Spur: literarisches Lernen mit ‚doppelter Wirklichkeit‘*, in: *Literarische Spaziergänge im Deutschunterricht. Gegenstände, Arrangements, Begegnungsräume*, hrsg. v. K. Geneuss u. C. Hoiß, wbg, Darmstadt 2023, S. 167–187.

8 T. Mann, *Buddenbrooks*, S. 778.

9 I. Wenderholm, *»Totentanz-Heimat«. Literarische Funktionalisierung sakraler Kunst bei Thomas Mann*, in: *Thomas-Mann-Jahrbuch*, 2013, Band 26, S. 29.

10 Siehe hierzu www.st-marien-luebeck.de/entdecken/ausstattung/glockenspiel (Zugriff am 29.09.2025).

11 A. Kadelbach, *Thomas Mann und seine Kirche im Spiegel der Buddenbrooks*, in: *Kirchenamt der Evangelischen Kirche in Deutschland* (EKD), 2002, Nr. 70, S. 12.

Ein noch nicht vorhandener Brunnen und ein noch nicht vorhandener Getreidespeicher

Im diesem zweiten Textbeispiel, das in den *Buddenbrooks* etwa dreißig Seiten zuvor aufzufinden ist, geht es um einen Marktbrunnen. Dieser Ausschnitt einer Beschreibung des Lübecker Marktplatzes und seiner näheren Umgebung ist Thomas Buddenbrooks Tod unmittelbar vorangestellt und veranschaulicht das alltägliche Treiben im Zentrum der Hansestadt:

> Im Centrum der Stadt war es lebendig, denn es war Sonnabend und Markttag. Unter den Spitzbogen der Rathaus-Arkaden hatten die Fleischer ihre Stände und wogen mit blutigen Händen ihre Ware ab. Auf dem Marktplatze selbst aber, um den Brunnen herum, war Fischmarkt.[12]

Unter anderem Harweg[13] hat unter Rückgriff auf Fotos und bestimmte Werke der bildenden Kunst anschaulich aufgezeigt, dass es zur Zeit der *Buddenbrooks* auf dem Marktplatz keinen Brunnen gegeben hat. Erst im Jahre 1871[14] wurde dort ein beeindruckender neugotischer Brunnen[15], der den Lübecker Bürgern als Trinkwasseranlage diente, errichtet; abgebaut wurde er Anfang der 1930er Jahre.[16]

---

12 T. Mann, *Buddenbrooks*, S. 741; auch die Figur Tony bezieht sich in einem Brief an ihre Mutter auf diesen Brunnen: „Wir wohnen an einem sehr hübschen Platz inmitten der Stadt, mit einem Brunnen in der Mitte, wie bei uns auf dem Markt, und unser Haus steht ganz in der Nähe des Rathauses." (T. Mann, *Buddenbrooks*, S. 336); daneben wird er im Roman noch auf den S. 454 u. S. 582 erwähnt.

13 R. Harweg, *Fiktion und doppelte Wirklichkeit. Studien zur Doppelexistenz von Roman- und Novellenorten am Beispiel des Frühwerks – insbesondere der Buddenbrooks – von Thomas Mann*, LIT-Verlag, Berlin 2012, S. 241–243.

14 In H. Wißkirchen (*Spaziergänge durch das Lübeck von Heinrich und Thomas Mann*, Arche Verlag, Zürich u. Hamburg 1996) findet sich eine alte Zeichnung (der Künstler wird nicht aufgeführt) – „um 1870" (S. 80–81) – vom Lübecker Marktplatz, auf dem der Brunnen nicht abgebildet ist; in dem Büchlein *Lübeck zur Zeit der Buddenbrooks*, hrsg. v. Museum für Kunst und Kulturgeschichte der Hansestadt Lübeck, LN-Druck, Lübeck 1975, findet sich neben einem Foto des Marktplatzes („vor 1873", S. 65) später eine Zeichnung des Platzes von Cornelis Springer aus dem Jahre 1870 (S. 101): auf beiden ist kein Brunnen zu sehen; siehe hierzu auch M. Eickhölter, *Die Stadt Lübeck in Buddenbrooks*, S. 89, S. 102 sowie S. 128–129. Carstensen datiert die Errichtung auf 1872: R. Carstensen, *Kommentar zu Thomas Manns „Buddenbrooks"*, Werkstätten-Verlag, Lübeck 1986, S. 50.

15 Die Pracht des Brunnens kommt in einer Radierung der bekannten Künstlerin Nita Spilhaus (in: O. Grautoff, *Lübeck*, Klinkhardt & Biermann, Leipzig 1908, S. 113) besonders zur Geltung; ein hervorragendes Foto findet sich in R. Carstensen, *Marktbrunnen und Siegesbrunnen, Ein Stück Lübecker Denkmalgeschichte*, in: *Der Wagen, Ein Lübeckisches Jahrbuch*, Hansisches Verlagskontor, Lübeck 1982, S. 27.

16 R. Carstensen (*Marktbrunnen und Siegesbrunnen*, ebd.) gibt das Jahr 1932 an; ein aktueller, entsprechender Wikipedia-Eintrag verweist auf das Jahr 1934. Übrigens irren R. Harweg (*Fiktion und doppelte Wirklichkeit*, S. 242) und H. Wißkirchen (*Spaziergänge durch das Lübeck von Heinrich und Thomas Mann*, S. 79), wenn sie den Marktplatzbrunnen als ‚Siegesbrunnen' bezeichnen (vermutlich verwechseln sie ihn mit dem wahrhaftigen Siegesbrunnen, der ehemals auf dem *Klingenberg*

Das dritte Beispiel betrifft einen bestimmten Kornspeicher, *Die Eiche*, der in den *Buddenbrooks* nicht nur implizit immer wieder erwähnt wird, sondern den der Autor auch drei Mal[17] explizit nennt; Thomas Buddenbrook beispielsweise wird im Alter von 16 Jahren von seinem Vater, dem Konsul, unter anderem in *Die Eiche* geführt:

> [...] und als der Vater ihn nachmittags auch an die Trave hinunter in die Speicher »Linde«, »Eiche«, »Löwe« und »Walfisch« führte, wo Thomas eigentlich ebenfalls längst zu Hause war, wo er aber nun als Mitarbeiter vorgestellt wurde ...[18]

Die Eiche ist ein heute noch vollständig erhaltenes siebenstöckiges Gebäude[19], das der Vater von Thomas Mann, der Lübecker Kaufmann und Senator Thomas Johann Heinrich Mann, im Jahre 1873 als Ort zum Speichern von Getreide errichten ließ: Zur erzählten Zeit gab es dieses imposante Gebäude am Lübecker Hafen – „wo es nach Butter, Fischen, Wasser, Theer und geöltem Eisen roch“[20] – also (noch) nicht.[21] Heute befindet sich im Mann’schen Getreidespeicher ein bundesweit einzigartiges Kolumbarium.[22]

> *Exkurs: Die lübschen Knochenhauer*
>
> In dem Eingangszitat zu diesem Teilkapitel erwähnt Thomas Mann auch die Lübecker Fleischer: „Unter den Spitzbogen der Rathaus-Arkaden hatten die Fleischer ihre Stände und wogen mit blutigen Händen ihre Ware ab.“[23] Diese stadthistorisch eindeutig erscheinende Lokalisierung hat Literaturwissenschaftler immer wieder dazu gebracht, hier ‚korrigierend‘ einzuwirken. Wißkirchen[24] vertritt – wie Har-

---

stand); darüber hinaus ist auch die Bemerkung Harwegs, dass jener Brunnen im Zweiten Weltkrieg zerstört wurde, schlichtweg falsch.

17 T. Mann, *Buddenbrooks*, S. 82, S. 171 u. S. 522.

18 Ebd., S. 82.

19 Ältere Fotos dieses Speichers finden sich in Museum für Kunst und Kulturgeschichte der Hansestadt Lübeck, *Lübeck zur Zeit der Buddenbrooks*, S. 79; *Heinrich und Thomas Mann, Ihr Leben und Werk in Text und Bild, Katalog zur ständigen Ausstellung im Buddenbrookhaus der Hansestadt Lübeck*, hrsg. v. E. Heftrich, P.-P. Schneider u. H. Wißkirchen, Graphische Werkstätten, Lübeck 1994, S. 32; *Herzensheimat, Das Lübeck von Heinrich und Thomas Mann*, hrsg. v. B. Lipinski u. J. Sonntag, Menne, Lübeck 2018, S. 90.

20 T. Mann, *Buddenbrooks*, S. 689.

21 Siehe hierzu auch R. Harweg, *Fiktion und doppelte Wirklichkeit*, S. 159–160; W. F. Schoeller, *Lübeck: Lebensform und Lustrevier*, in: Merian, 46. Jahrgang, Nr. 7, 1993, S. 54; W. Tschechne, *Thomas Manns Lübeck*, Ellert & Richter, Hamburg 1991, S. 41; andere im Roman erwähnte Speicher haben entweder keine nichtfiktive Entsprechung oder wurden später bis zur Unkenntlichkeit baulich verändert.

22 Nähere Informationen zu diesem besonderen Friedhof finden sich unter die-eiche.de.

23 T. Mann, *Buddenbrooks*, S. 741.

24 H. Wißkirchen, *Was tun die Fleischer plötzlich unter den Marktarkaden? Thomas Manns literarischer Umgang mit der Wirklichkeit am Beispiel Lübecks*, in: *»Buddenbrooks«. Neue Blicke in ein altes Buch. Begleitband zur neuen ständigen Ausstellung* Die »Buddenbrooks« – ein Jahrhundertroman *im Buddenbrookhaus*, hrsg. v. M. Eickhölter u. H. Wißkirchen, Dräger, Lübeck 2000, S. 106.

weg[25], der diesbezüglich unter anderem von einem romaninternen Widerspruch spricht – nämlich die Auffassung, dass die Fleischer zu der Zeit der *Buddenbrooks* nicht unter den Marktarkaden ihre Stände hatten, sondern ein kleines Stückchen weiter, auf dem *Schrangen*.[26] Unter den Arkaden sollten laut Wißkirchen zu betreffender Zeit ausschließlich Goldschmiede zu finden gewesen sein; auch in den *Buddenbrooks* selbst gibt es einen analogen stadtgeschichtlichen Hinweis am Anfang des Romans, wenn von Tony erzählt wird, dass sie die „Goldschmiedbuden, die in die Marktarkaden hineingebaut waren“[27] kannte – dieser Hinweis ist jedoch argumentativ schwach, da er in Bezug auf das Vorhandensein der Goldschmiede zumindest keinen Ausschließlichkeitsanspruch aufweist; stark ist er jedoch insofern, als er unmissverständlich konkret auf die Zeit (Tonys Kindheit) hindeutet. Die literaturwissenschaftlichen ‚Korrekturen‘ korrelieren allerdings nicht mit historisch Verbürgtem, denn am 1. Januar 1867[28] wurde in Lübeck die Gewerbefreiheit eingeführt[29]: Im Zuge dieser großen marktwirtschaftlichen Veränderung wurde im Jahre 1866 „den 22 Goldschmieden die Buden gekündigt“[30] – geräumt sein mussten sie bis zum 1.1.1868[31]. Der freigewordene Raum unter den Marktarkaden wurde somit zu einem völlig anderen Handelsort: „An Markttagen mußte sie [gemeint ist die so genannte ‚Halle‘: der Platz unter den Arkaden] aber noch manches Jahrzehnt bis zur Eröffnung der Markthalle 1895 den Schlachtern als Standort dienen.“[32] Zum Zeitpunkt von Thomas Buddenbrooks Tod (1876) boten die Lübecker Fleischer also definitiv ihre Waren dort an, wie Thomas Mann es in analoger Weise auch in seinem Roman erzählt – die ‚Korrekturen‘ von Wißkirchen und Harweg müssen deshalb als falsch bewertet und zurückgewiesen werden. Festgehalten werden muss in diesem Zusammenhang schließlich noch, dass auch die Goldschmiede sehr wohl trotz der Gewerbefreiheit – ab dem Zeitpunkt durften sie ihre Waren zum Beispiel auch zu Hause anbieten – ihre Erzeugnisse unter den Marktarkaden hatten bereitstellen können.

25 R. Hartweg, *Fiktion und doppelte Wirklichkeit*, S. 298–302.

26 Übrigens arbeiten die Fleischer in *Tonio Kröger* auch unter besagten Arkaden. U. Büning (*Die Fleischhauerstraße. Leben im Weltkulturerbe Altstadt von Lübeck*, Schmidt-Römhild, Lübeck 2016, S. 13) weist darauf hin, dass der kleine Platz zwischen der *Marienkirche* und der *Königstraße* sogar – ursprünglich – *Fleischschrangen* (niederdeutsch: *Vleschschrangen* = Fleischbuden) hieß; genau genommen handelte es sich ursprünglich um zwei kleine Gassen (*Alter Schrangen* u. *Kleiner Schrangen*), die Anfang des 20. Jahrhunderts zusammengelegt wurden.

27 T. Mann, *Buddenbrooks*, S. 70.

28 In Preußen wurde die Gewerbefreiheit bereits im Jahre 1811 eingeführt; die tatsächliche Umsetzung erfolgte allerdings erst später auf der Grundlage entsprechender Verordnungen.

29 Siehe hierzu U. Büning, *Die Fleischhauerstraße*, S. 14.

30 J. Warncke, *Die Edelschmiedekunst in Lübeck und ihre Meister*, Schmidt-Römhild, Lübeck 1927, S. 29.

31 Ebd.

32 Ebd., Anm. 52.

Eine inoffizielle und eine nicht mehr existente Straßenbezeichnung

Auch wenn zur Zeit der *Buddenbrooks* ein bestimmtes Denkmal auf dem Marktplatz und ein bestimmter Speicher an der Untertrave (noch) nicht vorhanden gewesen sein können: Bis auf zwei Ausnahmen lassen sich zumindest die Straßenbezeichnungen in dem Roman auch im nicht-fiktiven Lübeck regelhaft wiederfinden. Diese Ausnahmen betreffen erstens die Adresse des Mädchenpensionats, in dessen Obhut Tony gegeben wird: „[…] erschien es geboten, die nun fünfzehnjährige Tony in strengere Obhut zu geben, in eine Pension, in diejenige von Fräulein Weichbrodt, am Mühlenbrink Numero 7."[33]

Sowohl in historischen als auch in aktuellen Stadtplänen sucht man vergeblich nach dieser Straße – allerdings gibt es in Lübeck die Straße *Am Brink*[34], die in unmittelbarer Nähe zur heute nicht mehr vorfindlichen Mühlentor-Anlage, die aus vier Einzeltoren bestand, liegt. Obwohl dieser unmittelbare lokale Bezug einen meines Erachtens überaus deutlichen Hinweis darauf bietet, dass *Am Brink* in leicht nachvollziehbarer Weise auch *Mühlenbrink* hätte heißen beziehungsweise genannt werden können, wird in der entsprechenden *Buddenbrooks*-Forschung entweder darauf hingewiesen, dass die Adresse schlichtweg nicht existiert[35] – oder es finden sich lediglich beiläufige, leicht zu übersehende und auch möglicherweise irreführende Hinweise dazu, wenn sie beispielsweise in einem *Stadtplan mit Romanorten*[36] ganz selbstverständlich und ohne weitere Erläuterung – also streng genommen historisch nicht korrekt – derart explizit ausgezeichnet wird. Daneben gibt es auch noch eine recht verquere Verquickung von literarischer und lübeckischer Wirklichkeit, wenn das Pensionat derjenigen Dame, die ganz offensichtlich Patin stand für die Erzieherin Sesemi Weichbrodt – Therese Bousset –, ebenfalls selbstverständlich in die Straße *Am Brink* lokalisiert wird.[37] Tatsächlich ist *Mühlenbrink* oder

33 T. Mann, *Buddenbrooks*, S. 91; das Pensionat wird im Roman mehrfach – die Straße (*Am*) *Mühlenbrink* drei Mal explizit (S. 262 u. S. 602) – erwähnt.

34 Ein Adressbuch aus dem Jahr 1842 (*Lübeckisches Adreß-Buch 1842*) – dem Jahr, in dem Tony in das Pensionat gegeben wurde – weist weder *Mühlenbrink* noch *Am Brink* auf: Ein deutlicher Hinweis darauf, dass die Straßen der lübschen Vorstädte zu der Zeit noch nicht derart erfasst wurden, denn *Am Brink* gab es damals in jedem Fall schon.

35 So unter anderem von R. Harweg, *Fiktion und doppelte Wirklichkeit*, S. 161. Mittlerweile heben auch Touristen, die Lübeck besuchten, mit Bezug auf die *Buddenbrooks* explizit öffentlich hervor, dass *Am Mühlenbrink* ja die einzige Adresse sei, die Thomas Mann erfunden hätte: siehe zum Beispiel https://wuerfel.reisen/2017/01/19/buddenbrooks/ (Zugriff am 29.09.2025).

36 Ein derartiger Plan gehörte zur ehemaligen Dauerausstellung *Die Buddenbrooks – ein Jahrhundertroman* des Buddenbrookhauses; ein Abdruck findet sich in H. Wißkirchen, *Buddenbrooks – Die Stadt, der Autor und das Buch*, S. 50.

37 In eben diesem Sinne lautet eine Bildunterschrift zu einem entsprechenden Foto „Leiterin eines Erziehungs-Institutes, Am Brink 7" (*Buddenbrooks, Dichtung und Wirklichkeit, Bilddokumente*, hrsg. v. H. Dräger, Graphische Werkstätten, Lübeck 1993, S. 203) – Fakt ist jedoch, dass Therese Bousset nicht in der Vorstadt St. Jürgen gewirkt hat, sondern vielmehr an wechselnden Orten in der Altstadt: Königstraße 99, Pferdemarkt 6 u. 8, Cronsforder Allee 3 [heute: Kronsforder] (Archiv der Hansestadt Lübeck: *Bau- und Architekturgeschichte, Stadtentwicklung in Lübeck*, AK.12: Profanbauten Altstadt: Königstraße 82–133, S. 9).

Am Mühlenbrink in entsprechenden Straßenverzeichnissen nicht, wie bereits angedeutet, aufzufinden[38]; in einem alten Dokument der Hansestadt wird jedoch ganz selbstverständlich von einer derartigen Straße gesprochen:

> In einer hiesigen Tageszeitung fand man dieser Tage eine Anregung aus den Kreisen der Leser: die Beckergrube solle man doch jetzt bei Einweihung des Theaters mit einem neuen, der Zeit entsprechenderen Namen ausstatten. Beckerstraße sei unpraktisch wegen der naheligenden Verwechslung mit der Bäckerstraße am Mühlenbrink, daher schlage man Theaterstraße vor.[39]

Dass hier mit *Mühlenbrink* zweifelsohne die Straße *Am Brink* gemeint ist, erschließt sich unmissverständlich durch den konkreten Bezug zur *Bäckerstraße*, die in unmittelbarer Nähe zu *Am Brink* liegt. Zum anderen wird auch in einer neueren – populärwissenschaftlichen – Abhandlung zur Geschichte Lübecks, in der auch die *Buddenbrooks* und das Mädchenpensionat in den Blick genommen werden, ebenfalls völlig selbstverständlich diese Adresse erwähnt:

> Das Haus am Mühlenbrink Nr. 7 ist erhalten. Einige An- und Umbauten haben es verändert, aber es zeigt noch reine klassizistische Architektur, man erkennt die Handschrift des dänischen Architekten Joseph Chr. Lillie, der es etwa 1818 erbaute.[40]

Das mittlerweile unter Denkmalschutz gestellte ehemalige Sommer- beziehungsweise Gartenhaus ist unter anderem durch die Versetzung des Portals und durch einen Vorbau – eine Veranda – sehr stark verändert worden.[41]

Die zweite[42] diesbezügliche Ausnahme betrifft die heute so genannte *Dr.-Julius-Leber-Straße*, die von der *Breiten Straße* bis zur *Kanalstraße* führt. Sie wurde im Jahre 1946 so genannt, um den berühmten SPD-Politiker und NS-Gegner Julius Leber – er hatte

---

38 Siehe hierzu M. Hoffmann, *Die Straßen der Stadt Lübeck*, in: *Zeitschrift des Vereins für Lübeckische Geschichte und Altertumskunde*, Band 11, Hefte 1 u. 2, 1909, S. 215–292; G. Schurig, *Vom Ursprung Lübecker Straßennamen (im Ausschnitt). Verse und Scherenschnitt*, hrsg. v. der Fotokopierzentrale Lübeck, Lübeck 1993.

39 Gesellschaft zur Beförderung gemeinnütziger Tätigkeit, *Die Beckergrube*, in: *Lübeckische Blätter*, Nr. 35, 1908, S. 506.

40 A. Höppner, *Eine Fahrt zu den Sommerhäusern & Gärten in den alten Lübecker Vorstädten mit einer kleinen Kulturgeschichte am Rande des Weges*, Gustav Weiland Nachf., Lübeck 1993, S. 84.

41 Ein Foto findet sich in A. Billert, *Die Botschaft der Vorstadt – Architektur*, in: *St. Jürgen, Bilder einer Lübecker Vorstadt*, hrsg. v. K.-H. Augsten, Charles Coleman Verlag, Lübeck 1988, S. 23; ein Foto, auf dem zusätzlich die umliegende Bebauung zu sehen ist, ist anzutreffen in C. Guhr, *Der Straßenraum*, in: *St. Jürgen, Bilder einer Lübecker Vorstadt*, hrsg. v. K.-H. Augsten, Charles Coleman Verlag, Lübeck 1988, S. 86.

42 R. Harweg (*Fiktion und doppelte Wirklichkeit*, S. 161–163) spricht in einem vergleichbaren Zusammenhang irrtümlicherweise von lediglich *einer* Ausnahme (er bezieht sich hierbei explizit auf den *Mühlenbrink*, siehe oben) – obwohl er daneben auch das *St.-Johannis-Kloster* sowie die entsprechende Straße beziehungsweise deren Umbenennung thematisiert und problematisiert.

einige Jahre in Lübeck gelebt –, der am 20. Juli 1944 auf Grund seines Mitwirkens am Putschversuch des Kreises um Claus Schenk Graf von Stauffenberg hingerichtet wurde, zu ehren. Zuvor hieß diese Straße bereits seit dem 13. Jahrhundert *Johannisstraße*, da sie bis zum (ehemaligen) *St.-Johannis-Kloster* (heute: ein Gymnasium) führt/e – die Verlängerung durch die sich heute anschließende *Kanalstraße* gibt es erst seit dem Jahre 1901 in Folge des Baus des *Elbe-Lübeck-Kanals*. Die *Johannisstraße* – eine der ältesten Straßen der Stadt[43] – taucht in den *Buddenbrooks* gleich am Anfang auf, wenn Tony, auf dem Schoß des Großvaters sitzend, aus dem Fenster des Mengstraßenhauses schaut und ruft: »Tom und Christian kommen die Johannisstraße herauf [...].«[44]

Hinsichtlich einer Gesamtschau sollen die einzelnen stadtgeschichtlichen Beispiele im Folgenden unter dem Fokus des Diffizilen noch einmal zusammengestellt werden:

> *Glockenspiel*: Irrte Thomas Mann sich einfach nur? Verwechselte er bestimmte Choralfolgen?
> *Brunnen* und *Speicher*: Hatte der Autor schlichtweg schlecht recherchiert?
> *Inoffizielle Straßenbezeichnung:* Die Straße *Am Brink* wurde nachweislich auch – mindestens inoffiziell – (*Am*) *Mühlenbrink* genannt. Wann diese erweiterte Bezeichnung im allgemeinen lübschen Sprachgebrauch verloren ging, lässt sich wohl nur schwerlich rekonstruieren; in jedem Fall ist sie heute nicht mehr gebräuchlich.[45]
> *Nicht mehr existente Straßenbezeichnung*: Hierbei handelt es sich um eine letztlich in jeglicher Hinsicht unschädliche, autor- und werkunabhängige Neubezeichnung, denn beide Namen verweisen auf dieselbe – heute ein Stück weit verlängerte – Straße.

Es liegt im literaturwissenschaftlichen Sinne nah, einen bestimmten Teil der hier aufgeführten Textstellen als *unzuverlässiges Erzählen* zu qualifizieren. Gemeint sind hiermit (in der Regel vom Autor intendierte) Aussagen der Erzählinstanz, die in irgendeiner Form nicht der (in der Regel: fiktions*internen*!) ‚Wahrheit' entsprechen und die der Leser auch als solche erkennt oder zumindest erkennen soll. Vergessen wird in diesem Zusammenhang jedoch häufig, dass unzuverlässiges Erzählen beispielsweise auch durch „Unachtsamkeit des Autors, der die Widersprüche übersehen hat"[46] vorliegen kann. Im Fall der *Buddenbrooks* – ein realistischer Roman, der in weiten Teilen in allwissender Ma-

---

43 Siehe hierzu R. Carstensen, *Kommentar zu Thomas Manns ‚Buddenbrooks'*, S. 25.

44 T. Mann, *Buddenbrooks*, S. 16; des Weiteren wird sie im Roman noch auf der S. 70 u. der S. 375 erwähnt.

45 Weder ich noch viele andere von mir diesbezüglich befragten lübschen Bürgerinnen und Bürger habe beziehungsweise haben – außerhalb der *Buddenbrooks* – jemals von der Straßenbezeichnung (*Am*) *Mühlenbrink* gehört. In einem Büchlein zum Stadtteil St. Jürgen, das vor gut fünfundzwanzig Jahren erschien, nennt der Autor diese Straße allerdings einschränkungslos *Mühlentor-Brink*: R. König, *Die Vorstadt St. Jürgen: Bilder aus der Vergangenheit und Gegenwart eines Lübecker Stadtteils*, Schmidt-Römhild, Lübeck 1998, Inhaltsverzeichnis u. S. 49.

46 M. Fludernik, *Unreliability vs. Discordance. Kritische Betrachtungen zum literaturwissenschaftlichen Konzept der erzählerischen Unzuverlässigkeit*, in: *Was stimmt denn jetzt? Unzuverlässiges Erzählen in Literatur und Film*, hrsg. v. F. Liptay u. Y. Wolf, edition text + kritik, München 2005, S. 40.

nier erzählt wird – ließe sich deshalb vielleicht in Bezug auf die meisten obigen Beispiele konstatieren: „der Autor hat Fehler gemacht, die Diskrepanzen sind unabsichtlich in den Text gekommen“[47]. Da jedoch davon auszugehen ist, dass ein durchschnittlicher Schüler bei keinem der obigen Beispiele auch nur ansatzweise ‚stolperte‘, möchte ich das vermeintlich Unzuverlässige in jedem Fall aus literaturdidaktischer Perspektive als funktionslos bewerten und damit überleiten zu grundsätzlicheren Überlegungen, denn es handelt sich bei literarischer Unzuverlässigkeit auch „um einen Komplex, der eng mit allgemeinen Fragen der Bedeutungskonstitution in Texten“[48] verknüpft ist.

Buddenbrooks: ein Glücksfall für den schulischen Umgang mit literarischer Kunst

> Der Schauplatz der *Buddenbrooks* ist nicht Lübeck, sondern ein fiktiver Ort, dem der Autor Züge verliehen hat, die dem Modell seiner Vaterstadt entliehen sind, ohne daß [sic] Realität und Fiktion zu verwechseln sind, also ohne daß [sic] jene wie in einem Schlüsselroman in dieser wiedererkannt werden soll.[49]

Über die Phänomene Fiktion und Fiktionalität ist viel geschrieben worden: sowohl in der Literaturwissenschaft als auch in der Literaturdidaktik. Ich werde im Folgenden nicht näher auf narratologische Fiktionstheorien eingehen, da der dort vorherrschende rezeptionsbezogene Bezugspunkt – die so genannten Fiktionssignale beziehungsweise das Erkennen dieser Signale[50] – hier aus einer literaturdidaktischen Perspektive irrelevant ist. Um das kurz an einem der für diesen Beitrag herangezogenen Beispiele zu verdeutlichen: Es ist mindestens für einen durchschnittlichen heutigen (und sicherlich zumeist nicht-lübschen!) Schüler während eines erst- oder auch mehrmaligen Lesens unstrittig in keinem Fall erkennbar, dass Hanno auf seinem Schulweg den Choral *Nun danket alle Gott* nicht hätte hören können. Vielmehr qualifizierte sich das herbeigezogene Chorlied wohlmeinend sicherlich paradoxerweise als Faktualitätssignal, wenn der hier veranschlagte Schüler meinte, einen konkreten Bezug zur außerliterarischen Wirklichkeit identifizieren zu können.[51] Damit berühren wir den wohl wichtigsten theoretischen Aspekt dieses komplexen Zusammenhangs: die literarische und die außerliterarische Wirklichkeit sowie das damit zusammenhängende Spannungsfeld. Auch hierzu ist natürlich bereits außerordentlich intensiv Grundlagenforschung betrieben worden. Da die entsprechenden

---

47 Ebd., S. 52. Übrigens lässt sich in den *Buddenbrooks* noch ein weiterer, stadtgeschichtlich diffiziler Aspekt, der aus Platzgründen hier nur angerissen werden kann, finden: Im Kontext der abgeschlossenen Senatorenwahl lässt Thomas Mann die beiden Ratsdiener „nach rechts die Breitestraße hinunter“ (T. Mann, *Buddenbrooks*, S. 458) gehen – es müsste mit Blick auf das nicht-fiktive Lübeck jedoch unstrittig ‚nach links‘ heißen.

48 M. Fludernik, *Unreliability vs. Discordance*, S. 57.

49 D. Borchmeyer, *Thomas Mann. Werk und Zeit*, Insel Verlag, Berlin 2023, S. 101.

50 Siehe hierzu F. Zipfel, *Fiktionssignale*, in: *Fiktionalität. Ein interdisziplinäres Handbuch*, hrsg. v. T. Klauk u. T. Köppe, Walter de Gruyter, Berlin u. Boston 2014, S. 97–124.

51 Exakt diese Problematik diskutiert auch F. Zipfel, *Fiktionssignale*, S. 109.

Erkenntnisse der Literaturwissenschaft im engeren Sinne jedoch nicht überzeugen können, plädiere ich dafür, die Philosophie danach zu befragen. Ich möchte an dieser Stelle nur den Erkenntnistheoretiker Markus Gabriel anführen, da sein theoretischer Ansatz die hier aufgeworfene Problematik in überzeugender Weise umschließt – und letztlich vor allem auch für die Literaturdidaktik in umfänglich befriedigender Weise auflöst.

Gabriel ist unter anderem einer der bedeutendsten Vertreter des so genannten *Neurealismus*'. Sehr stark vereinfacht umrissen beschäftigen diese Philosophen sich in einem deutlich anti-idealistischen Sinne vornehmlich logisch und mitunter auch naturwissenschaftlich orientiert mit philosophischen Grundproblematiken. In seinem Werk *Fiktionen* aus dem Jahr 2020 entfaltet er einen so genannten *fiktionalen Realismus*, der sich in überzeugender Weise typischen (und ungelösten) ‚Fiktionalitätsproblematiken' stellt. Beispielsweise kritisiert Gabriel, dass die Literaturwissenschaft stets davon ausgeht, „dass fiktionale Gegenstände nicht existieren"[52], denn aus neorealistischer, analytischer Perspektive könne es keine ‚Wahrheit' geben, dass dem ‚wirklich' so sei. Des Weiteren weist er die übliche Unterscheidung *fiktiv-fiktional* entschieden zurück und folgert schließlich mit beispielhaftem Bezug zu Prousts *Recherche*:

> Doch die Vorstellung von Paris, die wir einsetzen, um das Szenario eines Kunstwerks in der ästhetischen Erfahrung auszustaffieren, nimmt nicht etwa auf Paris Bezug. Wir lernen nichts über Paris, indem wir uns Paris im Rahmen einer ästhetischen Erfahrung vergegenwärtigen, die durch literarisches Material ausgelöst wird.[53]

Prousts Roman ist also ebenso wenig ein Reiseführer für die französische Hauptstadt wie es die *Buddenbrooks* für Lübeck sind: Da in einem literarischen Kunstwerk nach Gabriel alles fiktiv sei, sei auch die übliche Kategorie ‚fiktionaler Gegenstand' per se überaus problematisch und von daher abzulehnen. Vielmehr geht er von so genannten *Sinnfeldern* – und eben nicht von ‚Wirklichem' und ‚Unwirklichem' – aus, in denen bestimmte Dinge entweder existieren oder eben nicht existieren und deswegen sei es

> […] kein Widerspruch zu behaupten, dass vieles existiert, was nicht existiert, weil damit ausgedrückt wird, dass vieles in einem Sinnfeld S^1 existiert, ohne deswegen in einem anderen Sinnfeld S^2 zu existieren […].[54]

Um dies zu veranschaulichen: Selbstverständlich existiert die Straße (*Am*) *Mühlenbrink* in den *Buddenbrooks*, und zwar völlig unabhängig von meinem hier dargelegten Beweis, dass sie (auch) in einem anderen Sinnfeld existiert (im nicht-fiktiven Lübeck als *Am Brink*). Gleiches gilt natürlich auch für den Brunnen, den Speicher, das Glockenspiel und schließlich auch für die *Johannisstraße*, die eben trotz ihrer Nicht-Existenz in einem bestimmten Sinnfeld in einem anderen Sinnfeld sehr wohl – intrafiktional – existiert:

52 M. Gabriel, *Fiktionen*, Suhrkamp, Berlin 2020, S. 109.
53 M. Gabriel, *Fiktionen*, S. 113–114.
54 Ebd., S. 171.

„Romane sind keine Tatsachenberichte über etwas, was in möglichen Welten vorkommt. Romane beschreiben gar nichts, sie sind in ihrer Materialität als Texte Partituren für Interpretationen.“[55]

Die Veranschlagung unterschiedlicher Sinnfelder hat eine außerordentliche Bedeutung für die Literaturdidaktik, denn sie entlastet diese von der Bürde, weiterhin die von der Literaturwissenschaft ungelösten Aspekte in Bezug auf Fiktionalität, Fiktion etc. zu übernehmen und didaktisch in unbefriedigender Weise zu modellieren. Schülerinnen und Schüler müssten auf der Grundlage neorealistischer Einsichten nicht mehr wie üblich ‚mit Fiktionalität umgehen' lernen[56], sondern es kann ihnen ein sinnvoller Weg aufgezeigt werden, wie sie sich auf ein bestimmtes Sinnfeld – hier: literarische Kunst – *einlassen* können. Wenn sie die Überzeugung verinnerlichen, dass in diesem besonderen Sinnfeld alles existiert und somit auch ‚wahr' beziehungsweise existent ist,[57] sollten die typischen Probleme im Umgang mit Fiktionalität letztlich von selbst verschwinden.

Die *Buddenbrooks* sind in dieser Hinsicht wahrlich ein Glücksfall, denn die hier herangezogenen Textstellen bieten besonders fruchtbare Anknüpfungspunkte. Wenn zum Beispiel mit den Schülerinnen und Schülern herausgestellt wird, dass Hanno auf seinem Schulweg an einem Morgen im späten Winter den Choral *Nun danket alle Gott* ‚eigentlich' nicht hätte hören können, kann das eine geeignete Ausgangslage sein für die Beschäftigung mit oben aufgezeigten Sinnfeldern und entsprechenden unterschiedlichen Existenzen. Das Anerkennen der Existenz eines nicht-existenten Chorals auch im betreffenden Textabschnitt in den *Buddenbrooks* bietet nämlich im Sinne eines eigenen Erkenntniswertes erst die erforderliche Grundlage für sich anschließende Interpretationsbemühungen: Welche *Funktion* im Leseakt für das Verständnis der Lage, in der Hanno sich gerade befindet, könnte genau diesem Choral zugeschrieben werden? Damit erübrigten sich typisch unterrichtliche Fragen nach ‚Wirklichkeit' und ‚Unwirklichkeit'[58] – eine erstrebenswerte Leerstelle im Umgang mit (literarischer) Kunst in der Schule.

55 Ebd., S. 174.

56 Siehe hierzu allgemein im Kontext literarischen Lernens K. H. Spinner, *Literarisches Lernen*, in: *Praxis Deutsch*, H. 200, 2006, S. 6–16 u. entsprechend vertiefend zuletzt L. König, *Fiktionswahrnehmung als Grundlage literarischen Verstehens. Eine empirische Studie über den Zusammenhang von Fiktionsverstehen und literarischer Grundkompetenz*, Schneider Verlag, Baltmannsweiler 2020.

57 An dieser Stelle halte ich es für angebracht, Genette (in einer Übersetzung von Heinz Jatho) sprechen zu lassen: „Die fiktionale Aussage ist, wie so viele Philosophen nach Frege wiederholt haben, weder wahr noch falsch (sondern nur, wie Aristoteles gesagt hätte, ‚möglich'), oder wahr und falsch zugleich: sie ist jenseits oder auch diesseits von Wahr und Falsch, und die mit dem Rezipienten getroffene paradoxe Vereinbarung einer gegenseitigen Nichtverantwortlichkeit ist ein vollendetes Emblem des berühmten interesselosen Wohlgefallens.“ (G. Genette, *Fiktion und Diktion*, Fink, München 1992, S. 20).

58 Aus eben diesem Grund erteile ich der Fächerverbindung oder -übergreifung *Deutsch–Geschichte* (siehe hierzu zum Beispiel *Praxis Deutsch*, H. 259: *Historisches Lernen*) eine grundsätzliche Absage: In literarischen Texten kann es keine (graduelle) Authentizität im historischen Sinne geben.

Literatur

Archiv der Hansestadt Lübeck, *Bau- und Architekturgeschichte, Stadtentwicklung in Lübeck, AK.12: Profanbauten Altstadt: Königstraße 82–133*, S. 1–16.

Billert, Andreas, *Die Botschaft der Vorstadt – Architektur*, in: *St. Jürgen, Bilder einer Lübecker Vorstadt*, hrsg. v. Karl-Heinz Augsten, Charles Coleman Verlag, Lübeck 1988, S. 16–23.

Borchmeyer, Dieter, *Thomas Mann. Werk und Zeit*, Insel Verlag, Berlin 2023 (2. Auflage).

Büning, Ulrich, *Die Fleischhauerstraße. Leben im Weltkulturerbe Altstadt von Lübeck*, Schmidt-Römhild, Lübeck 2016.

Carstensen, Richard, *Marktbrunnen und Siegesbrunnen. Ein Stück Lübecker Denkmalgeschichte*, in: *Der Wagen, Ein Lübeckisches Jahrbuch*, Hansisches Verlagskontor, Lübeck 1982, S. 25–34.

Carstensen, Richard, *Kommentar zu Thomas Manns „Buddenbrooks"*, Werkstätten-Verlag, Lübeck 1986.

Buddenbrooks, Dichtung und Wirklichkeit, Bilddokumente, hrsg. v. Hartwig Dräger, Graphische Werkstätten, Lübeck 1993.

Eickhölter, Manfred, *Die Stadt Lübeck in Buddenbrooks*, in: *Die Welt der Buddenbrooks*, hrsg. v. Hans Wißkirchen, S. Fischer Verlag, Frankfurt am Main 2008, S. 61–113.

Fludernik, Monika, *Unreliability vs. Discordance. Kritische Betrachtungen zum literaturwissenschaftlichen Konzept der erzählerischen Unzuverlässigkeit*, in: *Was stimmt denn jetzt? Unzuverlässiges Erzählen in Literatur und Film*, hrsg. v. Fabienne Liptay u. Yvonne Wolf, edition text + kritik, München 2005, S. 39–59.

Gabriel, Markus, *Fiktionen*, Suhrkamp, Berlin 2020.

Genette, Gérard, *Fiktion und Diktion*, Fink, München 1992.

Gesellschaft zur Beförderung gemeinnütziger Tätigkeit, *Die Beckergrube*, in: *Lübeckische Blätter*, 1908, Nr. 35, S. 506–507.

Grautoff, Otto, *Lübeck*, Klinkhardt & Biermann, Leipzig 1908 (*Stätten der Kultur*, hrsg. v. Georg Biermann, Band 9).

Guhr, Christoph, *Der Straßenraum*, in: *St. Jürgen, Bilder einer Lübecker Vorstadt*, hrsg. v. Karl-Heinz Augsten, Charles Coleman Verlag, Lübeck 1988, S. 74–101.

Harweg, Roland, *Fiktion und doppelte Wirklichkeit. Studien zur Doppelexistenz von Roman- und Novellenorten am Beispiel des Frühwerks – insbesondere der Buddenbrooks – von Thomas Mann*, LIT-Verlag, Berlin 2012.

Heinrich und Thomas Mann, Ihr Leben und Werk in Text und Bild, Katalog zur ständigen Ausstellung im Buddenbrookhaus der Hansestadt Lübeck, hrsg. v. Eckhard Heftrich, Peter-Paul Schneider u. Hans Wißkirchen, Graphische Werkstätten, Lübeck 1994.

Höppner, Annaluise, *Eine Fahrt zu den Sommerhäusern & Gärten in den alten Lübecker Vorstädten mit einer kleinen Kulturgeschichte am Rande des Weges*, Gustav Weiland Nachf., Lübeck 1993.

Hoffmann, Max, *Die Straßen der Stadt Lübeck*, in: *Zeitschrift des Vereins für Lübeckische Geschichte und Altertumskunde*, Band 11, Heft 1 und 2, 1909, S. 215–292.

Kadelbach, Ada, *Thomas Mann und seine Kirche im Spiegel der Buddenbrooks*, in: *Kirchenamt der Evangelischen Kirche in Deutschland* (EKD), Nr. 70, 2002, S. 7–23.

König, Lisa, *Fiktionswahrnehmung als Grundlage literarischen Verstehens. Eine empirische Studie über den Zusammenhang von Fiktionsverstehen und literarischer Grundkompetenz*, Schneider Verlag, Baltmannsweiler 2020.

König, Rolf, *Die Vorstadt St. Jürgen: Bilder aus der Vergangenheit und Gegenwart eines Lübecker Stadtteils*, Schmidt-Römhild, Lübeck 1998.

Herzensheimat, Das Lübeck von Heinrich und Thomas Mann, hrsg. v. Birte Lipinski u. Julius Sonntag, Menne, Lübeck 2018.

Lübeckisches Adreß-Buch 1842, Schmidt & Sohn, Lübeck 1842.

Mann, Thomas, Große kommentierte Frankfurter Ausgabe, Band 1.1: *Buddenbrooks. Verfall einer Familie. Roman*, hrsg. u. textkritisch durchgesehen v. Eckhard Heftrich unter Mitarbeit v. Stephan Stachorski u. Herbert Lehnert, S. Fischer Verlag, Frankfurt am Main 2002.

Lübeck zur Zeit der Buddenbrooks, hrsg. v. Museum für Kunst und Kulturgeschichte der Hansestadt Lübeck, LN-Druck, Lübeck 1975.

Olsen, Ralph, *Den Buddenbrooks auf der Spur: literarisches Lernen mit ‚doppelter Wirklichkeit'*, in: *Literarische Spaziergänge im Deutschunterricht. Gegenstände, Arrangements, Begegnungsräume*, hrsg. v. Katrin Geneuss u. Christian Hoiß, wbg, Darmstadt 2023, S. 167–187.

Schoeller, Wilfried F., *Lübeck: Lebensform und Lustrevier*, in: *Merian*, 46. Jahrgang, Nr. 7, 1993, S. 51–57.

Schurig, Gertrud, *Vom Ursprung Lübecker Straßennamen (im Ausschnitt). Verse und Scherenschnitt*, hrsg. v. der Fotokopierzentrale Lübeck, Lübeck 1993.

Spinner, Kaspar H., *Literarisches Lernen*, in: *Praxis Deutsch*, H. 200, 2006, S. 6–16.

Tschechne, Wolfgang, *Thomas Manns Lübeck*, Ellert & Richter, Hamburg 1991.

Warncke, Johannes, *Die Edelschmiedekunst in Lübeck und ihre Meister*. Schmidt-Römhild, Lübeck 1927.

Wenderholm, Iris, *»Totentanz-Heimat«. Literarische Funktionalisierung sakraler Kunst bei Thomas Mann*, in: *Thomas-Mann-Jahrbuch*, 2013, Band 26, S. 23–37.

Wißkirchen, Hans, *Spaziergänge durch das Lübeck von Heinrich und Thomas Mann*. Arche Verlag, Zürich und Hamburg 1996.

Wißkirchen, Hans, *Was tun die Fleischer plötzlich unter den Marktarkaden? Thomas Manns literarischer Umgang mit der Wirklichkeit am Beispiel Lübecks*, in: *»Buddenbrooks«. Neue Blicke in ein altes Buch. Begleitband zur neuen ständigen Ausstellung* Die »Buddenbrooks« – ein Jahrhundertroman *im Buddenbrookhaus*, hrsg. v. Manfred Eickhölter u. Hans Wißkirchen, Dräger, Lübeck 2000, S. 100–109.

Wißkirchen, Hans, *Buddenbrooks – Die Stadt, der Autor und das Buch*, in: *Die Welt der Buddenbrooks*, hrsg. v. Hans Wißkirchen, S. Fischer Verlag, Frankfurt am Main 2008, S. 15–60.

Zipfel, Frank, *Fiktionssignale*, in: *Fiktionalität. Ein interdisziplinäres Handbuch*, hrsg. v. Tobias Klauk u. Tilmann Köppe, Walter de Gruyter, Berlin u. Boston 2014, S. 97–124.

Marcel Beyers erzählerische Innovationen in dem Roman *Flughunde* versus *Flughunde* als Graphic Novel

Monika Tokarzewska
Uniwersytet Mikołaja Kopernika w Toruniu

Marcel Beyer's narrative innovations in his novel *Flughunde* versus *Flughunde* as a graphic novel

Marcel Beyer is one of the most successful contemporary German-language authors. He owes his success not least to the novel 'Flughunde' (1995), which refers to the National Socialist era from the perspective of the perpetrators. In this article, the reasons for the success of this novel, which is regarded as a post-factual approach to history, are first reconstructed in the light of research. Viewed from the perspective of Tynjanow's theory of de-automatisation, Beyer's novel proves to be an attempt, to regain access to history through a series of alienating artistic techniques. However, the past, which is no longer experienced and only mediated by the media, dissolves in the thicket of discourse. My thesis is that it is the graphic novel 'Flughunde' (2013) that succeeds in making history tangible again thanks to the special nature of this genre.

Keywords: Marcel Beyer, *Flughunde*, literarisches Feld, De-Automatisierung, Erinnerungsdiskurs, Graphic Novel

Der Roman *Flughunde* als Klassiker der Gegenwartsliteratur

Als im Jahre 1995 Marcel Beyers zweiter Roman *Flughunde* erschien, der das NS-Reich aus der Innenperspektive von (fiktiven) Tätern schildert, vollzog sich im Hintergrund eine Veränderung des deutschen Erinnerungsdiskurses. Die dazu gehörigen tektonischen Verschiebungen fasst die Forschung rückblickend wie folgt zusammen:

> Die deutsche Wiedervereinigung hat eine Wende des Erinnerns eingeleitet. Die Perspektiven auf die jüngste deutsche Vergangenheit ändern sich, gerade auch in der Literatur. Nicht nur die DDR-Geschichte wird im Spannungsfeld von Kritik und Verklärung bilanziert, auch der Nationalsozialismus und die bundesdeutsche Vergangenheit werden neu interpretiert. Ein anderer Blick auf Täter und Opfer bestimmt die literarische Themenbildung. Neue Aspekte wie Flucht und Vertrei-

bung, Luftkrieg und Zerstörung — bis dahin eher tabuisiert — geraten durch die Literatur in die öffentliche Diskussion.[1]

Der Roman erzählt die Geschichte des fiktiven Amateurwissenschaftlers Hermann Karnau, der von dem Phänomen der Stimme fasziniert ist und als Akustiker die Aufmerksamkeit des Propagandaministers Goebbels auf sich zieht. Von seiner *idee fixe* versessen, einem Atlas aller in der Welt anzutreffenden Stimmen sowie dem Phantom der reinen, ursprünglichen Stimme nachjagen zu müssen, ist Karnau bereit, jeden Kompromiss mit dem NS-Regime einzugehen. Er nutzt die Gelegenheit, die ihm das Regime bietet, und wird zum Täter, indem er an Häftlingen grausame Experimente durchführt. Parallel zu seinem Schicksal wird das der ältesten Tochter von Joseph Goebbels, Helga, geschildert, die die zweite Ich-Erzählerin ist. Der Roman kulminiert im Untergang des Dritten Reichs im Berliner Führerbunker, fokussiert auf die Vergiftung von Helga und ihrer Geschwister; die Kinder sollen auf Entscheidung von ihren Eltern das untergehende Reich nicht überleben. Es ist allerdings unklar, ob es nicht Karnau gewesen war, der den Kindern auf die Bitte der Mutter das Gift verabreichte.[2]

Marcel Beyers Roman setzte sich in der um 1989 neu geschichteten Erinnerungskonstellation rasch durch. Der Autor gehört mittlerweile zu der ersten Garde der deutschsprachigen Gegenwartsautoren und ist in dem gegenwärtigen literarischen Feld etabliert. Davon zeugen zahlreiche literarischen Preise, die ihm verliehen wurden: der Uwe-Johnson-Preis (1997), Heinrich-Böll-Preis (2001). Friedrich-Hölderlin-Preis (2003), Joseph-Breitbach-Preis (2008), Kleist-Preis (2014), Bremer Literaturpreis (2015), Düsseldorfer Literaturpreis (2016) und schließlich der als wichtigster geltende Georg-Büchner-Preis (2016). Die bereits umfangreiche Beyer-Forschung umfasst nicht nur zahlreiche interpretatorischen Aufsätze, sondern auch ein Handbuch, also die Art Forschungspublikation, die einem Autor den Status eines Klassikers verleiht. So nennt Christoph Jürgensen ihn bereits einen solchen.[3] Die Herausgeber der neuen Handbuchreihe *Kontemporär* bei dem Metzler-Verlag, die das Beyer-Handbuch eröffnet, formulieren deren Ziele wie folgt: „In *Kontemporär* erscheinen Monographien und Sammelbände zu Autoren und Themen, die seit den 1990er Jahren die deutschsprachige Gegenwartsliteratur prägen."[4] Das Urteil wird mit der Feststellung besiegelt: „Beyer hat sich längst als zentrale Figur im deutschen Literaturbetrieb etabliert [...]."[5] Diese Etablierung ist nicht zuletzt mit dem Roman *Flughunde* verbunden. Er bleibt bis heute, nach dreißig Jahren und trotz Erfolge seiner

1 B. Beßlich, K. Grätz u. O. Hildebrand, *Vorwort* in: *Wende des Erinnerns? Geschichtskonstruktionen in der deutschen Literatur nach 1989*, hrsg. v. B. Beßlich, K. Grätz u. O. Hildebrand, Erich Schmidt Verlag, Berlin 2006, S. 7–17, S. 7.

2 Vgl. M. Beyer, *Flughunde*, Suhrkamp, Frankfurt am Main 1995.

3 Vgl. Ch. Jürgensen, *Marcel Beyer im Spiegel der Literaturkritik*, in: *Marcel Beyer. Perspektiven auf autor und Werk*, hrsg. v. Christian Klein, Metzler, Stuttgart 2018, S. 27–41, S. 36.

4 Ch. Klein (Hrsg.), *Marcel Beyer. Perspektiven auf Autor und Werk*. Erklärung zu der Serie auf der Redaktionsseite des Bandes, J. B. Metzler, Stuttgart 2018.

5 Ch. Klein, *Vorwort*, in: *Marcel Beyer. Perspektiven auf Autor und Werk*, hrsg. v. Christian Klein, S. VII–IX, hier S. VII.

weiteren Werke, das bekannteste Buch Beyers und hat seinerseits die Position eines Klassikers eingenommen[6], die sich in der Aufnahme in Schulprogramme und im Vertrieb einer entsprechenden schülergerechten Ausgabe mit Anhang und Materialien widerspiegelt.[7] Darüber hinaus erfuhr der Roman auch eine Verarbeitung als Graphic Novel, bzw. als Comic, erschienen 2013 als Ergebnis der Zusammenarbeit zwischen Beyer und der Grafikerin Ulli Lust.

Der Klassikerstatus Beyers ist also von dem Klassiker *Flughunde* nicht isoliert zu betrachten. Der Erfolg des Romans ist von seinem Bezug zum NS-Regime und der Kriegsgeschichte nicht zu trennen. Denn obwohl bereits Beyers Debütroman *Menschenfleisch* durchaus die Aufmerksamkeit der Kritik auf sich zog, vollzog sich erst mit *Flughunde* ein Wandel, der für Beyers Etablierung im literarischen Feld entscheidend war. Den Reaktionen auf den Roman ist zu entnehmen, dass die Kritik von der Verbindung von erzähltechnischen Experimenten im Geiste des Postmodernismus einerseits und dem Realitätsgehalt an erinnerungskulturell relevanter deutscher Geschichte andererseits frappiert war. Zu *Menschenfleisch* hieß es noch, dass mit „der empirischen Welt [...] sein Erzähler kaum in Berührung [kommt]“[8]. Christoph Jürgensen hat seine Recherchen zu Beyer und der Literaturkritik wie folgt zusammengefasst:

> *Flughunde* löst das Versprechen dieses Werkauftakts dann vollgültig ein, wenn man der Literaturkritik glaubt, und zwar insofern, als es den avantgardistischen, sprachreflexiven und theoretischen Zug des Debüts einbinde in ein welthaltigeres, psychologisch glaubwürdigeres, sprich: stärker realistisches Erzählprogramm — in diesem Urteil sind sich ausnahmsweise die Rezensenten [...] einig.[9]

Der Bezug auf die Geschichte in diesem sonderbar erzählten Roman trug eindeutig zur Position des Autors bei. Nimmt man die Forschung zu *Flughunde* unter die Lupe wird jedoch gerade diese Präsenz immer wieder zur Quelle von Irritationen, die sich aus ebendieser Verbindung von Geschichte und ihrer erzählerischen Verarbeitung ergeben. Unter Rückgriff auf Pierre Bourdieus Feldtheorie sowie auf Jurij Tynianovs Theorie der literarischen Evolution wird in den folgenden Kapiteln gezeigt, dass sich diese Irritationen der Stellung verdanken, die Marcel Beyer als Vertreter der dritten Generation nach dem Krieg und dem Holocaust einzunehmen sucht, bzw. sich einzunehmen gezwungen sieht. Der Wandel des literarischen Feldes und der Rolle des Schriftstellers in ihm geht mit dem

---

6 Vgl. Ch. Klein, *Vorwort*, S. VII–VIII.

7 Eine solche Ausgabe von *Flughunde* liegt seit im Rahmen der Suhrkamp-BasisBibliothek vor (Marcel Beyer, *Flughunde. Text und Kommentar*, Suhrkamp, Frankfurt/Main 1996). Laut dem Verlag erscheinen in dieser Reihe „literarische Hauptwerke aller Epochen und Gattungen als Arbeitstexte für Schule und Studium“ (Informationstext auf der Web-Seite des Suhrkamp-Verlags, https://www.suhrkamp.de/buch/marcel-beyer-flughunde-t-9783518189252 (Zugriff am 01.06.2024).

8 M. Braun, *Textkoerperkontakte. Marcel Beyers strapaziöses Romandebüt „Das Menschenfleisch“*, Die Zeit 22.3.1991, zitiert nach: Ch. Jürgensen, *Marcel Beyer im Spiegel der Literaturkritik*, in: *Marcel Beyer. Perspektiven auf Autor und Werk*, hrsg. v. Ch.n Klein, S. 27–41, hier S. 30.

9 Ch. Jürgensen, *Marcel Beyer im Spiegel der Literaturkritik*, S. 32 und 33.

Ausbleiben des kommunikativen Gedächtnisses und mit dem wachsenden Bedarf seitens der Leserschaft einher, die Geschichte in neuen, erzähltechnisch attraktiven Formen dargeboten zu bekommen.

Pierre Bourdieus literarisches Feld und der Erinnerungsdiskurs als Quelle von symbolischem Kapital

Den Begriff des literarischen Feldes und die dazu gehörige relational-soziologische Literaturtheorie verdanken wir bekanntlich Pierre Bourdieu. Das literarische Feld, eines unter vielen anderen in der modernen Gesellschaft, besteht aus Positionen und Wechselwirkungen, die hierarchisch strukturiert sind, und sich zugleich dynamisch zueinander verhalten. Es gibt zentrale Positionen und Randpositionen; Akteure und Werke konkurrieren um Aufmerksamkeit und verschiedene Arten von Kapital, von denen das symbolische Kapital hier am wichtigsten sein dürfte.[10] Gemeinsam ist den verschiedenen Feldern der Bezug auf das Machtfeld, der auch den Literaten nicht fremd ist, wenngleich sie das zumeist nicht gern gestehen.

> Das Feld der Macht ist der Raum der Kräftebeziehungen zwischen Akteuren oder Institutionen, deren gemeinsame Eigenschaft darin besteht, über das Kapital zu verfügen, das dazu erforderlich ist, dominierende Positionen in den unterschiedlichen Feldern (insbesondere dem ökonomischen und dem kulturellen) zu besetzen.[11]

Ein Blick auf einen Fall wie der Marcel Beyers wirft die Frage nach der spezifischen Ausgestaltung des literarischen Feldes je nach (nationalen) Kulturen auf. Bourdieu ging von der Situation im Frankreich Flauberts aus und widmete seine besondere Aufmerksamkeit der Herausbildung der Idee einer ästhetischen Autonomie der Werke und eines bestimmten Typus des Intellektuellen, der nicht auf künstlerische Produktion für den Broterwerb angewiesen ist. Mit Blick auf das (west)deutsche literarische Feld dürfte ohne große Mühe als einleuchtend gelten, dass hier seit dem Kriegsende kontinuierlich trotz diachroner Veränderungen die Teilnahme am Erinnerungsdiskurs eine wesentliche Quelle des symbolischen Kapitals war und immer noch ist. Im deutschen Kontext gibt es aufgrund der Geschichte eine einzigartige Verschränkung von literarischem Feld in dessen jeweiliger momentaner Ausprägung und der sogenannten Erinnerungskultur. Die letzte deckt sich nicht nur mit dem literarischen Feld, sondern ist auch zivilgesellschaftlich und staatlich verankert, bzw. wird als Teil staatstragender Kulturpraktiken angesehen und gefördert. Der Erinnerungsdiskurs erfuhr hier eine Institutionalisierung ohnegleichen als „Vergangenheitsbewältigung" bzw. „Vergangenheitsverarbeitung" und ist als moralische Verpflichtung bedeutender Bestandteil kollektiven Wertesystems. Es kann also nicht ver-

---

10 Vgl. P. Bourdieu, *Die Regeln der Kunst. Genese und Struktur des literarischen Feldes*, übers. v. B. Schwabs, A. Russer, Suhrkamp, Frankfurt am Main 2001.

11 P. Bourdieu, *Die Regeln der Kunst,* S. 342.

wundern, dass die Kritiker es als Zuwachs an Relevanz begrüßten, als Beyer, als ein Autor, der von popliterarischen Formexperimenten herkam, sich dieses Diskurses annahm.

Überblickt man die Nachkriegsgeschichte der (west)deutschen Literatur, fällt ohne große Überraschung auf, dass die mittlerweile als klassisch geltenden Akteure oft als relevante Stimme im Erinnerungsdiskurs und somit in dem Identitätsdiskurs der Gesellschaft vernommen wurden, um nur einige zu nennen: Wolfgang Köppen, Günter Grass, Martin Walser, Paul Celan, Peter Weiss. Theodor Adornos berühmtes Verbot, nach Auschwitz noch Gedichte zu schreiben, und dessen Umformulierung des Kantschen kategorischen Imperativs in die Formel, ein Auschwitz dürfe nie wieder passieren, bildete lange den Bezugspunkt für literarische Stellungnahmen. Dass Marcel Beyer mit *Flughunde* sich nicht nur ins literarische Feld, sondern auch in den Erinnerungsdiskurs einbrachte, bewirkte bei seiner besondere Aufmerksamkeit weckenden schriftstellerischen Technik, die er dabei verwendete, eine Steigerung seiner Sichtbarkeit. Die Kritik und die Forschung erkannten dies und reagierten mit entsprechenden Klassifizierungen und Einschreibungen. So ordnet etwa Eleni Georgiopoulos *Flughunde* und den späteren Roman *Kaltenburg* der Sorte „Erinnerungsromane" zu.[12] Ihre Feststellung ist eine von zahlreichen ähnlichen:

> Marcel Beyer erinnert in diesen Romanen an die Zeit des Nationalsozialismus und an die deutsch-deutsche Geschichte, darüber hinaus verweist er auf in der Gegenwart angesiedelte Fragen nach schuldhaften Verstrickungen in dieser Zeit und ihrer Aufarbeitung.[13]

Jan Lensen nennt das Buch bereits im Titel seines Essays eine „Third-Generation Perspective [...] on the Second World War" und „narrative integration into the collective memory of the nation".[14] Nun erweist sich aber, dass die Forschung, von diesen Klassifizierungen ausgehend, mit dem Roman sich immer wieder vor interpretatorische Probleme gestellt sieht, die sich Beyers Erzählmuster verdanken. Das macht eine Verortung Beyers in dem Diskurs der Erinnerung an das Dritte Reich nicht unproblematisch, denn in diesem Diskurs gilt in der Regel ungeschrieben die moralische Verpflichtung gegenüber den Opfern bzw. es wird ein (zumindest durch eine Distanz signalisiertes) Urteil über die Täter erwartet. Beyers Verfahren entzieht sich diesen Erwartungen. Letztendlich wird selbst der Anteil der Geschichte an seinen Geschichten ungewiss — zugunsten einer Auseinandersetzung mit Medien und Diskursen. In den folgenden Schritten meiner Lektüre werde ich diese Probleme der Forschung mit Beyers Verfahren in *Flughunde* vor dem Hintergrund des tradierten Erinnerungsdiskurses rekonstruieren und sie mit den Veränderungen im

12 Vgl. E. Georgopoulou, *Die Auflösung der Differenz. Über Humanes und Animalisches in Marcel Beyers Erinnerungsromanen „Flughunde" und „Kaltenburg"*, Recherches germaniques 10/2015, https://doi.org/10.4000/rg.886, S. 237–252 (Zugriff am 29.06.2025).

13 E. Georgopoulou, *Die Auflösung der Differenz*, S. 238.

14 J. Lensen, *Perpetrators and Victims: Third-generation Perspectives on the Second World War in Marcel Beyer's „Flughunde" and Erwin Mortier's „Marcel"*, Comparative Literature 4/ 2013, S. 450–465.

literarischen Feld nach 1989 in Verbindung bringen. Im letzten Teil des Textes wird ein Vergleich des Romans mit der Graphic Novel unternommen und nach einer eventuellen überraschenden Wiedergewinnung von Geschichte, die den Comic-spezifischer Darstellungsformen entspringt, fragen.

Der Wandel des literarischen Feldes und der Rolle des Autors um 1989

Bourdieus Feldtheorie regt vor allem zu synchronen Studien an; diachrone Analysen, die Entwicklungen und Wandel zu erfassen suchen, sind in der von ihm inspirierten Forschung seltener. Für (West)Deutschland und das wiedervereinigte Deutschland legte neulich Heribert Tommek eine entsprechende diachron angelegte Studie vor.[15] Für die Zeit nach 1989 konstatiert er „zunehmende *Ökonomisierung* der Literatur (sowohl im ökonomischen als auch im symbolischen Sinne einer Konkurrenz um Aufmerksamkeit)"[16]. Auch das „Mandat der Schriftsteller als Intellektuelle"[17] habe sich gewandelt. Im Nachkriegsdeutschland waren Intellektuelle „Spezialisten des Deutens und Erklärens" und spielten als solche „eine zentrale Rolle in den gesellschaftlichen Auseinandersetzungen um symbolische Deutungshoheit"[18]. Sie konnten „auf der Grundlage dieser Autorität sich politisch-universal engagieren"[19] und verbanden somit das politische und das literarische Feld zusammen. Mit der erwähnten Ökonomisierung des literarischen Feldes um 1989 sei diese Rolle weitgehend dahin; die Autoren sehen sich als „neue, symbolanalytische Intelligenz"[20] auch dem Druck der Massenproduktion und sozialer Unsicherheit ausgesetzt. Die Grenzen zwischen dem Umlauf einer hohen und einer unterhaltsamen Literatur verwischen sich, weil die Autoren auf die Muster des Unterhaltsamen zurückgreifen. Statt universeller Autorität spielen nun ästhetisch gefärbte Werte wie Originalität und Authentizität eine relevante Rolle. Dies bedeutet mitnichten, dass unterhaltsame Erzählmuster triviale Muster sein müssen. Im Fall Marcel Beyers fällt mithin die Positionierung in einem derartig veränderten literarischen Feld zusammen mit seiner Selbstverortung als dritte Generation nach dem Krieg, die die Vergangenheit nicht mehr aus eigener Erfahrung kennt, sondern bestens aus zweiter oder dritter Hand, sowie mehrfach medial vermittelt.[21] Dabei gilt unter diesen veränderten Verhältnissen im Literaturfeld die Aufarbeitung der Vergangenheit und die Pflege des Erinnerungsdiskurses weiterhin als relevant und verpflichtend, sowie fungiert als Quelle des symbolischen Kaptals.

15 Vgl. H. Tommek, *Der lange Weg in die Gegenwartsliteratur: Studien zur Geschichte des literarischen Feldes in Deutschland von 1960 bis 2000*, De Gruyter, Berlin 2015.
16 Tommek, *Der lange Weg in die Gegenwartsliteratur*, S. 51. Hervorhebung im Original.
17 Ebd., S. 80.
18 Ebd.
19 Ebd.
20 Ebd., S. 217.
21 Vgl. M. Beyer, *Über die Haltung des Hörens*, in: derselbe, *Nonfiction*, Köln 2003, S. 259–270.

Der Bedarf nach De-Automatisierung im literarischen Erinnerungsdiskurs

Mit der obigen Bemerkung zum Wandel des literarischen Feldes um 1989 hängt ein Erneuerungsbedarf im Erinnerungsdiskurs zusammen, was als Faktor bei Bourdieu und in von ihm inspirierten Studien wie die Tommeks nicht zu Wort kommt. An dieser Stelle lohnt es sich deshalb auf Jurij Tynjanows Konzept der literarischen Evolution zurückzugreifen. Tynjanow war Zeuge der formalistischen Avantgarden in den zwanziger Jahren des 20. Jahrhunderts sowie der Geburt der neuen, proto-strukturalistischen Literaturwissenschaft. Vor diesem Hintergrund wollte er die Literaturgeschichte neu etablieren. Die literaturgeschichtliche Dynamik sollte Tynjanow zufolge nicht von einem äußerlichen Kriterium her erfasst werden, sondern von der inneren Logik des Literarischen. Er erblickte das Prinzip der künstlerischen Evolution im Wandel zwischen Automatisierung und De-Automatisierung, was mit dem von Brecht popularisierten Verfremdungsbegriff Schklowskis verwandt ist, der jedoch nicht an Literaturgeschichte dachte. Formen, Gattungen und Kunstgriffe werden mit der Zeit automatisiert, daraufhin entsteht ein neues – oppositionelles – Strukturprinzip, das sich ausbreitet und anschließend wieder neue Veränderungen und neue Strukturprinzipien provoziert.[22] Das Aufkommen von neuen Prinzipien, Formen und Griffen ergibt sich aus der Dynamik des Künstlerischen selbst, weil die automatisierten Verfahrungsweisen die Aufmerksamkeit der Rezipienten verlieren. Dabei fasst Tynjanow recht weit, was als Form bzw. Prinzip fungieren kann. Es hängt von den Kontexten ab, in denen das jeweilige Werk funktioniert und vor dem Hintergrund deren es wahrgenommen und rezipiert wird.

Bourdieu nahm Tynianovs Evolutionstheorie zur Kenntnis, verhielt sich ihr gegenüber jedoch ablehnend. Eine solche ästhetische Innendynamik der Literatur abstrahiere Bourdieu zufolge von anderen sozialen Faktoren und Feldern. Tynjanow erhebe die Prozesse der Banalisierung und Entautomatisierung „zu einer Art Naturgesetz poetischen Handelns“[23]. Sprechen wir jedoch von einem solchen Fall wie der Erfolg der *Flughunde*, empfiehlt sich diese von Tynjanow inspirierte Perspektive als nützliche Ergänzung zur Theorie Bourdieus. Die Stellung von Beyer und insbesondere von *Flughunde* im literarischen Feld verdankt sich, wie oben gezeigt wurde, offensichtlich einer (zumindest als solche empfundenen) ‚De-Automatisierung‘ des Erinnerungsdiskurses an das Dritte Reich, die sich der Wahl der ungewöhnlichen Erzähler Karnau und Helga Goebbels sowie der ‚postmodernen‘ Erzähltechnik verdankt. Auch der – sich doch zum großen Teil als Literatur gestaltende – Erinnerungsdiskurs ist Automatisierungsprozessen und der Gefahr, zu erstarrten Ritualen zu werden, ausgesetzt. Nicht nur der geschichtliche Wandel, sondern auch das Prinzip der Erneuerung des Blickes auf das Vergangene motiviert

22 Tynjanow führte seine Ideen vor allem in den folgenden Essays aus: J. Tynjanow, *Das literarische Faktum*, in: derselbe, *Die literarischen Kunstmittel und die Evolution in der Literatur*, Suhrkamp, Frankfurt am Masin 1967, S. 393–431, sowie: J. Tynjanow: *Über die literarische Evolution*, in: *Russischer Formalismus – Texte zur allgemeinen Literaturtheorie und zur Theorie der Prosa*, hrsg. v. Jurij Striedter, Utb, München 1971; S. 433–461.

23 P. Bourdieu, *Die Regeln der Kunst*, S. 322.

Autoren, anders zu schreiben als ihre Vorgänger und ungewöhnliche thematische und gestalterische Konstellationen einzugehen. Die oben besprochene gewandelte Situation im literarischen Feld, in dem Aufmerksamkeit zunehmend zum raren Wert wird, fordert gleichsam eine solche theoretische Ergänzung. Die Frage ist also: Was wird als Quelle der „De-Automatisierung" in *Flughunde* empfunden?

Marcel Beyer und seine Innovationen

Marcel Beyer bestätigt den Sinn der Tynjanowschen Kategorien, indem er explizit formuliert, ihm gehe es um eine neue Herangehensweise in dem Erinnerungsdiskurs: er wolle gegen die deutsche Vergangenheitsbewältigungsliteratur angehen, weil in ihr anstelle der Reflexion die Empathie getreten sei.[24] Was heißt das aber konkret in seinem Fall? Vor welchen Automatismen im Erinnerungsdiskurs will sich Beyer abheben? Er spricht nicht etwa über gewisse Stoffe, sondern thematisiert Lektürestile bzw. Lektüregewohnheiten. Die Kritiker betonten in ihren ersten Rezensionen den als erfrischend empfundenen Effekt, den der Roman mit sich brachte. Hellmuth Karasek lobte insbesondere die Erzählweise, die das scheinbar abgearbeitete Thema im neuen Licht erscheinen lässt:

> Wozu also jetzt noch einen Roman zu einer derart genau ausgeleuchteten, exakt rekonstruierten Geschichtsstunde, in der das ‚Dritte Reich' in konvulsivischen Zuckungen verendete und dessen elend verreckender Anstifter im Grunde nur darüber enttäuscht war, daß er Deutschland, Europa, die Welt nicht völlig mit in sein Grab reißen konnte? [...] Exakter und bescheidener könnte man sagen: Der Roman ‚Flughunde' nimmt seine Berechtigung aus seiner gewählten (großartig gefundenen und erfundenen) Erzählperspektive. Wo der Historiker das Ganze im Auge behalten muß, den Zusammenhang der Zeugnisse, kann und muß der Erzähler das Detail zum Sprechen bringen. Statt den Blick der Totalen wählt die Fiktion die Perspektiven, die der Historiker vernachlässigen muß.[25]

Die vielgelobten „Innovationen"[26] Beyers, die die Aufmerksamkeit der Kritik und der Forschung auf sich ziehen, bestehen insbesondere in folgenden Aspekten: 1) der Vermischung von Fakten und Fiktion (dies wird als postmodernes und zugleich postmemoriales Schreibverfahren klassifiziert; etwa Roxana-Andreea Ghiţă hat das neulich unter dem Stichwort „historiographische Metafiktion"[27] subsumiert; 2) der Wahl der Erzähl-

---

24 Vgl. M. Beyer, *Nachwort zu „Flughunde"*, in: M. Beyer, *Flughunde. Text und Kommentar*, S. 285–293, hier S. 228.

25 H. Karasek, *Schreien und Flüstern*, Der Spiegel vom 02.07.1995.

26 R.-A. Ghiţă, *Marcel Beyers Roman „Flughunde". Über die Postmoderne Inszenierung von Erinnerung und ihre Ambivalenzen*, Kronstädter Beiträge zur germanistischen Forschung, hrsg. v. C. Elisabeth Puchianu, Band 20, Editura Aldus, Kronstadt, 2020, S. 111–132, hier S. 113.

27 R.-A. Ghiţă, *Marcel Beyers Roman „Flughunde"*, S. 111. Der Begriff stammt von Linda Hutcheon (*A Poetics of Postmodernism: History, Theory, Fiction*, Routledge, London 1988) und soll eine Erzähl-

technik des unzuverlässigen Erzählens und unzuverlässigen Erzählers. „Unzuverlässig" wird ein Erzähler genannt, der aus irgendeinem Grund nicht vertrauenswürdig ist, was sowohl auf Karnau, als auch auf Helga Goebbels zutrifft, wenngleich aus unterschiedlichen Gründen.[28] Eine solche Konstruktion der Erzählfiguren wird in den *Flughunden* der Forschung zufolge auch mit dem Prinzip der Mehrstimmigkeit verbunden; 3) der Fokussierung auf die selten in der fiktiven Literatur thematisierten Phänomene Stimme und Tontechnik. Jeder einzelne dieser Merkmale ist innerhalb des Diskurses von Erinnerung und Aufarbeitung nicht neu, mit Ausnahme des letzten, neu ist jedoch ihre gleichzeitige Präsenz. Christian Klein spricht deshalb in Bezug auf Beyer von zentralen „Themen und Diskursen", d.h.: „Sinneswahrnehmung, Vergangenheit, Wissenschaft" sowie Strukturprinzipien „Montage, Stimmenkomposition, Verwischung der Grenze von Fakten und Fiktionen, Medienkonvergenztransfer"[29].

Hinzuzufügen wäre, dass in den Texten über Beyer das Motiv des ‚unzuverlässigen Erzählens' besonderes Interesse weckt. In *Flughunde* wird auf die Konkurrenz bzw. gegenseitige Ergänzung zweier Erzählerstimmen verwiesen. Hermann Karnau ist als Täter von seinem Vorhaben, eine Karte aller existierenden Stimmen zu erstellen, vernebelt und ethisch blind, weist bewusst jegliche Schuld von sich. Helgas Perspektive eines elfjährigen Mädchens ist durch ihre Unreife und Isolierung der privilegierten Elitekinder von der Ideologie und Wirklichkeit des NS-Reiches eingeschränkt:

> Sowohl Hermann Karnau, der durch seine Stimmenfixierung verblendet ist und seine Teilnahme an den Kriegsverbrechen absichtlich zu verschleiern sucht, als auch Helga Goebbels, deren Blick durch ihr begrenztes, kindliches Verständnis geprägt wird, stellen unzuverlässige Erzählstimmen dar.[30]

Es wird auf die Spannung, die in dieser Konstellation der Erzählinstanzen liegt, verwiesen: die unglaubwürdigen Erzähler sind zugleich Ich-Erzähler, was eine starke Fokalisierung auf diese Figuren erzwingt bzw. fördert.[31] Bei dieser starken Fokussierung auf ihre jeweilige Perspektive laden die beiden Erzähler in *Flughunde* nur sehr eingeschränkt zur Identifizierung seitens der Leserschaft ein. Denkbar ist allerdings eine partielle Empathie für Helga und ihre Geschwister, die ohne ihr Zutun und ohne bewusste Entscheidung, Teil der totalitären Maschinerie des NS-Reichs zu werden, auf unerbittliche Weise diesem Regime zum Opfer fallen, indem sie durch ihre eigenen Eltern im Führerbunker ermordet werden. Karnaus Perspektive ist vor allem zu exzentrisch, um ein identifikatorisches

---

weise beschreiben, die auf Vermischung des Fiktiven mit dem Faktischen bei gesteigerter Selbst-Reflexivitaet der Erzählweise beruht.

28 Eingeführt wurde der Begriff von Wayne C. Booth in seiner Studie *Rhetoric of Fiction*, University of Chicago Press, Chicago 1961.

29 Ch. Klein, *Vorwort*, S. VIII.

30 R.-A. Ghiţă, *Marcel Beyers Roman „Flughunde*, S. 116.

31 Vgl. ebd., S. 112. Zitiert wird das klassische Werk von Matias Martinez und Michael Scheffel *Einfühurng in die Erzähltheorie* (C.H. Beck, München, diverse Auflagen seit 1999). Als klassisches Beispiel eines solchen autodiegetischen Erzählens werden *Die Leiden des jungen Werthers* angesehen.

Potenzial seitens der Leserschaft zu provozieren. Er hat keine Familie, keine freundschaftlichen Beziehungen, keine Eigenschaften, die ihn als durchschnittlichen Menschen wahrnehmen lassen würden; er ist obsessiv auf seinen Stimmenfang fokussiert. Als Konsequenz einer solchen Verfahrensweise spricht die Forschung von Beyers Vielstimmigkeit und ernennt die Polyphonie zur führenden erzähltechnischen Eigenschaft des Romans, es sei dies eine vom Autor bewusst gewählte Strategie, die von Pluralität und Multiperspektivität, bzw. Polyperspektivität auf das Geschehene.[32] Der Leser soll die Konkurrenz den beiden voneinander so verschiedenen Erzähler wahrnehmen und beobachten, ohne sich in sie hineinzuversetzen. In *Flughunde* kommt auch, wenngleich kurz, eine dritte Erzählerstimme zu Wort: die unpersönliche Perspektive der anonymen Kommission, die nach 1992, als das versteckte Stimmenarchiv Karnaus in einem Keller unter dem Hygiene-Museum in Dresden aufdeckt. Karnau, der als einziger Mitarbeiter noch in einem biographischen Zusammenhang mit der NS-Zeit steht, wird über den Fund von einer entsprechenden Kommission befragt. In einer unpersönlich-bürokratischen Sprache wird der Endbericht der Kommission zitiert, die anhand des vorliegenden Materials niemanden belasten kann. Leser mit entsprechendem Wissen werden sich an die zu kurz gekommene ‚Entnazifizierung' in Westdeutschland nach 1945 erinnert fühlen. Die zweite Erzählerin, Helga, wird von der Forschung als eine Instanz empfunden, die als solche sich besonders dafür eignet, Verfremdungseffekte zu hervorzurufen. Jan Lesens Urteil ist hier symptomatisch, zumal er sich wie instinktiv auf Schklowski bezieht:

> The use of a child's perspective [...] does not primarily function as a way of alleviating the adult narrator's struggle with understanding and interpreting evil (es is often the case in Holocaust literature). Rather, it functions on a non-diegetic level as a poetic means for producing defamiliarisation (ostranenie), while epitomizing on a diegetic level an innocence and ignorance easily exposed to indoctrination, manipulation, and the transfer of guilt simply on the basis of family affinity and spatial contiguity.[33]

Die besagte Kombination von erzähltechnischen Verfahrensweisen wirft zum Teil ein neues Licht auf die Geschichte von Totalitarismus und NS-Regime. So sind die Experimente Karnaus am lebendigen Leib der anonymen Häftlinge eine verfremdende Wiederaufnahme des Problems der in das Regime verstrickten Wissenschaft im Nationalsozialismus und eine Anspielung auf die tatsächlichen Menschenversuche, die in den Konzentrationslagern durchgeführt wurden. Allerdings ging es dabei nie um solche Abstrakta wie Akustik und Stimmenfang, sondern um fragwürdige medizinische Experimente. Der Fanatismus Karnaus, der die Welt nur unter diesem einen Aspekt: der Stimme, betrachtet, und dabei völlig empathielos ist, seine Opfer als Objekte behandelt, ruft

32 Vgl. Ph. A. Ostrowicz, *Die Poetik des Möglichen. Das Verhältnis von ‚historischer Realität' und ‚literarischer Wirklichkeit' in Marcel Beyers Roman „Flughunde"*, ibidem, Stuttgart 2005, S. 60.

33 J. Lensen, *Perpetrators and Victims: Third Generation Perspectives on the Second World War in Marcel Beyer's Flughunde and Erwin Mortier's Marcel*, S. 452.

einen bekannten Aspekt des Habitus von NS-Tätern in Erinnerung. Die Verankerung der Stimme im Körper sowie die damit angesprochenen Grenzen der Sprechfähigkeit im Leid, die bereits in der frühen Shoah-Literatur thematisiert wurden, werden durch Beyers Roman neu entdeckt.[34] In der Erzählerfigur Helga spiegelt sich das Problem der unwillentlichen Verstrickung in das Regime wider, ihre Monologe lassen Goebbels und seine Sportpalastrede in unerwarteter Perspektive erscheinen. Der Leser konfrontiert sich mit diesen Motiven aufs Neue, weil sie ihm in einer entstellten und verfremdeten Form dargeboten werden, aus dem gleichen Grund wirft der Roman jedoch Fragen auf, weil er mit der gleichen Geste, mit der er Geschichte beschwört, zu dieser eine Distanz aufbaut.

Probleme der Forschung mit den Innovationen Beyers

Die genannten Innovationen werden von den Interpreten sowohl mit Genugtuung wahrgenommen als auch mit einem gewissen Unbehagen. Die nach wie vor wirksamen ethischen Aspekte des Erinnerungs- und Aufarbeitungsdiskurses werden jedoch durch das Verfahren Beyers, das die Grenze zwischen Faktuellem und Fiktivem, Zuverlässigem und Unglaubwürdigem verwischt, allzu sehr in Frage gestellt. So lässt sich beobachten, dass die Kritiker und Forscher sich zum einen immer wieder verpflichtet fühlen, diese Verfahren entweder mit einem ethischen Fragezeichen zu versehen, oder sie doch als eine vertiefte indirekte Botschaft des Schriftstellers zu entziffern. So bemerkt Roxana-Andreea Ghiţă zunächst lobend:

> Welchen Beitrag leistet *Flughunde* zu den Vergangenheitsdebatten der 1990er Jahre? Meiner Meinung nach kann durch die Möglichkeiten, die metahistoriographische Fiktionen wie *Flughunde* für den Dialog zwischen Vergangenheit und den zeitgenössischen Generationen der ‚Postmemory' eröffnen, ein hoher Gewinn für die Erinnerungskultur erzielt werden.[35]

Das Erzählen Beyers sei mit subversiver Befreiung von autoritären Zwängen verbunden, hier konkret mit einer Loslösung „von präskriptiven, auf die Begrenzung literarischer Autonomie abzielenden Stellungnahmen, die an die Autoren von Holocaust-Erzähltexten die gleichen Erwartungen wie an Historiker stellen"[36]. Die Forschung übernimmt hier gern Beyers Behauptungen, es gehe ihm um ein Schreiben gegen Vereinfachungen im Erinnerungsdiskurs. Doch schließt Ghiţă ihren Essay mit einer Distanznahme ab:

---

34 Vgl. Ch. Sollte Gresser, *Körpersprachen der Unsagbarkeit. Leibliche Grenzerfahrungen in literarischen Texten über die Shoah*, in: Cahiers d'Études Germaniques, 78/2020, https://doi.org/10.4000/ceg.9741, S. 111–125.

35 R.-A. Ghiţă, *Marcel Beyers Roman „Flughunde"*, S. 126.

36 Ebd.

> Allerdings bin ich der Auffassung, dass an der im Roman betriebenen Erinnerungsarbeit auch ein gewisses Relativierungspotential festgemacht werden kann, der als irritierend oder zumindest beunruhigend zu erachten [...] ist.[37]

Wir hätten es mit einer Ausblendung jüdischer Opfer zu tun und es werde auf die Problematik der Schuld nicht eingegangen. Die Opfer der Experimente Karnaus kommen nicht selbst zu Wort. Zentrale Opferrollen werden demgegenüber durch die Kinder von Goebbels besetzt, und weil eine Wahrheitsfindung unmöglich ist, bleibe am Ende der gefährliche Gedanke, dass alle Zeugenaussagen und die Vergangenheit selbst relativ seien.[38]

Die meisten Interpreten vertreten den Standpunkt, dass Beyer, anstatt zu moralisieren, dem gegenwärtigen kollektiven medialen Bewusstsein auf der Spur sei. Er gebe präzise den aktuellen Stand der Erinnerungskultur wieder, die nicht archivarisch ist und immer seltener sich auf Zeugen berufen kann, demgegenüber selbst in postfaktische (trans) mediale realitätserzeugende Praktiken verwickelt ist. So meint Christian Thomas, dass Beyer als Literat einen „Kommentar [...] der dritten Generation zur Erinnerungskultur seiner Gegenwart“[39] thematisiert. Der späte Nachfahre könne sich in diesen Verfahren samt der Feststellung, am Ende nur mit Realitätseffekten konfrontiert zu werden, selbstreflexiv bespiegeln. Der Leser solle nun selbst aktiv werden und er wird nicht an der Hand geführt. Beyer bestätigt solches gern, indem er etwa aus der Position der Autorität des Autors erzählt, in *Flughunde* gäbe es keine „übergeordnete, eingreifende Instanz“[40]. Es liege ihm als Autor an der Selbstständigkeit des Lesers. Roxana-Andrea Ghiţă untermauert dann ihre Lektüre der *Flughunde* als ‚Metafiktion‘ mit folgenden Sätzen Beyers:

> Dass es nicht eine Position gibt, an die sich der Leser halten könnte, sondern er ist immer ganz klar der Dritte. Immer muss sich der Leser das endgültige Bild machen; es wird ihm von keinem vorgegeben. Karnau erzählt etwas, und die Kinder erzählen über dieselbe Situation doch etwas anderes. Der Leser muss entscheiden, wem er glaubt, und sich sein eigenes Bild machen. Es gibt niemanden, an den er sich halten kann, auch niemandem, dem er vertrauen kann. Bei Zeugenaussagen herrscht genau dieses Prinzip.[41]

Matias Martinez, der – es ist eine Ausnahme – sowohl den Roman als auch den Comic *Flughunde* interpretiert, kommt zum Schluss, dass Beyer auf „allwissende auktoriale Erzähler zu Gunsten von homodiegetischen Ich-Erzählern oder von intern lokalisierten

---

37 R.-A. Ghiţă, *Marcel Beyers Roman „Flughunde“*, S. 127f.

38 Ebd., S. 127.

39 Ch. Thomas, *Marcel Beyers „Flughunde“ als Kommentar zur Gegenwart der Vergangenheit,* in: Nach-Bilder des Holocaust, hrsg. v. S. Inge, A. Tacke, Böhlau, Köln 2007, S. 145–169.

40 M. Beyer, *Gespräch mit Marcel Beyer. Interview mit Renatur Deckert*, Sinn und Form Heft 57.1 (2005), S. 72–85, hier S. 81.

41 M. Beyer, *Wenn Literatur noch einen Sinn hat, dann den, dass sie ein bevormundungsfreier Raum ist. Interview mit Marcel Beyer geführt von Anke Biendarra und Sabine Wilke,* New German Review, Heft 13, 1998, S. 7–8, zitiert bei R.-A. Ghiţă, *Marcel Beyers Roman „Flughunde“*, S. 122.

Darstellungen“[42] verzichtet, da er den Leser nicht unterrichten wolle und den Erinnerungspathos aufgebe. Zwar sei „eine solche Darstellungsstrategie [...] moralisch durchaus prekär“[43], aber der Leser wird durch die Wahl der beiden unzuverlässigen Erzähler Karnau und Helga gerade vor einer einfachen einfühlsamen und identifikatorischen Lektüre gewarnt. „Beyers Roman [...] folgt nur auf den ersten Blick einer Rhetorik der *evidentia,* die den Leser in eine möglichst anschaulich erzählte Welt und in den emphatisch mitzuerlebenden Erfahrungsraum einer Figur hineintransportieren möchte.“ Dessen Kunst stehe im Dienst „einer selbstreflexiven Ästhetik, die dem Leser die rhetorischen Mechanismen narrativer Formate bewusst machen soll.“[44] Es geht, könnte man zusammenfassend sagen, um eine Strategie der Verfremdung und kritischen Beobachtung der Erinnerungsdiskurse. Martinez zufolge seien deshalb weder der Roman noch der Comic ein „historischer Roman über die Zeit des Nationalsozialismus“[45]. „Statt einer Moral der emphatischen Anteilnahme geht es Beyer um eine selbstreflexive Moral des Zeigens“ [46], beschließt der Wissenschaftler. Der Leser wird gezwungen, bzw. eingeladen „die rhetorische Dynamik von Erzählformaten“ [47] zu betrachten.

> Beyer verwendet das unzuverlässige Erzählen, um den Leser in Auseinandersetzung mit dem Text zu einem eigenständigen Urteil aufzufordern. Das unzuverlässige Erzählen in *Flughunde* zeigt eine Innenansicht des Nationalsozialismus und macht nachvollziehbar, wie jemand zum Täter wird. Nachvollziehbar meint aber nicht relativierter oder gar vermeidbar, im Gegenteil: Die moralische Leerstelle, die der Text so offensichtlich konstruiert, muss der Leser selbst mit dem eigenen Urteil füllen.[48]

Eine Frage, die sich spätestens an dieser Stelle aufdrängt, ist die nach den Kompetenzen und der Bereitschaft der Leserschaft, eine solche reflexiv-beobachtende Position einzunehmen.

Meines Wissens versuchte bisher nur ein Interpret Beyers *Flughunde* gegen den Strich zu lesen und sich somit nicht auf dessen eigene Selbstdeutungen als letzte Autorität zu verlassen. Matthias Uecker rekonstruiert Beyers Schreibmotivation und bemerkt, der Bezug auf die Zeit 1933–1945 tauche bei diesem zunächst als ein Vakuum auf; weder auf relevantes historisches Wissen in der Schule noch auf Familiengeschichten habe Beyer, laut seinem eigenen Bekenntnis, bauen können. Uecker stellt verwundert fest, dass ein solches

42 M. Martinez, *Stimmenkonkurrenz und Stimmenkomposition in Marcel Beyers Roman und in Ulli Lusts Graphic Novel „Flughunde“*, in: Christian Klein, *Marcel Beyer. Perspektiven auf Autor und Werk,* S.111–122, hier S. 112.

43 Ebd., S. 114.

44 Ebd.

45 Ebd., S. 119.

46 Ebd., S. 121.

47 Ebd.

48 B. Beßlich, *Unzuverlässiges Erzählen im Dienst der Erinnerung. Perspektiven auf den Nationalsozialismus bei Maxim Biller, Marcel Beyer und Martin Walser*, in: *Wende des Erinnerns? Geschichtskonstruktionen in der deutschen Literatur nach 1989*, hrsg. v. B. Beßlich, K. Grätz und O. Hildebrand, S. 35–52, hier S. 48.

Bekenntnis im Angesicht der Dauerpräsenz des Themas in den Medien und der Schule seit den 70er Jahren des 20. Jahrhunderts unglaubwürdig klinge. In Wirklichkeit sei die NS- und Holocaust-Geschichte nicht abwesend, sondern sie übersetzt sich offensichtlich nicht (mehr) in wirkliche Erfahrung. Eine solche wurde für Beyer aber der Herbst 1989. Es verbindet sich für ihn damit eine „unmittelbare persönliche Erfahrung und Betroffenheit, die aus einem Moment historischen Umbruchs erwächst."[49] Uecker identifiziert als Hintergrund der Schreibmotivation des Autors folgendes:

> Der Einbruch der politischen Erfahrung aktiviert eine Fixierung auf historische Fragestellungen, in denen anscheinend nach der Genese der Gegenwart — genauer: der unverstandenen Konflikte in der Gegenwart — gesucht werden soll. Was zunächst als ‚Vakuum' erschien, ist tatsächlich ein von Rätseln und Tabus besetzter Raum [...].[50]

Die Suche nach der Genese der konfliktreichen Gegenwart sowie der leere Raum der Geschichte, auf den immer wieder und zwanghaft verwiesen wird, bedingen sich gegenseitig und unlösbar in der von dem Schriftsteller Beyer als „postfaktisch" erfahrenen Gegenwart. Die Geschichte entzieht sich sowohl ihm als auch dem Leser immer wieder. Die Figur Karnau überzeugt anfänglich als Darstellung eines Täters, der von seinem Fanatismus und von jeglicher Ethik befreiten Wissensdrang getrieben wird. Sehr schnell aber stellt es sich heraus, dass Karnau doch mehr an exzentrische popkulturelle Monster-und Psychopatenfiguren der erfolgreichen postmodernen Fiktion, wie etwa im Film „Das Schweigen der Lämmer" oder in Patrick Süßkinds „Das Parfüm" erinnert. Es ist Matthias Uecker zuzustimmen, dass „fast alle von Beyer versammelten Informationen über Karnaus Leben vor allem dazu beitragen, ihn vom Typ des repräsentativen NS-Intellektuellen zu entfernen"[51]. Auch sei das Akustik-Thema eher dem aktuellen Interesse an Medientheorie wie die Friedrich Kittels zu verdanken als „einer ernsthaften Beschäftigung mit dem NS-Regime"[52]. Die Kinder, repräsentiert durch Helga, entsprechen in ihrer Psychologie nicht den Ergebnissen historischer Recherchen. Sie erweisen sich dank ihrer zugleich naiven als auch spontan misstrauischen Einstellung als für Ideologie prinzipiell nicht ansprechbar, was den allermeisten Zeitzeugnissen widerspricht. Beyers Roman gibt also keine besonderen Einblicke darin, wie jemand zum Täter wird, oder worin die Unfähigkeit zum Sprechen bei den traumatisierten Opfern beruht. All dies ist in zahlreichen anderen Texten und Quellen viel besser dargelegt worden. Angesicht all dessen drängt sich die Frage auf, ob die (sei es auch fiktiven und postfaktischen) Zeugenmonologe und

---

49 M. Uecker, *‚Uns allen steckt noch etwas von damals in den Knochen'. Der Nationalsozialismus als Objekt der Faszination in den Romanen Marcel Beyers*, in: *Wende des Erinnerns? Geschichtskonstruktionen in der deutschen Literatur nach 1989*, hrsg. v. Barbara Beßlich, Katharina Grätz und Olaf Hildebrand, S. 53–68, hier S. 54.

50 Ebd., S. 55.

51 Ebd., S. 57.

52 Ebd.

Diskurse im Roman überhaupt Aussagen über die NS-Zeit sind. Geht, wenn sie es nicht sind, der Anspruch an den Leser, er solle die Wirkung der Diskurse beobachten und selbst ein Urteil bilden, letztendlich nicht ins Leere?

Geschichte in den beiden Geschichten: der Roman und die Graphic Novel

Die von der Kritik oft hochgelobte Absage Beyers „an jene Art von Wohlfühlliteratur“[53] droht sich mithin der Grenze zu einem Geschichtsvakuum und zur Abdankung des Autors zu nähern. Schließlich besteht das größte Rätsel des Romans in der Frage, ob es Karnau war, der die Kinder vergiftet hat. Dies macht aus der NS-Geschichte eine Kriminalgeschichte. Es stellt sich heraus, dass es gar nicht die vermeintliche Befreiung des Lesers aus seiner Vormundschaft ist, dem sich der Erfolg von Beyers Roman verdankt. Erfolg hatte er, weil er durch eine Reihe von de-automatisierenden Techniken Aspekte der Vergangenheit zunächst frisch aussehen lässt. Der Eindruck ist jedoch nicht von Dauer.

Erstaunlicherweise bezieht sich die Rezeption von *Flughunde* auf den Roman und nicht auf den Comic. Bis auf Martin Martinez, der allerdings zu dem Schluss kommt, beide gleichen sich in der Konstruktion und der Botschaft, scheint der Comic für die Forschung bisher kein besonderer Gegenstand zu sein. Es erscheinen lediglich populär verfasste Kritiken auf entsprechenden, dem Phänomen Comic gewidmeten Webseiten. Dies lässt sich mit dem späteren Erscheinungsdatum nicht erklären, denn es sind immerhin zehn Jahre seit dem Erscheinen der Graphic Novel vergangen. Wahrscheinlich wird sie in dieser Konstellation (ein erfolgreicher Autor und wichtiger Roman) als zweitrangig wahrgenommen. Als letzter Schritt wird versucht, den Comic *Flughunde* unter dem Aspekt der ‚Geschichte in der Geschichte' in den Blick zu nehmen. Es scheint, dass dank ihrer spezifischen Form die Graphic Novel unabhängig von dem Roman einen Weg zur Geschichte findet.

Im Roman befindet sich der Leser jeweils wortwörtlich im Kopf einer der beiden Erzählinstanzen. Das verdankt sich der stark personalisierten Perspektive und zugespitzten Fokalisierung, die keine Außenblicke zulassen. Dazu trägt bei, dass konsequent Präsens verwendet wird. Der Leser nimmt so unmittelbar die Gedanken und sinnliche Eindrücke der Figur wahr. Er identifiziert sich zugleich mit Karnaus Auslassungen kaum. Karnau ist von der Durchschnittserfahrung des typischen Rezipienten zu sehr entfernt. Es kann allerdings zu Augenblicken einer Teilidentifizierung kommen, zumeist wenn Karnau auf die Kinder Rücksicht nimmt und ihre Unschuld beschwört, die sie bald werden verlieren müssen:

> Heute sind die Stimmbänder noch geschmeidig, und die Kinder sprechen ganz unbefangen. Ihnen ist diese Freiheit, mit der sie Wörter und Laute bilden, wohl gar nicht bewusst. Vielleicht wünschen sie sich sogar, so sprechen zu können wie

53 Ch. Klein, ‚*Warum Veronica Ferres durch meine Texte geistert*'. Anmerkungen zur Poetik Marcel Beyers, in: *Wende des Erinnerns? Geschichtskonstruktionen in der deutschen Literatur nach 1989*, hrsg. v. B. Beßlich, Katharina Grätz und Olaf Hildebrand, S. 9–26, hier S. 19.

> ein Erwachsener. [...] Bald werden ihre Stimmen gelenkt [...]. Irgendwann wird den Kindern aufgehen, dass sie nicht mehr frei über ihre Stimmen verfügen.[54]

Der Leser vermag auch einige kulturpessimistische Reflexionen Karnaus nachzuvollziehen, wie die folgende: „In den extremsten Äußerungen, im Schreien, Krächzen, Wimmern kann man mitunter die Eigenheiten einer Stimme viel besser erkennen als im gesprochenen Wort [...].“[55] Dies ändert jedoch nichts an der Grundsituation, dass er keinen Zugang zu ‚objektiver' Wirklichkeit hat, die nicht entweder durch Karnau oder durch Helga vermittelt wäre.

Die mit den Monologen Karnaus wechselnde, ebenso im Präsens gehaltene und stark fokalisierte Perspektive Helgas ist in ihrem kindlichen Wahrnehmungshorizont sehr verengt, sie nimmt vor allem den Alltag in der Familie Goebbels, also in einem privilegierten privaten Milieu, wahr. Die Ideologie dringt nur rudimentär in diese Perspektive ein. Auffallend ist dies in der Szene der bekannten Sportpalastrede Goebbels, wo Helga nichts von den propagandistischen Parolen versteht, stattdessen die Atmosphäre wahrnimmt. Was sie vermittelt, sind banale Kulissen eines Alltags von Eliten, die sich nicht als Fanatiker erweisen, sondern als Opportunisten, die sich für Privilegien und bequemes Leben in den Dienst des Regimes begeben haben. Immun gegen alles Ideologische und Politische, ist Helga in der Beobachtung kleiner psychosozialer Spiele des Familienalltags gewandt. So entlarvt sie etwa das gegenseitige sich-Anlügen der Eltern:

> Wenn Papa lügt, nimmt er sich dafür Zeit, er weiß genau, wie er damit umgehen muss, wenn er eine Frage falsch oder gar nicht beantworten will. Zum Beispiel, als es darum ging, ob er nun wirklich ein Verhältnis mit dieser Sängerin habe. [...]. Ja, normalerweise ist Papa ein guter Lügner. Bei Mama merkt man eher, wenn sie lügt: Dann klingt sie so, als müsste sie alles schnell hinter sich bringen [...].[56]

Wir sehen die Goebbels dadurch aber nicht menschlicher, sondern eher banalisiert. Der Leser kann aber durchaus von der Angst der unschuldigen Kinder bewegt werden, etwa wenn Helga im Bunker immer deutlicher die wachsende Gefahr ahnt, die die Eltern vor ihr zu verbergen versuchen:

> Hier klingen alle Stimmen falsch. So hat sich Papa sonst nicht angehört, und Mama auch nicht. Selbst wenn sie lächelt, merkt man, dass etwas nicht stimmt. Im Bunker gibt es unheimliche Gestalten, und sogar die Leute, die früher ganz normal gewesen sind, benehmen sich jetzt seltsam. Es ist, als wären alle hier verrückt.[57]

---

54 M. Beyer, *Flughunde*, S. 74f.
55 Ebd., S. 64.
56 Ebd., S. 207.
57 Ebd., S. 261.

Während der Romanlektüre befindet sich der Leser also stets innerhalb einer stark personalisierten und mit heftigen positiven bzw. negativen Emotionen besetzten Wahrnehmungsperspektive, die er nur zugunsten der jeweils anderen wechseln kann und nie auf ‚neutralem' Boden steht. Das ist aber im Comic anders.

Vergleichen wir *Flughunde* als Roman und als Graphic Novel miteinander, werden wir auf zwei Aspekte aufmerksam: zum einen gibt es Unterschiede, die sich aus der Interpretation der Zeichnerin Ulli Lust bzw. als Folge ihrer Zusammenarbeit mit Beyer ergeben, zum anderen kommen solche Unterschiede vor, die auf die spezifischen Merkmale der Gattung Comic zurückzuführen sind. Beides trägt im Falle von *Flughunde* dazu bei, dass die geschlossene Doppelperspektive des Romans zugunsten der Existenz einer unabhängig von den Monologen der Figuren zugänglichen Welt gebrochen wird. Für den Comic gilt prinzipiell, dass Text und Bild gleichberechtigte Medien und Kommunikationskanäle darstellen. Der Text musste notwendigerweise im Vergleich zum Roman sehr stark gekürzt werden, was auch geschah. Das Suggestive der Sprache Karnaus und das Naive der Sprechweise Helgas bleiben erhalten, da die Zeichnerin Passagen aus ihren Monologen am Rande der Panels einführt. Sie bringen dem Leser die Gedankenwelt der beiden Erzählfiguren zwar sehr nahe, überwältigen ihn aber nicht. Bereits die Tatsache, dass der Comic seinem Genre gemäß einen gravierenden Teil der Erzählung in Bilder übersetzt, schafft eine aus diesen beiden Gedankenwelten befreiende Perspektive. Der Leser sieht Karnau und Helga als Figuren in den Bildern, kann sie also stets von außen betrachten, sie machen auch mit anderen Gestalten einen Teil der dargestellten Welt aus, verlieren somit im Vergleich zum Roman etwas von ihrer dominanten Stellung und werden zwangsläufig relativiert. So erblicken wir Karnau etwa als eine Figur unter vielen, wenn er bei der Vorbereitung eines NS-Parteievents Befehle gibt, aber auch auf Befehle hören muss.[58] Die Bilder der Graphic Novel sind darüber hinaus eher selten aus einem subjektiven Blickwinkel gezeichnet; oft nimmt der Lesende einem Filmzuschauer ähnlich die Position eines unengagierten Beobachters ein. So kann er durchaus in die exzentrische Welt Karnaus eintauchen, indem er seine Gedanken beim Abspielen von Schallplatten liest, aber ihn stets auch von außen sieht, sogar in einiger distanzierenden Entfernung.[59] Nicht ohne Bedeutung bleibt dabei, dass im Comic die Sprache, also der Text, selbst Objekt der Betrachtung wird, weil er immer auch Teil des Bildes ist, zu dem er gehört. Text wird also hier notwendigerweise auch in seinem visuellen Aspekt rezipiert, was bedeutet, dass die so dargebotenen Inhalte objektiver als die langen inneren Monologe im Roman wirken und prinzipiell distanzierter wahrgenommen werden.

Zu den Unterschieden, die auf die interpretatorische Arbeit der Comic-Autoren zurückzuführen sind, zählen einige Details, die sich im Kontext des Ganzen als gravierend erweisen. So entschied sich Ulli Lust dazu, die Goebbels-Kinder ausgiebig beim Spielen zu zeichnen und dabei zu zeigen, wie die Realität des Regimes und das Echo des Krieges Teil dieser scheinbar unschuldigen Spiele werden. Die Kinder ahmen die Welt der Erwachsenen nach, wir sehen Helga und ihre Geschwister, wie sie einander Befehle geben

58 U. Lust, M. Beyer, *Flughunde. Graphic Novel*, Suhrkamp, Frankfurt 2013, S. 22f.
59 Ebd., S. 37.

und das Töten spielen. Auch ahmen sie gewisse Repressionen gegenüber den Juden nach, wie das Saubermachen der Straße mit Hilfe von Zahnbürsten. Der Leser wird Zeuge einer während der Kinderspiele ans Licht dringenden verstecken Aggression. Auf diese Weise wird z. B. das Schicksal der jüdischen und anderen Opfer der NS-Herrschaft als wesentlicher Teil der sonst nicht-dargestellten Welt somit im Bild verkörpert und mit-dargestellt, dazu auf eine psychologisch motivierte und überzeugende Weise. Kinder sind ja gute Beobachter des Alltags und der Welt der Erwachsenen; es wird demonstriert, wie in ihrem Spiel sich die Grausamkeit als der eigentliche Alltag des NS-Reiches offenbart. Sie werden unwissentlich zu „Mitläufern', ohne ihre Unschuld zu verlieren. Das Einwirken des Regimes tief in die scheinbar geschützten Bereiche des Privaten wird im Comic deutlicher und überzeugender als im Roman.[60]

Dank der Übersetzung großer Teile des Romantextes ins Graphische, in Comic-Panels, fällt auch die Parallelität der beiden Handlungsstränge: Karnaus und Helgas, deutlicher auf. Es sind nicht mehr zwei Erzählperspektiven, sondern zwei Handlungsfäden, die mit teils verschiedenen Handlungsräumen, Landschaften und Nebenfiguren verbundenen werden. All das kann der Leser sehen. Er schaltet nicht nur von Gedankenwelt zu Gedankenwelt um, sondern von Weltfragment zu Weltfragment. Beide: Helgas und Karnaus Welt, gehören zusammen und ergeben eine dargestellte Realität mit vielen Nebendetails und vielem anderen Personal, so dass der Leser stets auch eine als unabhängig von den Figuren wahrnehmbare Realität vor Augen hat. Auch die Sportpalastszene, die er im Roman durch Helgas Gedanken gefiltert bekommt, wird hier trotz beibehaltener Perspektive des Mädchens objektiviert: die Atmosphäre, die Gleichschaltung und der Lärm sind auf den Bildern intersubjektiv optisch greifbar.[61]

Zusammenfassend lässt sich feststellen, dass der Leser der Graphic Novel mit einer etwas anderen, weil stabileren und objektiver dargestellten Realität zu tun hat als im Roman, wo er auf die inneren Monologe der beiden Figuren völlig angewiesen ist. Hier sehen wir eine Welt, die nicht nur den Köpfen der beiden Protagonisten entspringt, sondern diese Protagonisten ihrerseits umfasst. Die unzuverlässige Erzählweise wird somit zugunsten einer Darstellbarkeit einer in sich zusammenhängenden Welt abgeschwächt. Diese Welt bleibt zwar weiterhin fiktiv und postfaktisch – d. h. mit sowohl erdachten als mit Realitätseffekten versehen. Dank dem Wechsel des Mediums von Roman zur Graphic Novel verschieben sich die Akzente. Nicht die Konkurrenz der beiden unzuverlässigen Stimmen steht in dem Vordergrund, sondern die Schilderung einer Welt, die ein spezifisches Spektrum an Klängen hervorbrachte. Das NS-Reich erscheint hier als eine Klanglandschaft, zu der sowohl die Schreie und Rufe der auf Parteitagen gleichgeschalteten Masse als auch die auf Mobilisierung von heftigen Emotionen zielenden Reden ihrer Führer gehören; die Schmerzensausrufe der Häftlinge, an denen Karnau experimentiert, wie die Stimmen der spielenden und das Verhalten der Erwachsenen nachahmenden Kinder. Die Reflexionen Karnaus über das Wesen der menschlichen Stimme schreiben sich im Comic besser in eine politisch-soziale Welt ein, die auf Innovationen wie den Rund-

60 Vgl. U. Lust, M. Beyer, *Flughunde. Graphic Novel,* S. 52f., 56ff., 118ff..

61 Vgl. ebd., S. 138ff.

funk und den Volksempfänger gesetzt hatte und die ohne das Phänomen Akustik nicht zu denken ist. Der Leser behält nach Schließung des Comic-Buches vor den Augen die vielen Panels, in denen Geräusche, Laute, Onomatopöien, Flüstern und unzählbare andere akustischen Eindrücke mit Hilfe von graphischen Ausdrucksmitteln dargestellt sind. Das NS-Reich bleibt eine Epoche, die zwar vergangen und verklungen ist, deren Echo sich jedoch immer noch vernehmen lässt. Symbolisch bedeuten das Wendejahr 1989 und die darauffolgende Entdeckung des bisher unzugänglichen Schallarchivs Karnaus in einem Dresdner Keller eine erneute Konfrontation mit dieser immer noch als Echo oder als wiederaufgelegte Schallplatte wahrnehmbaren Vergangenheit. Die Akustik erweist sich auch als interessante Metapher, um den Zustand der Gesellschaft und ihre lange Unfähigkeit, sich selbst zuzuhören, zu erfassen. „Warum haben die Menschen so lange die eigenen Stimmen nicht aufzeichnen wollen? Das Kriegsende markiert einen Bruch. [...] Photographieren, ja photographiert haben sie immer, aber sie konnten ihre eigenen Stimmen nicht mehr hören, die sie sich zwölf Jahre heiser geschrien hatten" – bemerkt Karnau an einer Stelle im Rückblick.[62] Die Akustik organisiert den Comic-Text auf sämtlichen Ebenen: von den Elementen und Details der dargestellten Welt, bis hin zur Symbolik und Metaphorik. Weil in der gegenwärtigen postmemorialen Erinnerungsliteratur in der Regel Fotos als Artefakte des medial vermittelten Gedächtnisses der nachgeborenen Generationen fungieren, ist die Fokussierung auf das Hörbare vor dem Hintergrund des aktuellen Erinnerungsdiskurses neu. Die akustischen Phänomene stellen jedoch nicht nur subjektive Elemente der Gedankenwelt der beiden Figuren dar, sondern der Comic lässt auch daran denken, dass die Geschichte, nicht nur die der NS-Zeit, als akustische Geschichte, als Geschichte von sozialpsychologischen und politischen Klanglandschaften betrieben werden könnte. All dies ist natürlich auch im Roman angelegt, kommt in ihm jedoch nicht entsprechend zum Ausdruck, weil Beyers innovative Erzählverfahren die Akustik zu stark an die Erlebniswelten von Karnau und Helga binden. Erst im Bild objektiviert sie sich.

An Marcel Beyers schriftstellerischer Verarbeitung der Geschichte vom Krieg und dem Dritten Reich zeigt sich in zugespitzter Form der aktuelle Wandel des Erinnerungsdiskurses in der Gegenwartsliteratur. Die Erfahrung der Jahre 1933–1945 kennt Beyers Generation und die noch jüngere lediglich in der postmemorialen Perspektive, d.h. aus zweiter oder dritter Hand, vermittelt durch familiäre und öffentliche Erzählungen, Unterricht, Medien und historische Artefakte. Dabei war es sehr oft der Fall, dass gerade die intimsten Vermittlungswege: die Familienerzählungen, fehlten, weil die Eltern, als Vertreter der Tätergeneration, eher schwiegen als ihre Erinnerungen weitergaben. Die Künstler müssen sich deshalb Wege zu dieser Vergangenheit auf eigene Faust erarbeiten. Die als kulturelles Gedächtnis etablierten Diskurse, etwa der schulische, erweisen sich dabei oft eher als Hindernis denn als Brücke: sie werden als zu ritualisiert empfunden. Nicht selten sind es erst neue geschichtliche Zäsuren, im Falle Beyers war es das Jahr 1989 und die darauffolgende Wiedervereinigung Deutschlands, die zur Erfahrung gelebter Geschich-

62 Vgl. U. Lust, M. Beyer, *Flughunde. Graphic Novel,* S. 246f.

te werden und den generell ritualisierten Zugang zu ihr neu eröffnen. Zugleich sehen sich diese Autoren einem Wandel des literarischen Feldes ausgesetzt. Der Schriftsteller ist nicht mehr eine moralische Instanz, er soll um die Leserschaft mit Erzähltechniken werben, die deren Aufmerksamkeit zu wecken versprechen. Aus diesem Konglomerat ergibt sich, dass die Literatur, hier der Roman *Flughunde*, nicht so sehr die Geschichte für sich neu entdeckt, sondern eben diese Widersprüche zum Ausdruck bringt, was bei den Kritikern Irritationen auslöst. Allerdings haben wir es im Falle von *Flughunde* mit einem interessanten Fall zu tun: der gleiche Stoff wurde zwei Mal zum Thema, jeweils in einem anderen literarischen Medium: als Roman und als Graphic novel. Der Vergleich der beiden Werke zeigt, dass die spezifische Form des Comics sich gegen die oben referierten Aporien der gewandelten Erinnerungskultur als viel resistenter erweist. Die Verbindung von Text und Zeichnung lässt die Geschichte objektiver erscheinen und rückt erneut deren Materialität, hier als eine historische Klanglandschaft erfasst, ins Bild. Zugleich ist der Comic eine sehr leserfreundliche Gattung, die dem ebenso wie die Gedächtniskultur gewandelten Geschmack der breiten Leserschaft entspricht. Somit stellt sich die Frage, ob der gegenwärtig stattfindende Boom der historischen Graphic novel nicht auch damit zu erklären ist, dass die Gattung wieder einen direkteren, unbeschwerten Zugang zur Vergangenheit verspricht.

Literatur

Beßlich, Barbara, Grätz Katharina und Hildebrand Olaf, *Vorwort* in: *Wende des Erinnerns? Geschichtskonstruktionen in der deutschen Literatur nach 1989*, hrsg. v. Barbara Beßlich, Katharina Grätz und Olaf Hildebrand, Erich Schmidt, Berlin 2006, S. 7–17.

Beßlich, Barbara, *Unzuverlässiges Erzählen im Dienst der Erinnerung. Perspektiven auf den Nationalsozialismus bei Maxim Biller, Marcel Beyer und Martin Walser*, in: *Wende des Erinnerns? Geschichtskonstruktionen in der deutschen Literatur nach 1989*, hrsg. v. Barbara Beßlich, Katharina Grätz und Olaf Hildebrand, S. 35–52.

Beyer, Marcel, *Flughunde*, Suhrkamp, Frankfurt am Main 1995.

Beyer, Marcel, *Flughunde. Text und Kommentar*, Suhrkamp, Frankfurt am Main 1996.

Beyer, Marcel, *Über die Haltung des Hörens*, in: derselbe, *Nonfiction*, Köln 2003, S. 259–270.

Beyer, Marcel, *Wenn Literatur noch einen Sinn hat, dann den, dass sie ein bevormundungsfreier Raum ist. Interview mit Marcel Beyer geführt von Anke Biendarra und Sabine Wilke,* New German Review, Heft 13, 1998, S. 7–8.

Bourdieu, Pierre, *Die Regeln der Kunst. Genese und Struktur des literarischen Feldes*, übers. v. Bernd Schwabs und Achim Russer, Suhrkamp, Frankfurt am Main 2001.

Braun, Michael, *Textkoerperkontakte. Marcel Beyers strapaziöses Romandebüt „Das Menschenfleisch"*, Die Zeit 22.03.1991.

Georgopoulou, Eleni, *Die Auflösung der Differenz. Über Humanes und Animalisches in Marcel Beyers Erinnerungsromanen „Flughunde" und „Kaltenburg"*, Recherches germaniques 10/2015, https://doi.org/10.4000/rg.886, S. 237–252.

Ghiţă, Roxana-Andreea, *Marcel Beyers Roman „Flughunde". Über die Postmoderne Inszenierung von Erinnerung und ihre Ambivalenzen*, Kronstädter Beiträge zur germanistischen Forschung, hrsg. v. Carmen Elisabeth Puchianu, Band 20, Editura Aldus, Kronstadt 2020, S. 111–132.

Jürgensen, Christoph, *Marcel Beyer im Spiegel der Literaturkritik*, in: *Marcel Beyer. Perspektiven auf autor und Werk,* hrsg. v. Christian Klein, Metzler, Stuttgart 2018, S. 27–41.

Karasek, Hellmuth, *Schreien und Flüstern*, Der Spiegel 02.07.1995.

Klein, Christian, *‚Warum Veronica Ferres durch meine Texte geistert'*. Anmerkungen zur Poetik Marcel Beyers, in: *Wende des Erinnerns? Geschichtskonstruktionen in der deutschen Literatur nach 1989*, hrsg. v. Barbara Beßlich, Katharina Grätz und Olaf Hildebrand, S. 9–26.

Klein, Christian, *Vorwort*, in: *Marcel Beyer. Perspektiven auf Autor und Werk*, hrsg. v. Christian Klein, S. VII–IX.

Lensen, Jan, *Perpetrators and Victims: Third-generation Perspectives on the Second World War in Marcel Beyer's „Flughunde" and Erwin Mortier's „Marcel"*, Comparative Literature 4/ 2013, S. 450–465.

Lust, Ulli, Beyer, Marcel, *Flughunde. Graphic Novel*, Suhrkamp, Frankfurt am Main 2013.

Martinez, Matias, Stimmenkonkurrenz und Stimmenkomposition in Marcel Beyers Roman und in Ulli Lusts Graphic Novel „Flughunde", in: Christian Klein, Marcel Beyer. Perspektiven auf Autor und Werk, S.111–122.

Ostrowicz, Philipp Alexander, *Die Poetik des Möglichen. Das Verhältnis von ‚historischer Realität' und ‚literarischer Wirklichkeit' in Marcel Beyers Roman „Flughunde"*, ibidem, Stuttgart 2005.

Sollte Gresser, Christiane, *Körpersprachen der Unsagbarkeit. Leibliche Grenzerfahrungen in literarischen Texten über die Shoah*, in: Cahiers d'Études Germaniques, 78/2020, https://doi.org/10.4000/ceg.9741, S. 111–125.

Thomas, Christian, *Marcel Beyers „Flughunde" als Kommentar zur Gegenwart der Vergangenheit,* in: NachBilder des Holocaust, hrsg. v. Stephan Inge und Alexandra Tacke, Böhlau, Köln 2007, S. 145–169.

Tommek, Heribert, *Der lange Weg in die Gegenwartsliteratur: Studien zur Geschichte des literarischen Feldes in Deutschland von 1960 bis 2000*, De Gruyter, Berlin 2015.

Tynjanow, Jurij, *Das literarische Faktum*, in: derselbe, *Die literarischen Kunstmittel und die Evolution in der Literatur*, Suhrkamp, Frankfurt/M. 1967, S. 393–431.

Tynjanow, Jurij: *Über die literarische Evolution*, in: *Russischer Formalismus – Texte zur allgemeinen Literaturtheorie und zur Theorie der Prosa*, hrsg. v. Jurij Striedter, Utb, München 1971, S. 433–461.

Uecker, Matthias, *‚Uns allen steckt noch etwas von damals in den Knochen'. Der Nationalsozialismus als Objekt der Faszination in den Romanen Marcel Beyers*, in: *Wende des Erinnerns? Geschichtskonstruktionen in der deutschen Literatur nach 1989*, hrsg. v. Barbara Beßlich, Katharina Grätz und Olaf Hildebrand, S. 53–68.

„Spiegelungen durchdringen einander" – Daniel Kehlmanns literarisches *Lichtspiel* mit der NS-Vergangenheit des österreichischen Filmregisseurs G. W. Pabst

Carlo Brune und Felix Quiram
Pädagogische Hochschule Ludwigsburg

'Reflections permeate each other' – Daniel Kehlmann's literary *Lichtspiel* with the Nazi past of Austrian film director G.W. Pabst

The following article focuses on Daniel Kehlmann's novel *Lichtspiel* published in 2023. The narrative about the filmmaker G.W. Pabst after his return to the 'Third Reich' is realized with the help of various narratological techniques that illuminate the question of guilt and repression from different perspectives. It also thematically addresses the inevitable entanglement in the conditions under which art can only exist in the totalitarian Nazi state, as well as the question of what function art and literature may serve within their specific aesthetic capabilities of narrating history.

Keywords: construction of reality, unreliable narrator, Kehlmann, Lichtspiel

Andrea *laut*: „Unglücklich das Land, das keine Helden hat!" […]
Galilei: „Nein. Unglücklich das Land, das Helden nötig hat."[1]

Einleitung

Daniel Kehlmann treibt in vielen seiner Texte ein Spiel mit historischen Vorlagen. Dies gilt etwa für „die beiden historisch erzählenden Romane *Die Vermessung der Welt* und *Tyll*, in denen Überlegungen zur Erzählbarkeit von Geschichte mithilfe verschiedener literarischer Verfahren angestellt werden."[2] Charakteristisch für Kehlmanns Texte sind Formen metafiktionalen und selbstreflexiven Erzählens, die sich daran ausrichten, „den Prozess der Fiktionalisierung einsehbar zu machen."[3] Das Erzählen von Geschichte kennzeichnet diese

---

1 B. Brecht, *Leben des Galilei*, Suhrkamp, Frankfurt am Main 1963, 113–114.

2 R. Ukena, *Das Erzählen von Geschichte bei Daniel Kehlmann*, in: *Daniel Kehlmann und die Gegenwartsliteratur: Dialogische Poetik, Werkpolitik und Populäres Schreiben*, hrsg. v. Fabian Lampart, de Gruyter, Berlin–Boston 2020, S. 119.

3 M. Wolting, *Einleitung. Geschichte(n) erinnern. Formen 'historisch-fiktionalen Erzählens' in der deut-*

somit immer auch als einen Entwurf.[4] Im Verbund mit Techniken unzuverlässigen Erzählens wird der Konstruktcharakter historischer Zusammenhänge offengelegt und so können qua Fiktion „Prozesse der Geschichtsbildung oder auch Geschichtsverwerfung bzw. des Geschichtsverlustes [hinterfragt] und zugleich nachvollziehbar [gemacht]" werden.[5]

In *Tyll* verbindet sich dies mit einer Hauptfigur, die bereits für sich genommen zur Verkörperung eines schalkhaften Spiels mit vermeintlichen Fakten geworden ist und die Kehlmann zudem in eine andere historische Zeit versetzt. Auch im Zentrum von *Lichtspiel* steht ein Protagonist, der allein durch seinen Beruf des Filmregisseurs auf die Inszenierung von Wirklichkeit(en) verweist. Die Rahmenbedingungen, unter denen der Roman Fragen des Verhältnisses von „Kunst und Macht"[6] verhandelt, unterscheiden sich jedoch von *Tyll*: Zum einen, weil die NS-Thematik nach wie vor, und das mit gutem Grund, einen sensiblen Umgang mit geschichtlichen Fakten einfordert, zum Zweiten, hiermit zusammenhängend, weil die historische Distanz keineswegs so groß ist, wie sich dies vom Dreißigjährigen Krieg behaupten lässt.

Der folgende Beitrag geht vor diesem Hintergrund der Frage nach, in welcher Form *Lichtspiel* Fragen der Unzuverlässigkeit von Wahrnehmung und Erinnerung zur Reflexion bringt und welche Funktion der hiermit einhergehenden Fiktionalisierung von Geschichte zukommt, wenn es zugleich ein Roman „über Angst, Verführung und über das Böse"[7] ist. Dies wird auf verschiedenen Ebenen relevant: Zunächst auf der Ebene der *Histoire*, der Erzählung von einem der bekanntesten deutschsprachigen Filmregisseure der Weimarer Republik, Georg Wilhelm, genannt G.W., Pabst, der zunächst wie viele andere ‚linke' Künstler nach der Machtergreifung der Nationalsozialisten in die USA emigriert, aufgrund des ausbleibenden Erfolgs dann aber erst nach Frankreich und wenig später in das mittlerweile zur ‚Ostmark' gewordene, an das Deutsche Reich angegliederte Österreich zurückkehrt. Dort dreht er für die letztlich von Goebbels kontrollierte Bavaria Filmkunst, die später in der UFA aufging, Filme mit beträchtlichem Etat und verdrängt die Frage seiner Mitschuld resp. Mittäterschaft an dem Terrorregime der Nationalsozialisten.

Zum zweiten werden Fragen der Fiktionalisierung von Geschichte auf der Ebene des *Discours* relevant, den u.a. das Spiel mit Formen unzuverlässigen Erzählens, Multiperspektivität und Metafiktion auszeichnet. In einem kurzen Fazit werden die Ergebnisse auf die Frage zurückbezogen, wie die Art und Weise des Umgangs mit der Geschichte in *Lichtspiel* Formen der nationalsozialistischen Macht und Gewalt im doppelten Spiegel künstlerischer Fiktion (bezogen auf die Filmkunst Pabsts und die literarische Fikti-

---

schen und polnischen Gegenwartsliteratur nach 1989, in: *Neues historisches Erzählen*, hrsg. v. dies., V&R unipress, Göttingen 2019, S. 12 (vgl. auch ebd. S. 10).

4 Vgl. zu einer Untersuchung von Form und Funktion dieser „literarästhetische[n] Historisierung", die in Teilen Schnittmengen zu den Ergebnissen der folgenden Analyse von *Lichtspiel* aufweist, in beiden Romanen: S. Bernhardt, *Kehlmanns historische Romane im Deutschunterricht*, in: *Historische Romane der Gegenwart im Deutschunterricht*, hrsg. v. dems. & Jan Standke, transcipt, Bielefeld 2022, S. 217–238.

5 M. Wolting, *Einleitung. Geschichte(n) erinnern*, S. 12.

6 D. Kehlmann, *Lichtspiel*, Rowohlt, Hamburg 2023, Backcover.

7 Ebd.

onskunst Kehlmanns) thematisiert und reflektiert. Dies verbindet sich mit der Frage, welchen spezifischen Beitrag Literatur als „*das* speichernde und reproduzierende Erinnerungsmedium par excellence“[8] auch im Kontext gegenwärtiger Debatten um die Gefährdung westlicher Demokratie durch totalitäre Ideologien leisten kann.

Komparsen in der Hauptrolle: Verdrängung und Unzuverlässigkeit

Eine von Kehlmann erfundene Nebenfigur, ein einstiger Kameramann Pabsts namens Franz Wilzek,[9] dient als Perspektivfigur im Rahmen von Eingangs- und Schlusskapitel, um zentrale Themenfelder des Romans vorzubereiten resp. abzuschließen. Er leidet offenkundig unter Demenz, ist in einem Pflegeheim untergebracht und wird zu Beginn des Romans zu einer Talkshow gefahren; weniger, um Auskunft über sein eigenes künstlerisches Schaffen zu geben als über das von Pabst. Gleich der erste Satz des Romans: „Warum sitze ich in diesem Auto?”[10] spiegelt die Art und Weise, wie sich nicht nur er in dieser Szene, sondern auch Pabst mit seiner Arbeit als Filmregisseur im ‚Dritten Reich‘ sieht: gleichsam auf dem Rücksitz eines Wagens, den er nicht steuert, was ihn von aller Verantwortung jenseits der ästhetischen für seine Filme entbinden soll.

Zentral für das in Form eines inneren Monologs gestaltete Eingangskapitel wird der Wilzek ins Fernsehstudio begleitende Redakteur Rosenzweig, auf dessen Vorschlag hin die Einladung zu der Talkshow erfolgte.[11] Seine Figur verweist auf die Dreharbeiten zum Film *Der Fall Molander*, bei dem Gefangene aus einem Konzentrationslager als Statisten dienten. Im Gegensatz zu der Darstellung im späteren Kapitel „Molander”[12] leugnet Wilzek in der Talkshow, dass dieser Film je gedreht wurde,[13] obwohl ihm noch während des Gesprächs Erinnerungen, die sich zu Filmbildern gewandelt haben (ein Motiv, das im Verlauf des Romans noch mehrfach aufgegriffen wird), von den Dreharbeiten durch den Kopf gehen: „[I]ch sehe sie noch: schwarzweiße Menschen in einem Konzertsaal.“[14]

Bei Rosenzweig, dessen Name von Wilzek im Verlauf der Szene immer wieder vergessen und zu Rosenblatt[15] oder Rosenkranz[16] abgewandelt wird, handelt es sich um den Sohn eines dieser Statisten: „‚Mein Vater war dabei.‘ [/] ‚Ihr Vater?‘ [/] ‚Bei den Statisten. Im Konzertsaal. In der Halle sieben, im Atelier in Barrandov, als Sie den *Fall Molander*

8 K. Frieden, *Neuverhandlungen des Holocaust. Mediale Transformationen des Gedächtnisparadigmas*, transcript, Bielefeld 2014, S. 63.

9 Die Figur Wilzeks ist als Alter Ego zu der Pabsts angelegt. Darauf deuten die Assonanzen, kreuzt man Vor- und Nachnamen: Wilhelm und Wilzek weisen neben der gemeinsamen ersten Silbe ebenso wie Franz und Pabst sowohl die gleiche Silbenzahl als auch die gleichen Vokale auf.

10 D. Kehlmann, *Lichtspiel*, Rowohlt, Hamburg 2023, S. 11.

11 Vgl. D. Kehlmann, *Lichtspiel*, S. 11.

12 Ebd., S. 345–420.

13 Vgl. ebd., S. 27.

14 Ebd.

15 Ebd., S. 17.

16 Ebd., S. 23, 28.

gedreht haben.'"[17] Schon vor und während der Talkshow löst diese Figur bei Wilzek offenbar ein Aufflackern verdrängter Erinnerungen aus, anders lassen sich Gedankensplitter wie die folgenden nicht verstehen: „Rosenblatt! Ich weiß nicht, woher ich das weiß, aber so heißt er. Etwas daran macht mir Sorgen, aber ich kann gerade nicht sagen, was."[18] „Ich habe ihn schon einmal gesehen, aber ich kann mich nicht erinnern, wo. Ich weiß nur, dass er Rosenkranz heißt."[19] Wilzeks Reaktion auf ihn wie auch auf das Schicksal seines Vaters ist in hohem Maße von despektierlicher Ignoranz gekennzeichnet:

> Als ich herauskomme, wartet ein junger Mann mit Brille. Seine Frisur ist unordentlich, seine Augen sind rot unterlaufen, als hätte er geweint. Wahrscheinlich ein Alkoholiker. Die jungen Menschen haben keine Haltung mehr. [/] „Was ist mit Ihnen?" [/] „Ich musste an meinen Vater denken." [/] „Bringen Sie mich zur Straßenbahn?"[20] „Mein Vater hat überlebt", sagt er. „Falls Sie es wissen wollen." [/] „Das freut mich." Was ist denn jetzt mit seinem Vater?[21]

Das sich in diesem Eingangskapitel bei Wilzek dokumentierende Leugnen und Verdrängen ist, wie ein späteres Gedankenfragment von ihm im Schlusskapitel nahelegt, nicht *nur* als Folge seiner Demenz zu verstehen. Denn am Tag nach seiner Rückkehr von der Talkshow ins Altersheim erinnert er sich zum einen daran, dass „etwas [...] nicht gutgegangen [ist] in der Sendung. Ich bin nach etwas gefragt worden, über das ich nicht sprechen will."[22] Zum anderen wird ihm in diesem Kontext ein Gespräch mit Pabst, das er rund ein Jahr nach den gemeinsamen Dreharbeiten führte, wieder präsent, bei dem er u. a. die Rolle der Statisten thematisierte, Pabst aber „nicht zu wissen [schien], wovon ich spreche."[23]

Auch die augenblickshaft aufblitzenden Erinnerungen an seinen ehemaligen Kinderarzt, Doktor Sämann,[24] der seinerzeit bei den Dreharbeiten von Wilzek als KZ-Insasse unter den Statisten wiedererkannt wurde,[25] konterkarieren und durchbrechen Wilzeks beharrliches Leugnen des Filmdrehs während der Talkshow. Die ‚Besetzung' von Statistenrollen mit Gefangenen der nationalsozialistischen Konzentrationslager verweist auf die Unmöglichkeit, sich als Künstler nicht in den Rahmenbedingungen, unter denen für die Öffentlichkeit produzierte Kunst im ‚Dritten Reich' nur möglich ist, zu kompromittieren.

Das Thema wird im Verlauf des Romans nicht nur im Kontext der Dreharbeiten zum *Fall Molander* aufgegriffen. In einer vorgelagerten Szene zeigt sich Pabst bei Arbeiten zu Leni Riefenstahls Film *Tiefland* noch nachhaltig schockiert, als er erfährt, dass es sich bei den Statisten um internierte Sinti aus dem nahe beim Drehort gelegenen sog. Zigeuner-

17 Ebd., S. 29 –30.
18 Ebd., S. 17.
19 Ebd., S. 23.
20 Ebd., S. 31.
21 Ebd., S. 32.
22 Ebd., S. 465.
23 Ebd., S. 468; vgl. zu diesem Gespräch aus Perspektive der Ehefrau Pabsts, Trude: S. 438–439.
24 Vgl. ebd., S. 30–31.
25 Vgl. ebd., S. 387.

lager Maxglan handelt,[26] deren perfide Aufgabe es ist, „die Chefin [gemeint ist Riefenstahl] an[zu]starren. Lüstern.“[27] Hier ist es Wilzek, der Pabst, dem „schwarz vor Augen geworden [war]“[28] und dessen „Hand [...] plötzlich so sehr [zitterte]“, dass sein Glas umfällt, beruhigen muss. Die Anaphern und Parallelismen geben seiner Ansprache einen eindringlich beschwörenden, fast schon hypnotischen Tonfall: „Wir können's nicht ändern. Wir haben es nicht angeordnet. Wir können es nicht verhindern. Wir haben nichts zu tun damit.“[29] Pabst versagt daraufhin die Stimme, die Bilder der Gefangenen schießen ihm unwillkürlich durch den Kopf, „die hageren Gesichter, die aufgerissenen Augen, die Münder“.[30] Verdrängung all dessen wird die einzige Strategie, wie er schon in dieser Szene damit umgehen kann; darauf, dass sie nicht vollständig aufgeht, verweisen allerdings bereits die im letzten Satz des folgenden Zitats geschilderten körperlichen Reaktionen: „Plötzlich war es unerträglich, sich daran zu erinnern. [/] ‚Wir müssen weitermachen. [...] Man kann nichts tun‘, sagte Wilzek. [/] ‚Nein‘, sagte Pabst. ‚Kann man wohl nicht.‘ Er brachte es nicht fertig aufzustehen.”[31]

Gleichsam mit verteilten Rollen wiederholt sich eine solche Szene beim *Fall Molander*. Hier ist es Wilzek, dem es in dem Augenblick die Sprache verschlägt, als ihm zu Bewusstsein kommt, dass es sich bei den Statisten um Gefangene eines Konzentrationslagers handelt. „Franz brachte es dann doch noch fertig zu sprechen und stieß heiser ‚Nein!‘ hervor. ‚Das geht nicht. Das geht nicht! Wilhelm, das geht doch nicht!‘“[32] Pabst entgegnet ihm nun mit genau der Argumentation, die zuvor Wilzek vertrat: „‚Niemandem‘, sagte er leise. ‚Keinem einzigen Menschen. Wird wegen uns etwas angetan. Niemand wurde wegen uns ... Der Film muss fertig werden.‘“[33] Die fragmentierte Sprache, die Auflösung syntaktischer Ordnung, kann als Verweis auf die von ihm verdrängte ‚Brüchigkeit’ seiner Argumentation gelesen werden; einzig bei der für ihn über allem stehenden Conclusio: „Der Film muss fertig werden.“ ordnet sich die Sprache wieder. Wilzek kann weiter nur „das Wort: ‚Nein!‘ [herausbringen]. Und noch einmal: ‚Nein!‘ und ‚Das nicht!‘“,[34] arbeitet nach den folgenden Worten Pabsts aber weiter: „Dieser ganze Wahnsinn, Franz, dieser teuflische Wahnsinn, gibt uns die Möglichkeit, einen großen Film zu machen. Ohne uns wäre alles genauso, niemand wäre gerettet, niemand besser dran. Aber es gäbe den Film nicht.“[35]

Beide Figuren, Wilzek wie Pabst, verdrängen den Schrecken und die Unmenschlichkeit der Verhältnisse des *Molander*-Drehs. Die hieraus resultierende Ungewissheit von Erinnerungen bzw. subjektiven Wirklichkeits-(Re-)Konstruktionen wird erzähltechnisch im Roman durch verschiedene Formen realisiert, die einander zuspielen: Zum

26 Vgl. ebd., S. 262–265.
27 Ebd., S. 263.
28 Ebd.
29 Ebd.
30 Ebd., S. 264.
31 Ebd.
32 Ebd., S. 383.
33 Ebd.
34 Ebd.
35 Ebd., S. 384.

einen durch eine nahezu durchgehende interne Fokalisierung, die u. a. infolge von Verdrängungsprozessen Umgestaltungen von Wirklichkeit in der Wahrnehmung einer Figur gleichermaßen nachbildet wie hervorruft und so Unzuverlässigkeit erzeugt. Zum Zweiten durch Formen multiperspektivischen Erzählens, die die für sich genommen bereits unzuverlässigen Sichtweisen verschiedener Figuren sowie die internen Fokalisierungen noch einmal auf übergeordneter Ebene in ein kontradiktorisches Spiel bringen. Dem zuzuordnen sind auch die vornehmlich durch Formen szenischen Erzählens realisierten kontradiktorischen Wahrnehmungen verschiedener Figuren innerhalb der einzelnen Kapitel. Kehlmanntypisch bleibt so kein Platz mehr für eine übergeordnete narrative Instanz, die mithilfe ihrer logisch privilegierten Erzählerrede[36] eine bestimmte Version von Wirklichkeits-(Re-)Konstruktion widerlegen oder bestätigen würde.

Am deutlichsten wird dies, wenn sich diese Formen miteinander verbinden und so unterschiedliche, mitunter kontradiktorische Wirklichkeitsvarianten generieren, wie dies der Fall ist bei den Wahrnehmungen resp. Erinnerungen von Pabst und Wilzek an die genannten Drehbedingungen. Schon während der Arbeiten am Filmschnitt unmittelbar nach dem Dreh, als Wilzek Pabst auf die KZ-Häftlinge anspricht, wird deutlich, dass dieser die Erinnerung an die Häftlinge verdrängt hat: „‚Das waren keine Statisten, das waren Soldaten.‘ ‚Was?‘ ‚Franz, du warst doch da, du hast es gesehen!‘“[37] Obwohl es aufgrund der Handlungslogik und unter Berücksichtigung der historischen Hintergründe keine Soldaten gewesen sein können, wird in Form eines Bewusstseinsberichts die Subjektivität und Beeinflussbarkeit sowie die daraus resultierende Unzuverlässigkeit von Erinnerungen unterstrichen:

> Auf einmal schienen Franz alle Erinnerungen unscharf zu werden. War es möglich, dass nichts davon geschehen war? Konnte man entscheiden, dass es nicht geschehen war? Konnte man sich geirrt, es sich eingebildet haben, konnte man entscheiden, es sich eingebildet zu haben, konnten die Erinnerungen falsch sein, oder konnte man entscheiden, dass sie falsch waren, einfach weil man es wollte?[38]

Deutlich wird, wie Unzuverlässigkeit sowohl durch das multiperspektivische Erzählen (unter Einschluss der hier dialogisch gestalteten widersprüchliche Wahrnehmung von Figuren) als auch durch die jeweiligen Perspektiven infolge interner Fokalisierung erzeugt und auf die Möglichkeit rekurriert wird, sich aktiv für eine Variante von Wirklichkeitskonstruktion zu *entscheiden*, ggf. sogar mit dem Wissen, dass diese nicht mit einer ‚objektiven‘ innerfiktionalen Wirklichkeit in Einklang steht. Da keine ‚allwissende‘, ordnende narrative Instanz eingreift, ist eine subjektive Relativität von nebeneinanderstehenden Wirklichkeitskonstruktionen unvermeidbar, die an anderer Stelle auch explizit thematisiert wird: „Das ist die Geschichte, die du jetzt erzählst.“ [/] „Stimmt sie nicht?“ [/] „Sie

36 M. Martínez, M. Scheffel, *Einführung in die Erzähltheorie*, C.H.Beck, München 2020, S. 102.
37 D. Kehlmann, *Lichtspiel*, S. 401.
38 Ebd.

stimmt so, wie jede Geschichte stimmt.“[39] Wenn in der Folge dessen „nicht die reale, sondern allein die kognitive Welt die ‚wirkliche‘ Welt ist“[40], können traumhafte Bilder an die Stelle konventioneller Wahrnehmungen von ‚Wirklichkeit' treten. Plastisch zeigt sich dies in einigen Raumgestaltungen, die Anleihen an surrealistische Stummfilme der Zeit von Pabst machen, etwa wenn dieser infolge seiner durch das Gespräch mit Goebbels buchstäblich auf den Kopf gestellten Wahrnehmung in dessen Büro „an der Decke hing und mit dem Kopf nach unten ging.“[41]

Auch in solche imaginativen Konstruktionen greift kein von den subjektiven Figurenperspektiven unterscheidbarer Erzähler ein, eine erwart- oder erhoffbare verlässlich-klärende narratologische Instanz weicht einem Vielleicht: „[*V*]*ielleicht* hatte er sich getäuscht.“[42] Diese Wirklichkeit im Modus des Vielleicht führt in einen konsequenten epistemologischen Skeptizismus: „[M]an wusste ja nicht, was man nicht wusste, das war das Problem, und deshalb wusste man das, was man wusste, auch nicht wirklich, und im nächsten Augenblick wusste man gar nichts mehr.“[43]

Kostüme, Kulissen, Konstruktionen: Ästhetische Selbstreflexion durch Metafiktion

Erzählerische Unzuverlässigkeit erzeugt der Roman auch in Form der Adaption filmischer Erzähltechniken. Ein noch in den USA spielendes Gespräch während einer Poolparty bei Hollywood thematisiert Möglichkeiten des Films, wirklichkeitssimulierende Welten zu schaffen, die faktisch künstliche Konstruktionen sind. Auf die Frage eines Gastes, ob man den Film *Rhodes of Africa* denn auch in Afrika gedreht hätte, antwortet ein in den Filmstudios arbeitender Beleuchter geradezu entrüstet: „Nein, natürlich nicht! [...] Im Studio! Niemand dreht in Afrika. Warum sollte man so was tun?“[44] Die Filmkunst wird hier als eine Kunst der Illusion gekennzeichnet.

---

39 D. Kehlmann, *Lichtspiel*, S. 304.

40 H.G. Goertz, *Unsichere Geschichte. Zur Theorie historischer Referentialität*, Reclam, Stuttgart 2001, S. 93.

41 D. Kehlmann, *Lichtspiel*, S. 215. „Je traumhafter die Bilder, desto besser“, schreibt Kehlmann (*Diese sehr ernsten Scherze. Poetikvorlesungen*, Wallstein, Göttingen 2016, S. 14) selbst zu seiner Literatur. Und weiter: „Ich fand Literatur immer am faszinierendsten, wenn sie nicht die Regeln der Syntax bricht, sondern die der Wirklichkeit. [...] In meinen Romanen ging es mir immer um das Spiel mit Wirklichkeit, das Brechen von Wirklichkeit.“ (ebd., S. 15–16). Kehlmanns Literatur wird in der Forschung aufgrund dieser surrealen Bilder immer wieder mit dem Genre des *Magischen Realismus* in Verbindung gebracht und steht damit in der Tradition von z.B. Kafka und Nabokov: „Die Welt weicht zurück, die Zeit erhält eine neue Dimension, der Raum eine unbekannte Form, die Wirklichkeit verändert sich: Grundthemen in Daniel Kehlmanns Prosakunst.“ (K. Zeyringer, *Gewinnen wird die Erzählkunst. Ansätze und Anfänge von Daniel Kehlmanns 'Gebrochenem Realismus*‘, in: *Daniel Kehlmann*, hrsg. v. H. L. Arnold, Edition Text + Kritik, München 2008, S. 41).

42 D. Kehlmann, *Lichtspiel*, S. 402; H.d.V.

43 Ebd., S. 415.

44 Ebd., S. 66–67.

Formen und Funktionen filmischer Erzähltechniken auf extradiegetischer Ebene

In der soeben angesprochenen Poolszene wird nicht nur *über* die Filmkunst gesprochen; überdies wird *mithilfe* filmischer Darstellungsformen erzählt. Die oben schon aufgegriffene Variabilität der Fokalisierungen scheint in dieser Szene einer offenbar autonom agierenden mobilen Kamera zu folgen. Die Kamera, gleichsam die Erzählerin dieser Sequenz, schwenkt quer über die Party-Szenerie und bleibt immer wieder scheinbar zufällig an einzelnen Figuren hängen:

> Krämer zuckte die Achseln, als käme ihm der Vorschlag so absurd vor, dass man darauf gar nichts antworten konnte. Eine Kellnerin blieb neben ihm stehen, er stellte sein leeres Glas zurück und nahm ein neues. Die Kellnerin trug das Tablett weiter. Sie balancierte am glitzernden Pool vorbei, dann stieg sie mit ihren hohen Schuhen über ein Orchideenbeet.[45]

Diese filmischen Erzählweisen greifen immer tiefer in die Diegese ein, was nachhaltig den Eindruck erweckt, als mutiere die ganze fiktive Wirklichkeit buchstäblich zu einem „Lichtspiel".[46] Am deutlichsten tritt ihr hierdurch hervorgehobener Konstruktcharakter bei der Adaption von Montagetechniken zutage, die auf formaler Ebene wiederum die Selektivität und Brüchigkeit von Erinnerung verdeutlichen. Auf der Handlungsebene von einem Meister des Schnitts erzählend („Beim Schneiden macht man erst wirklich einen Film."[47]), inszeniert der Text zugleich auf Ebene des *Discours* performativ seine ‚montierte' Gemachtheit. Anhand der filmischen Erzähltechnik des sog. Short Cut kann dies deutlich gemacht werden. Obwohl die historische Person G. W. Pabst in *Die freudlose Gasse* diese Technik, also die „alternierende[...] Montage fragmentierter Erzählsegmente unterschiedlicher Handlungsstränge" anwandte,[48] scheint sie zunächst nur bedingt auf *Lichtspiel* zuzutreffen, da der Roman, abgesehen von den Rahmenkapiteln, einer inhaltlich zusammenhängenden Chronologie folgt. Trotzdem kann der Begriff aufgrund der szenenhaften Nebeneinanderreihung von Einzelschauplätzen hier Verwendung finden. Die hiermit einhergehende Vielzahl von Perspektiven und die Subjektivierung des Er-

---

45 D. Kehlmann, *Lichtspiel*, S. 59–60.

46 Diese Überschreitung von Mediengrenzen zwischen Roman und Film kann nach Werner Wolf als Form der Intermedialität gelten, da es zu einer „Partizipation von mehr als einem konventionell als distinkt angesehenen Medium in einem Werk" kommt (W. Wolf, *Das Feld der Intermedialität im Überblick*, in: *Intermedialität: Formen – Diskurse – Didaktik*, hrsg. v. K. Maiwald, Schneider, Baltmannsweiler 2019, S. 29). Da der Film und seine Möglichkeiten als Topos vom Roman immer wieder benannt werden, dieser jedoch darüber hinaus auch selbst filmische Darstellungsweisen imitiert, können hier sowohl explizite als auch implizite intermediale Referenzen erkannt werden (vgl. D. Kehlmann, *Lichtspiel*, S. 39–43). In Kapitel 3D) wird untersucht, inwieweit diese intermedialen Referenzen auch auf weitere Medien resp. Kunstformen ausgeweitet werden.

47 D. Kehlmann, *Lichtspiel*, S. 398.

48 M. Nies, *Short Cuts – Great Stories. Sinnvermittlung in filmischem Erzählen in der Literatur und literarischem Erzählen im Film*, in: Ars Semeiotica, 30, 2007, 1–2, S. 109–111.

zählten[49] „negieren übergeordnete sinnstiftende Instanzen und proklamieren eine bruchstückhafte Welt“[50], was wiederum die Unzuverlässigkeit der Wirklichkeitskonstruktionen unterstreicht.

Die Montagetechnik schafft in Verbindung zu der fast ausnahmslos hinter die Figuren zurücktretenden, heterodiegetischen Erzählinstanz zudem Leerstellen, insbesondere mit Blick auf zentrale Entscheidungsfindungsprozesse des Protagonisten, die für eine Beurteilung von Verantwortung und Schuld relevant wären. Dies wird hauptsächlich dadurch realisiert, dass die entscheidenden Passagen, in denen sich Pabst, obwohl er sich am Ende eines Kapitels klar *gegen* etwas ausspricht (z. B. „‚Ich mache keine Filme mehr!‘“[51]), letztlich *für* diese Handlung entscheidet („Und der Film werde gut, rief er.“[52]), herausgeschnitten werden.[53] Unklar bleibt, ob eine aktive Entscheidung vorlag oder ob er sich passiv den gegebenen Umständen fügte. Der Schnitt, im Roman wie im Film, ist also immer auch ein Selektionsverfahren: Was nicht von der Erzählinstanz bzw. der Kamera eingefangen wird, ist für die Leserinnen und Leser schlicht nicht zugänglich: „Vergangenes Geschehen ist unweigerlich den Selektionsverfahren desjenigen ausgeliefert, der erzählt.“[54] Und der, der hier erzählt, lässt die Leserinnen und Leser zwar oft durch Pabsts Augen blicken – aber konsequent nur unidirektional.

Formen und Funktionen filmischer Wahrnehmungs- und Erzähltechniken auf intradiegetischer Figurenebene

Die kinematografische Technik des Short Cut findet nicht nur auf extradiegetischer Ebene ganz im Sinne ihrer wörtlichen Übersetzung (‚Abkürzung‘) Verwendung, indem über entscheidende Geschehnisse zwischen den Kapiteln ‚hinweggesprungen‘ wird; von diesem Verfahren wird auch innerhalb der Diegese von den Figuren Gebrauch gemacht.

Grundlage dessen ist jedoch zunächst, dass die zentralen ‚Filmfiguren’ des Romans die Außenwelt auch als Filmarrangement wahrnehmen resp. erinnern. Dies illustriert etwa, dass Wilzek beim ersten Anblick der Statisten im Studio während des Drehs zum *Fall Molander* konstatiert: „[D]ie Zeit hatte sich verwickelt wie eine Filmrolle“[55] und an seiner oben schon angesprochenen Erinnerung an diese Statisten in Schwarz-Weiß-Bildern. Dies gilt verstärkt auch für die Gegenwartswahrnehmung des Protagonisten G. W. Pabst: In einer Szene unmittelbar nach seiner Rückkehr in die sog. Ostmark erlebt der unter

49 Vgl. M. Nies, *Short Cuts – Great Stories*, S. 120.

50 Ebd., S. 130.

51 D. Kehlmann, *Lichtspiel*, S. 112.

52 Ebd., S. 220.

53 Bezeichnend hierfür ist auch der Beginn des *Molander*-Kapitels: „Tiefste Ratlosigkeit hatte Pabst ergriffen. Warum in aller Welt hatte er zugesagt, einen drittklassigen Krimi zu verfilmen? Er hätte doch nein sagen können!“, ebd., S. 345.

54 S. Catani, *„Wir nehmen nicht wahr, wofür wir keine Sensoren haben“. Zur Evolution der Geschichte in fiktionaler Literatur*, in: Telling Stories / Geschichten erzählen: Literature and Evolution / Literatur und Evolution, hrsg. v. C. Gansel, D. Vanderbeke, de Gruyter, Berlin 2012, S. 363.

55 D. Kehlmann, *Lichtspiel*, S. 382.

Höhenangst leidende Pabst den Sturz von einer Leiter von dem Moment an, als er nach unten sieht, als Film, spielt verschiedene mögliche Kameraperspektiven durch, nur um alsbald doch festzustellen, dass die Situation real ist – was in der folgenden Passage auch sprachlich durch die Wiederholung des Wortes „wirklich“ markiert ist: „Pabst versuchte die Vision abzuschütteln. Es war ja kein Film, Jerzabek stand wirklich dort unten und sah wirklich empor und wiederholte: ‚Gnädiger Herr?‘“[56] Offen bleibt, inwieweit das von ihm geschilderte weitere Geschehen, in dessen Verlauf Jerzabek die Leiter aus ihrer Verankerung am oberen Regal löst und sie mit Pabst so zu Boden fallen lässt, den unzuverlässigen Bildern seiner ‚Filmvision‘ folgt oder Wirklichkeit ist. Denn nur eine Seite später kippt Pabsts Wahrnehmung wieder in den ‚Filmmodus‘: „Und dann, während er mit Grauen hinabstarrte, war es ihm plötzlich doch, als wäre er in einem Film. Denn das, was da geschah, konnte nicht wirklich geschehen [...].“[57] Was ‚wirklich‘ in dieser Szene geschieht, bleibt letztlich unklar. Pabsts Ehefrau Trude, die ihrer eigenen Aussage nach in den Raum gekommen war und das Geschehen beobachtete, widerspricht seiner Darstellung, derzufolge Jerzabek ihn „umgestoßen“[58] habe, ausdrücklich. In ihren Augen stand „die Leiter falsch. Fast senkrecht. Ich habe mir sofort gedacht, das sieht nicht stabil aus. Dann hast du dich umgedreht, und plötzlich ist sie gekippt, und er ist hingelaufen, um sie zu halten, aber er kam zu spät.“[59] Auf die Entgegnung Wilhelms: ‚Nicht umgefallen‘, krächzte er. ‚Nicht um ...‘“ antwortet sie nur: „Du hast geträumt.“[60] Für Trudes Version spricht die Tatsache, dass Pabsts Höhenangst ihn ggf. einer bewussten Kontrolle seiner Wahrnehmungen und Handlungen beraubt haben könnte. Für Pabsts Version hingegen, dass Trude evtl. schlicht keinen Konflikt mit Jerzabek will, von dem sie aufgrund seiner Position als Ortgruppenleiter abhängig sind und Jerzabek Pabst durch den Sturz mit seinen gravierenden Folgen die letzte Möglichkeit nehmen wollte, das Deutsche Reich noch zu verlassen und über Frankreich zu fliehen. Denn nach dem zwischenzeitlich erfolgten Einmarsch der Deutschen in Polen und dem Kriegsbeginn sind die bereits ausgestellten Einreise- und Transitvisa wie auch die gebuchte Schiffspassage in die USA aufgrund der Einstellung des Zugverkehrs wertlos geworden.[61] Drastischer noch wird diese Wahrnehmung einer filmästhetisch inszenierten Außenwelt nach Beendigung des *Molander*-Drehs auf dem zur Flucht aus Prag werdenden Gang zum Bahnhof:

> Pabst hatte sich so aufs Filmschneiden eingestellt, dass es ihm schien, als könne er hier draußen weitermachen, als stünde alles, was er sah, zur Disposition. So kam es ihm mit einem Mal seltsam vor, dass er den langen Weg am Fluss entlang der Straße [...] nicht einfach abkürzen konnte, indem er ihre gehenden Füße zeigte, dann für einen Moment den bedeutungsvoll schiefen Baum dort drüben und dann schon den

56 Ebd., S. 158.
57 Ebd., S. 160.
58 Ebd., S. 162.
59 Ebd., S. 163.
60 Ebd., S. 162.
61 Vgl. ebd., S. 157, 165.

> Moment, da sie triumphierend die Brücke zur Stadt überschritten; so viel nutzlose Zeit, so viel leeres Trotten, das konnte man besser machen! […] Und als er sich darauf konzentrierte, gelang es ihm tatsächlich, er bekam den Schnitt fast problemlos hin: Füße, Baum, Himmel, und hier waren sie schon, auf der Neuen Brücke […].[62]

So kommt es dazu, dass Pabst die Abreise aus dem von tschechischen Aufständischen und der russischen Befreiungsarmee, die die Seiten gewechselt hat, zunehmend kontrollierten Prag nicht nur als Film *erlebt*, sondern auch als Regisseur seiner Wirklichkeitskonstruktion mithilfe filmischer Schnittmethoden direkt in die innerfiktionale Realität *eingreift*.

Auch im Weiteren verwandelt er die Wirklichkeit imaginativ in eine Filminszenierung, was scheinbar die Rettung aus einer Gefahrensituation ermöglicht.[63] Seine eigene Frage: „Kann man das wirklich so machen, warum geht denn das?“[64] lässt sich nur so beantworten: In Pabsts Wirklichkeitskonstruktion, der die Erzählinstanz folgt, scheinen Filmgesetze den innerfiktionalen physikalischen Gesetzen grundlegend übergeordnet zu sein, was beispielsweise auch daran deutlich wird, dass sich seine Wahrnehmung an filmtheoretischen Achsenlogiken ausrichtet.[65] Derartige implizite metafiktionale Elemente, die die strukturelle Einheit des fiktiven Geschehens durchbrechen, und die Nies als „Grenzfälle […] selbstreferenzieller metafiktionaler medialer Spiele“[66] bezeichnet, führen zu einer Autoreflexion über den Konstruktcharakter und die Medialität von Kunst.[67] Darüber hinaus deuteten solche Erzählweisen „letztlich auf die grundsätzliche Medialität von ‚Geschichte‘ und damit auf deren Status als narratives Konstrukt.“[68]

Am Ende gelingt Pabst und Wilzek die zunächst von „schwer bewaffnete[n] Soldaten“[69] verwehrte Abreise mit einem der letzten Züge, und es hat den Anschein, als folge auch diese einem Filmskript: „Jetzt musste etwas Überraschendes passieren, ein Wunder, etwas enorm Unwahrscheinliches, das doch irgendwie gerade noch Sinn ergab. So war es immer im Film, so musste es auch diesmal sein.“[70] Und so kommt es dann auch, weil Wilzek unter den Soldaten einen Freund aus seiner Kindheit trifft, in dessen Begleitung sie noch in den Zug gelangen. Das geschilderte Geschehen durchbricht abermals mit einem konventionellen Realitätsbegriff verbundene Wahrscheinlichkeiten, spiegelt Topoi und Muster der Filmästhetik auf die innerfiktionale Wirklichkeit, die sie gleichsam formatieren und ausgestalten.

Auf Basis der Ineinanderspiegelung von eigener Wahrnehmung und filmischer Inszenierung ist es nicht wenig erstaunlich, dass die Figur Pabst in den Augen anderer Figuren in ihrer Inszenierungskunst aufgeht. So sagt Wilzek über ihn: „[A]m Set hat er viel ge-

---

62 Ebd., S. 404–405.
63 Vgl. ebd., S. 405–406.
64 Ebd., S. 406.
65 Vgl. ebd., S. 407.
66 M. Nies *Short Cuts – Great Stories*, S. 128.
67 Vgl. ebd., S. 110.
68 Ebd., S. 132.
69 D. Kehlmann, *Lichtspiel*, S. 411.
70 Ebd., S. 412.

lacht, aber wenn die Scheinwerfer ausgingen, war er oft wie ausgeleert. Wie ein Kostüm, das keiner trägt."[71] Nach dem Krieg, als er das Kostüm des im NS-Staat erfolgreichen Filmregisseurs ablegen muss und in Gedanken fast ausschließlich bei seinem letzten, auf der Heimfahrt verlorengegangen Film *Der Fall Molander* ist, verfällt er bei Dreharbeiten zu einem neuen Film und bei dessen Premiere in Zustände der „Geistesabwesenheit",[72] schweigt oft.[73] Nur „für eine Stunde [kehrt] seine alte Persönlichkeit" noch einmal „zurück",[74] und zwar wiederum im Rahmen einer Inszenierung: Als Offiziere der sowjetischen Besatzungsmacht ihn aufgrund einer anonymen Anzeige ob seiner Verstrickung in die NS-Herrschaft aufsuchen, bewirtet er sie mit Wodka und versichert ihnen, dass „man ihn einst den roten Pabst genannt hatte und dass er den Sowjetautor Ehrenburg und den Kommunisten Brecht verfilmt hatte. So charmant und überzeugend war er gewesen, dass die Offiziere mit Umarmungen von ihm geschieden waren."[75]

Inszenierungen von Macht

Auch die nationalsozialistischen Täter bedienen sich Techniken der Wirklichkeitsgestaltung und Überformung. Sie inszenieren ihre Macht und schaffen dadurch eine Realität, die sie unhinterfragbar werden lassen soll. Dies kann am Beispiel des Besuchs von Pabst bei Goebbels aufgezeigt werden. Schon auf dem Weg zu seinem Hotel am Abend zuvor fragt der sich mehrfach verirrende und vor dem Hintergrund seiner Angst vor dem anstehenden Gespräch mit Goebbels „schwach"[76] fühlende Pabst sich, „ob er irgendwie in eine verdrehte Spiegelwelt geraten war. Drüben in Amerika hatte er so oft geträumt, dass er sich plötzlich im von den Unmenschen beherrschten Berlin befand, dass es ihm jetzt einfach nicht wirklich vorkommen wollte, dass er tatsächlich da war."[77] Erst die Verwandlung der Stadtszenerien in ästhetische Filmkulissen gibt ihm – nicht zuletzt durch den so möglich werdenden Sprung in eine andere Zeit – wieder Sicherheit und Orientierung:

> [W]ährend unten die Straße sehr gerade in eine endlose Ferne davonrollte, stach droben ein Schornstein in einen übergroßen Mond. So hatten Filme vor fünfzehn Jahren ausgesehen, und seltsamerweise beruhigte ihn dieser Gedanke so sehr, dass es ihm möglich war, weiterzugehen, bis er schließlich sein Hotel fand.[78]

Am nächsten Tag hat es für ihn den Anschein, als wäre das Gebäude von Goebbels' Ministerium „innen größer [...] als außen – es überraschte ihn, wie vernünftig dieser Gedanke

---

71 Ebd., S. 24.
72 Ebd., S. 439; vgl. auch 430.
73 Vgl. ebd., S. 437.
74 Ebd., S. 436.
75 Ebd.
76 Ebd., S. 199.
77 Ebd.
78 Ebd., S. 199–200.

war.“[79] Seinen Grund hat dies darin, dass der von einem Uniformierten begleitete Gang zum Büro des Ministers über zahlreiche Gänge und Korridore offenbar künstlich verlängert wird und einer bewussten Inszenierung folgt „– ein Trick, den er selbst immer wieder bei langen Kamerafahrten verwendet hatte.“[80] Der Filmregisseur und Goebbels' Machtapparat teilen so Kenntnisse darüber, wie sich Macht und Größe inszenieren lassen. Auch das Arrangement in Goebbels' Büro („Der Raum hätte über hundert Menschen fassen können; aber alles, was er enthielt, war ein riesiger Teppich und, weit entfernt, ein Schreibtisch mit einem Telefon und zwei Stühlen.“[81]) folgt ebenso wie sein Gespräch mit Pabst einer sorgsamen Inszenierung: Erst distanzierte Andeutungen, die Pabst signalisieren, dass er „nach Canossa“[82] gehen möge und in diesem Falle weiter Filme drehen könne; auf dessen Zögern hin anschließend der Hinweis, welche Konsequenzen ein Nichtbefolgen dieses Ratschlags haben könnte: „‚Bedenken Sie, was ich Ihnen bieten kann', unterbrach der Minister, ‚zum Beispiel KZ. Kein Problem.'“[83] Und dann die scheinbare Zurücknahme der faktisch weiterhin im Raum stehenden Drohung: „Aber das meine ich ja gar nicht. Ich meine, bedenken Sie, was ich Ihnen auch bieten kann, nämlich: alles, was Sie wollen. Jedes Budget, jeden Schauspieler. Jeden Film, den Sie machen wollen, können Sie machen.“

Die Inszenierung von Macht seitens der Nationalsozialisten kennzeichnet nicht nur im Falle Goebbels, sondern etwa auch bei den Kontrollen der Ausreisewilligen im Kapitel *Grenze* eine zur Schau gestellte Lässigkeit („Die Männer in Uniform marschieren nicht, sie schlendern, jeder wie es ihm gefällt.“[84]), die Angst und Schrecken deshalb vergrößert, weil sie auf die Absenz jeder Ordnung, an die die staatliche Macht gebunden wäre, und die so stets mitschwingende Möglichkeit willkürlicher Gewaltanwendung verweist. Macht und staatliche Gewalt werden so zu etwas, das nicht – wie in einem demokratischen Rechtsstaat – einsehbar ist, sondern auf einem Abgrund aufbaut, in den jeder schauen kann, der aber nur selten explizit gemacht wird.[85]

Dies hat zwei Wirkungen: Zum einen bleiben die Machtinstanzen so unkontrollierbar, da sie die Grundlagen ihrer Herrschaft nicht offenlegen und sich so per se einer Kontrolle

79 Ebd., S. 202.
80 Ebd.
81 Ebd.
82 Ebd., S. 207.
83 Ebd.
84 Ebd., S. 126.
85 Raumsemantisch findet dies im Roman Abbildung in Form zweier Szenen, die in undurchschaubaren Tiefen spielen und so die dunklen Abgründe dieser Zeit ausgestalten. Verbunden sind sie nicht nur durch eine Reihe von 'Requisiten', die unterirdischen Räumen gemeinhin zugeordnet sind, wie den Geruch von Schimmel (vgl. ebd., S. 279, 441), herumkrabbelnde Spinnen und Käfer oder Falter (vgl. ebd., S. 281–282, 441–442) sowie Fledermäuse (vgl. ebd., S. 448). Auch die Tatsache, dass die entscheidenden Szenen sich auf einer zweiten Tiefenebene abspielen, also Räumen unterhalb des eigentlichen Kellers resp. Höhlensystems, die sich durch eine "tiefe, glatte Schwärze" (ebd., S. 279) und eine Undurchdringbarkeit des "Dunkeln" (ebd., S. 449) auszeichnen, vereint sie – in erster Linie aber die dort stattfindende Begegnung mit dem personifizierten Bösen. Im ersten Fall ist dies die ‚reale' Figur des Hausmeisters Jerzabek, im zweiten eine allegorische Figur des Bösen in einer prähistorischen Höhlenmalerei, die an seine Gestalt erinnert (vgl. hierzu das folgende Unterkapitel).

von außen entziehen. Zum Zweiten können die Repräsentanten der Macht nach außen den Anschein von Rechtschaffenheit und sogar Freundlichkeit, Gönnerhaftigkeit erwecken. Goebbels reicht z. B. der kurze Hinweis auf die Konzentrationslager, um Pabst ein Angebot zu machen, dass er nicht zurückweisen kann, ohne seine Existenz aufs Spiel zu setzen.

Letztlich formatieren die Machtinszenierungen des NS-Regimes die Wirklichkeit, denn wenn diese wie ein Film inszenierbar ist (s. o.), dann handelt es sich bei diesem um einen solchen, der, wie Kehlmann in einem Interview selbst betont, „falsch eingelegt wurde, der kurz rückwärtsläuft, der sich verhängt. [...] [D]ie Wirklichkeit selber wird durch die Intensität dieses Irrsinns der Nazizeit verbogen und verzerrt.“[86] So heißt es mit Blick auf die aus dem ‚Dritten Reich’ Flüchtenden, dass sie „nie ganz dort [sind], wo [sie] sich befinde[n]“ und dass ihnen „was [sie] umgibt [...] wie eine schlampig gebaute Kulisse [erscheint], die einzuprägen sich nicht lohnt.“[87]

Der Titel eines Kapitels des Romans: „Schattenspiel“,[88] greift diese Gedanken einer durch Macht- und Gewaltinszenierungen der Nationalsozialisten verzerrten Wirklichkeit, vor deren Hintergrund sich alles, was sich in ihr abspielt, grundlegend wandelt, in Form eines Wortspiels auf. Fokalisierungsfigur ist „der hier als Rupert Wooster firmierende P. G. Wodehouse, der sich 1941 von den Nazis zu Radiobeiträgen zwingen ließ und der im Roman als internationaler Alibi-Gast bei der Filmpremiere von Pabsts ‚Paracelsus‘ (1943) erscheint“[89]. Der Titel wie der mit Verweisen auf den Hades spielende Inhalt dieses Kapitels bilden ab, dass es sich bei den cineastischen Lichtspielen Pabsts aufgrund der sie ermöglichenden Bedingungen eigentlich um dunkle Schattenspiele in einem Todesraum handelt.[90]

Ceci n’est pas la réalité – *Intermediale Wirklichkeitskonstruktionen*

Das Potential von Kunst und Fiktion, den Inszenierungs- und Konstruktcharakter von Wirklichkeit reflexiv werden zu lassen, wird im Roman auch durch Verweise auf andere Kunstformen thematisiert.

Pabsts letzter Film unter der nationalsozialistischen Herrschaft, der bereits mehrfach angesprochene *Fall Molander*, ist nicht zuletzt ein Film über die Macht von Kunst, konkret Musik. Diese Adaption eines der NS-Ideologie folgenden Romans des Autors Alfred

---

86 D. Scheck, *Daniel Kehlmann: „Lichtspiel“*, https://www.ardmediathek.de/video/druckfrisch/daniel-kehlmann-lichtspiel/das-erste/Y3JpZDovL2Rhc2Vyc3RlLmRlL2RydWNrZnJpc2NoL2QwM2MwNTVjLWE4OTAtNDM3Mi05MWUyLTA2NmEoNjNiYjk2NQ (Zugriff am 18.03.2024).

87 D. Kehlmann, *Lichtspiel*, S. 107–108.

88 Ebd., S. 311–344.

89 R. Kämmerlings, *Als die Filmkunst einen Teufelspakt mit den Nazis schloss*, https://www.welt.de/kultur/article247741194/Daniel-Kehlmann-Als-die-Filmkunst-einen-Teufelspakt-mit-den-Nazis-schloss.html (Zugriff am 26.03.2024).

90 Auch die Covergestaltung, die den Titel *Lichtspiel* auf schwarzem Grund präsentiert und über die zusätzlich verwendete Farbe Rot auf die Farben der von den Nationalsozialisten aus dem Deutschen Kaiserreich in Teilen übernommenen Reichsflagge verweist, bildet ab, dass Pabsts Kinokunst zugleich ein ‚Schattenspiel‘ ist.

Karrasch mit dem Titel *Die Sternengeige* hat auf metadiegetischer Ebene die Musikkunst wiederum selbstreflexiv zum Thema, da es um einen jungen Violinisten geht, dem man dann jedoch vorwirft, „eine Stradivari gefälscht und verkauft zu haben.“[91] Bereits im Roman etablierte Motive wie Täuschung und Simulation werden durch das Fälschungsmotiv in Bezug auf Kunst, die selbst als eine ‚Fälschung‘ von Wirklichkeit verstanden werden kann, verhandelt. Überdies wird die trivialliterarische Krimivorlage in einen Film gewandelt, der mit den ihm eigenen medialen Gestaltungstechniken Musik inszeniert, was sich etwa an folgender Kamerafahrt ablesen lässt: „Ganz langsam, als mache die Musik sie schwerelos, stieg die Kamera empor“.[92]

Die wechselseitige Durchdringung von Kunst und Wirklichkeit wird des Weiteren auch insofern aufgezeigt, als Pabsts Ehefrau Trude ein Drehbuch (*Geheimnisvolle Tiefe*, vgl. hierzu auch unten) schreibt, bei dessen filmischer Umsetzung unter der Regie ihres Ehemanns sich das Paar auf einmal inmitten der Filmdiegese zu befinden scheint. Die Wirklichkeit rekurriert hier zwar wiederum auf das Medium Film, folgt jedoch einer innerfiktionalen *literarischen* Textvorlage. Das Drehbuch handelt von einer Frau, deren Mann als Höhlenforscher „nur für seinen Beruf“[93] lebt. Sie war ihm auf seine letzte Höhlenexpedition gefolgt und dann „gemeinsam mit ihm verschüttet worden.“[94] „Seiner Mission wegen verliert er sich und ist plötzlich an einem Ort, von dem aus er allein nicht mehr ans Licht findet.“[95] Eine Analogie zu Pabsts Rückkehr in das ‚Dritte Reich' und seiner Arbeit dort ist offenkundig. Obendrein kommt es zwischen den beiden Schauspielern, die in dem Film jenes Paar spielen sollen, zu einem Streit, in dem Paul Hubschmid seiner Drehpartnerin Ilse Werner vorwirft, als Schauspielerin für die Truppenbetreuung der SS gearbeitet zu haben: „Besser Kühe melken als für die SS pfeifen.“[96] – ein Vorwurf, dem sich auch Pabst nach Kriegsende nicht nur von seiner Frau ausgesetzt sah.

Nach Drehschluss will Trude mit ihrem Mann die Höhle erkunden: „Folg mir einfach. Ich bin dir ja auch immer gefolgt.“[97] Weil ihre Taschenlampe aber bald erlischt und sie den Rückweg nicht mehr finden, warten sie engumschlungen auf Erlösung: „Wie in deinem Film.“[98] Ein Drehbuch scheint hier also nicht nur die Grundlage für eine metadiegetische Fiktion zu sein, sondern für die *Lichtspiel*-Diegese selbst, was wiederum als nichts anderes gesehen werden kann als ein metafiktionales, spielerisches Ausloten der Medien-Möglichkeiten und eine metaleptische, selbstreferenzielle Übertretung der „bewegliche[n], aber heilige[n] Grenze zwischen zwei Welten: zwischen der, in der man erzählt, und der, von der erzählt wird.“[99] Während die Hauptfiguren im Film *Geheimnisvolle Tiefe* dem sicheren Tod entgegensehen (dann aber doch – anders als im historisch

91 D. Kehlmann, *Lichtspiel*, S. 223.
92 Ebd., S. 385.
93 Ebd., S. 440.
94 Ebd., S. 442.
95 Ebd., S. 444.
96 Ebd., S. 443.
97 Ebd., S. 446.
98 Ebd., S. 448.
99 G. Genette, *Die Erzählung*, Fink, München 2010, S. 153.

wirklich existierenden Pabst-Film – wundersam gerettet werden), bleibt es offen, ob es für Trude und Pabst noch Rettung geben kann oder ob sich die Wirklichkeit auch auf dieser existenziellen Ebene der Filmkunst unterordnet und sie letztlich an ihrem eigenen Versuch, Wirklichkeit zu konstruieren und inszenieren, zugrunde gehen.

Der letzte Blick der beiden, bevor die Taschenlampe erlischt, fällt auf eine prähistorische Höhlenmalerei. Sie sehen eine Jagdszene auf eine Büffelherde, bevor sie die folgende Darstellung bemerken:

> Und da, vor den anstürmenden Tieren, umgeben von weiteren Männern, die sich vor ihm beugten, die auf die Knie fielen, die ihm Opfergaben hinstreckten, stand ein verkrümmtes Wesen. Sein Rücken war schief, die eine Schulter höher als die andere. Wo sein Kopf hätte sein sollen, waren ein paar rote Flecken, darüber schwebten zwei starr glotzende Augen. Was auch immer das war, es schien nicht unter diese Menschen zu gehören, es sah aus, als käme es von weit her oder aus noch älterer Zeit. Ein Wesen aus vergangenen Äonen, ein brutales und böses Geschöpf, das sie durch Gaben zu besänftigen suchten. [/] „Erkennst du ihn?“, fragte Pabst. [/] „Natürlich.“ [/] „Ob er damals schon so starken Dialekt gesprochen hat?“ [/] „Er sitzt doch noch im Gefängnis?“ [/] „Kommt bald frei.“[100]

Die Rede ist von dem mit starkem Dialekt sprechenden Hausmeister und NS-Ortsgruppenleiter Jerzabek, von dem es an anderer Stelle explizit heißt, dass er „meist rot im Gesicht [war]“,[101] „sein Rücken [...] sich zugleich nach vorne und zur Seite [krümmt], sodass die „linke Schulter [...] tief hängt“[102] und der Pabsts Sohn Jakob in der Kellerszene (vgl. Fußnote 85) „mit blutunterlaufenen Augen an[sieht]“.[103] Er wird hier zur Verkörperung einer dämonischen, letztlich nicht individualisierbaren und zeitlich oder räumlich begrenzbaren Macht; darauf verweist auch die mit historischen Tatsachen (faktisch sind die ältesten europäischen Höhlenmalereien nicht älter als ca. 40000 Jahre) nicht übereinstimmende weitere Wahrnehmung des Bildes durch Trude: „Mit sanftem Grauen sah sie auf das kleine Bild, gemalt vor Jahrmillionen, das höhnisch ihren Blick erwiderte. ‚Eigentlich hat nicht Hitler regiert. Und auch nicht Goebbels oder Göring oder wie sie alle heißen. Eigentlich war es immer er.‘“[104] In dieser untersten Ebene des Höhlenlabyrinths, in der sich alle Gewissheiten und Orientierungen auflösen (selbst „Zeit schien es hier unten nicht mehr zu geben“[105]), fließen die prähistorische Vergangenheit, die jüngste NS-Vergangenheit und die Gegenwart ineinander, was im Modus von Kunst und Fiktion den Blick für überzeitliche Strukturen öffnet.

100 Ebd., S. 447–448.
101 Ebd., S. 139.
102 Ebd., S. 284.
103 Ebd., S. 283.
104 Ebd., S. 448.
105 Ebd., S. 446.

Fazit

Aufgezeigt werden konnte, dass der Roman über den Filmkünstler G. W. Pabst eine ganze Reihe von Anleihen bei filmischen Erzähltechniken macht, diese aber genuin literarisch nutzt und ausspielt. Dies gilt zunächst für die mittels einer spezifischen ‚Schnitttechnik‘ erfolgende Aussparung zentraler Gelenkstellen auf Handlungsebene, die so zu Leerstellen werden und in der Rezeption individuell gefüllt werden können. Doch werden noch weitere Formen von Leerstellen erzählerisch geschaffen, und zwar sowohl über die oft unzuverlässige, in Teilen wiederum an Modi filmischen Erzählens gekoppelte Wahrnehmung der individuellen Fokalisierungsinstanzen, bei denen sich Prozesse des Verdrängens, Leugnens oder Umschreibens der Vergangenheit beobachten lassen, als auch über das Formen multiperspektivischen Erzählens folgende Zusammenspiel der unterschiedlichen Fokalisierungsinstanzen, die sich teilweise widersprechen und so ‚Wirklichkeit‘ in ganz verschiedener Weise konstruieren. Diesen unterschiedlichen Formen metafiktionalen, multiperspektivischen und unzuverlässigen Erzählens (sowohl hinsichtlich der Fakten der erzählten Welt als auch mit Blick auf moralische Wertungen und Einordnungen) lassen sich abschließend verschiedene Funktionen zuschreiben:

Zunächst aktivieren sie die Rezeption in dem Sinne, dass die Leserinnen und Leser gezwungen sind, sich über das im Roman Gesagte hinausgehend das Zusammenspiel verschiedener Handlungsfäden, etwa mit Blick auf das Verhalten der Figuren und die zugrundeliegenden Motive, eigenständig zu erschließen. Einer ‚naiven‘ resp. passiven Lektüre des Romans steht dessen ästhetische Faktur so im Wege. Monokausale und vereindeutigende Rekonstruktionen und Lektüreentwürfe sind zum Scheitern verurteilt, bereits auf der Handlungsebene fordert der Text eine Rezeption ein, die flexibel und offen verfährt und die Bereitschaft voraussetzt, sich irritieren zu lassen und immer wieder zu korrigieren.

Zum Zweiten trägt das metafiktionale Spiel des Romans zu einer Reflexion der Bedingungen der Möglichkeiten von Kunst bei. Hierzu zählt generell die Frage, in welchem Verhältnis künstlerische Entwürfe ästhetischer Eigenwelten zur gesellschaftlichen resp. historischen Wirklichkeit stehen, wie es Kunst – und dies gilt für die Filmkunst aufgrund der Unmittelbarkeit in der Rezeption in besonderer Weise[106] – gelingt, qua Fiktion wirklichkeitssimulierende Effekte zu generieren, sodass diese Inszenierungen und Konstruktionen von Wirklichkeit zu einer eigenen vermeintlichen Wirklichkeit werden können. Und nicht nur aufgrund der möglichen stark suggestiven Wirkung der (Film-)Kunst verbindet sich hiermit zugleich die Frage nach ihrer ethischen Verantwortung.

Zum Dritten verweist der Text auf die Fragwürdigkeit des Umgangs mit dem Begriff einer historischen Wirklichkeit resp. auf dessen Abhängigkeit von individuellen Konstruktionen und Wirklichkeitsentwürfen. Der Roman reflektiert einerseits am Beispiel des ‚Zurechtlegens‘ von Wirklichkeit bei den Figuren Pabst und Wilzek Formen von

106 Vgl. hierzu die Kennzeichnung des Erzählfilms als ‚Emotionsschleuder‘ bei Peter Christoph Kern, deren Grundlage die Evokation eines hohen Affektpotentials bildet, das diese Kunstform freizusetzen vermag.

Leugnung und Verdrängung. Andererseits macht er bewusst, wie Macht, Gewalt und Terror durch den NS-Staat inszeniert, so verzerrte Wirklichkeitsbilder entworfen und nicht zuletzt mit Ängsten gespielt wird. Indem *Lichtspiel* immer wieder die Virtualität der filmästhetischen wie politischen Inszenierungswelten mit dem körperlichen Leid der Opfer konfrontiert, leitet der Roman zu einer bewussten Aufarbeitung der nationalsozialistischen Herrschaft und ihrer Folgen an. Dies gilt für die Gewalterfahrungen der Opfer, etwa wenn Komparsen aus den Arbeits-/Konzentrationslagern für die Filmarbeiten Pabsts oder Riefenstahls rekrutiert werden, ebenso wie für die Frage, welche Verantwortung Kunst im Rahmen solcher Machtverhältnisse zukommt.

Wenn gerade in unserer Gegenwart wieder verstärkt Tendenzen zu beobachten sind, die nationalsozialistische Vergangenheit mehr und mehr zu relativieren, als ein zwar dunkles, zugleich aber doch recht kleines Kapitel in der deutschen Geschichte erscheinen zu lassen, so bietet Kehlmanns Roman die Möglichkeit, über genuin literarästhetische Mittel die Erinnerung an den Schrecken dieser Zeit und seine bis in die Gegenwart reichenden Auswirkungen wachzuhalten. Und zwar in einer Form, die nicht simpel moralisch ‚belehrt', sondern die vermittels der aufgeführten literarischen Gestaltungsmittel von den Rezipientinnen und Rezipienten eine aktive Rolle einfordert, indem sie zu Fragen auffordert, Ungereimtheiten aufzeigt und dabei zugleich die menschenverachtenden Strukturen der Zeit sichtbar werden lässt.

Literatur

Bernhardt, Sebastian, *Kehlmanns historische Romane im Deutschunterricht*, in: *Historische Romane der Gegenwart im Deutschunterricht*, hrsg. v. dems. & Jan Standke, transcript, Bielefeld 2022, S. 217–238.

Brecht, Bertolt, *Leben des Galilei*, Suhrkamp, Frankfurt am Main 1963.

Catani, Stephanie, *„Wir nehmen nicht wahr, wofür wir keine Sensoren haben". Zur Evolution der Geschichte in fiktionaler Literatur*, in: *Telling Stories / Geschichten erzählen: Literature and Evolution / Literatur und Evolution*, hrsg. v. Carsten Gansel, Dirk Vanderbeke, de Gruyter, Berlin 2012, S. 361–376.

Frieden, Kirstin, *Neuverhandlungen des Holocaust. Mediale Transformationen des Gedächtnisparadigmas*, transcript, Bielefeld 2014.

Genette, Gérard, *Die Erzählung*, Fink, München 2010.

Goertz, Hans-Jürgen, *Unsichere Geschichte. Zur Theorie historischer Referentialität*, Reclam, Stuttgart 2001.

Kämmerlings, Richard, *Als die Filmkunst einen Teufelspakt mit den Nazis schloss*, https://www.welt.de/kultur/article247741194/Daniel-Kehlmann-Als-die-Filmkunst-einen-Teufelspakt-mit-den-Nazis-schloss.html [Zugriff am 26.03.2024].

Kehlmann, Daniel, *Diese sehr ernsten Scherze. Poetikvorlesungen*, Wallstein, Göttingen 2016.

Kehlmann, Daniel, *Lichtspiel*, Rowohlt, Hamburg 2023.

Kern, Peter Christoph, *Die Emotionsschleuder. Affektpotenzial und Affektfunktion im Erzählfilm*, in: *Medien im Deutschunterricht. Jahrbuch 2005: Filmdidaktik und Filmästhetik*, hrsg. v. Volker Frederking, kopaed, München 2005, S. 19–45.

Martínez, Matías u. Scheffel, Michael, *Einführung in die Erzähltheorie*, C.H.Beck, München 2020.

Nies, Martin, *Short Cuts – Great Stories. Sinnvermittlung in filmischem Erzählen in der Literatur und literarischem Erzählen im Film*, in: Ars Semeiotica, 30, 2007, 1–2, S. 109–135.

Scheck, Denis, *Daniel Kehlmann: ‚Lichtspiel‘*, https://www.ardmediathek.de/video/druckfrisch/daniel-kehlmann-lichtspiel/das-erste/Y3JpZDovL2Rhc2Vyc3RlLmRlL2RydWNrZnJpc2NoL2QwM2MwNTVjLWE4OTAtNDM3Mi05MWUyLTA2NmEoNjNiYjk2NQ [Zugriff am 18.03.2024].

Ukena, Rena, *Das Erzählen von Geschichte bei Daniel Kehlmann*, in: *Daniel Kehlmann und die Gegenwartsliteratur: Dialogische Poetik, Werkpolitik und Populäres Schreiben*, hrsg. v. Fabian Lampart, de Gruyter, Berlin–Boston 2020, S. 119–136.

Wolf, Werner, *Das Feld der Intermedialität im Überblick*, in: *Intermedialität: Formen – Diskurse – Didaktik*, hrsg. v. Klaus Maiwald, Schneider, Baltmannsweiler 2019, S. 23–48.

Wolting, Monika, *Einleitung. Geschichte(n) erinnern. Formen ‚historisch-fiktionalen Erzählens' in der deutschen und polnischen Gegenwartsliteratur nach 1989*, in: *Neues historisches Erzählen*, hrsg. v. dies., V&R unipress, Göttingen 2019.

Zeyringer, Klaus, *Gewinnen wird die Erzählkunst. Ansätze und Anfänge von Daniel Kehlmanns ‚Gebrochenem Realismus‘*, in: *Daniel Kehlmann*, hrsg. v. Heinz Ludwig Arnold, Edition Text + Kritik, München 2008, S. 36–44.

Der sowjetische Teil der deutschen Geschichte

Der Fall Eugen und Wolfgang Ruge

Karol Sauerland
Uniwersytet Warszawski

The Soviet part of German history. The case of Eugen and Wolfgang Ruge
Using the example of Eugen Ruge's novel *Hotel Metropol* and its reception, the author shows how unknown the Soviet part of German history is.

Keywords: Eugen Ruge, Wolfgang Ruge, Sowjetverbrechen, DDR

Die enge Verbindung von deutscher und sowjetischer Geschichte seit 1917, d.h. seit der Reise Lenins und seiner Genossen (unter ihnen Karl Radek[1]), von Zürich nach Petrograd, auf deutscher Strecke im „plombierten Waggon",[2] ist im deutschen historischen Bewusstsein kaum gegenwärtig. In der Weimarer Republik agierte einerseits Willy Münzenberg auf vielfältige Weise für die Unterstützung der Sowjetunion, andererseits gab es die militärische Zusammenarbeit zwischen der Reichswehr und Roten Armee. Deutsche Kommunisten waren führend in der Komintern tätig, bis Stalin das Heft in die Hand nahm und deren Einfluss in dieser Zentrale der weltweiten kommunistischen Bewegung zurückdrängte. Die meisten von ihnen wurden in den 1930er Jahren Opfer des bolschewistischen Terrorregimes. Bekanntlich verloren in der Sowjetunion mehr kommunisti-

1 Karl Radek, geb. 1885, war bereits vor dem Ersten Weltkrieg ein führender Politiker der polnischen und deutschen Sozialdemokratie. 1912 wurde er aus der SPD ausgeschlossen. In der Folge näherte er sich Lenin und wurde während des Weltkriegs einer seiner Vertrauensleute im Schweizer Exil. Im Frühjahr 1917 nahm er an der Friedensverhandlung in Brest-Litowsk teil. Ende 1918 begab er sich nach Deutschland, um die dortigen revolutionären Möglichkeiten zu erkunden. Mitte Februar 1919 wurde er unter dem Vorwurf, am Spartakus-Aufstand teilgenommen zu haben, verhaftet. Er empfing als Gefängnisinsasse in Berlin-Moabit Walter Rathenau und schuf zusammen mit ihm die Grundlagen zum deutsch-sowjetischen Vertrag von Rapallo. Er gehörte 1937 im zweiten Moskauer Schauprozess zu den Angeklagten. Leon Feuchtwanger überzeugte als dessen Beobachter die Leser seines Buches *Moskau 1937*, dass Radeks Aussagen nicht erpresst seien. 1995 veröffentlichte Stefan Heym einen fast sechshundertseitigen Roman über ihn. Artur Koestler ließ sich in der Darstellung seines Protagonisten Rubaschow im Roman *Sonnenfinsternis* von Radek und Bucharin inspirieren.

2 In Wirklichkeit war der Waggon nicht plombiert, aber die Gruppe durfte in Deutschland den Wagen nicht verlassen, daraus entstand diese Legende. Siehe hierzu auch Werner Hahlweg, *Lenins Reise durch Deutschland im April 1917* in: Vierteljahreshefte für Zeitgeschichte, 4/1956, S. 308–312.

sche Funktionäre ihr Leben als im Nazi-Deutschland.[3] Die Überlebenden sollten dann in großer Zahl – geprägt vom „Stalintrauma"! – für den Aufbau eines „sozialistischen Systems" in der sowjetisch besetzten Zone sorgen.[4] Sie fühlten sich als Missionäre, die ein anderes, besseres Deutschland zu schaffen gedachten.

Einen romanhaften Einblick aus autobiografischer Sicht in diesen Teil der deutschen Geschichte gibt Eugen Ruge in *Zeiten des abnehmenden Lichts* (2011) und im *Metropol* (2019). Vorbilder seiner Protagonistinnen und Protagonisten sind die Großeltern väterlicherseits und die Eltern.

Historisch gesehen, steht der zweite Roman Ruges vor dem ersten. Dieser spielt in den Jahren des Großen Terrors von 1936 bis 1938. Seine Großmutter Charlotte – sie wird nicht mit Nachnamen genannt, wir kennen ihn aber aus den *Zeiten des abnehmenden Lichts* – wartet zusammen mit ihrem Mann Wilhelm aus zweiter Ehe 477 Tage im Hotel Metropol, einem Abbild des berühmten Moskauer Hotel Lux, auf eine Entscheidung der Sowjetführung über ihr weiteres Schicksal.

Dem Ganzen geht ein Prolog voraus, in dem Ruge seiner Großmutter vorwirft, ihm nichts über ihre Zeit in Moskau erzählt zu haben. Sie habe in dem Glauben gelebt, dass niemand darüber je etwas Konkretes erfahren wird. Doch es gab Akten im Moskauer Archiv, Blatt 246, die er hat einsehen können.[5] Er wisse nun auch von ihrer damaligen, z.T. geheimdienstlichen Tätigkeit. Jetzt lege er alles vor:

> Dies ist die Geschichte, die du nicht erzählt hast. Du hast sie mit ins Grab genommen. Du warst sicher, dass sie niemals wieder ans Licht kommt, du hast dein Leben lang daran gearbeitet, sie vergessen zu machen, sie zu löschen aus deinem, aus unserem Gedächtnis. Fast ist es dir gelungen.[6]

Gleichsam ihr zum Trotz, setzt Ruge den einzelnen Kapiteln Dokumente aus seinem Archivfund voran. Als erstes lesen wir als Fotokopie abgebildet eine als „streng geheim" eingestufte Mitteilung vom 23. August 1936, in Schönschrift mit „Hilde Tal" unterzeichnet. Es handelt sich um Wilhelms erste Frau. Sie teilt mit, dass der „Genosse Jean Germain", d.h. Wilhelm, und die Genossin „Lotte Germain", d.h. Charlotte, mit dem „trotzkistischen Emel"[7] verkehrten. Sie haben sich aus ihrer Tätigkeit in der „Berliner Handelsvertretung" der Sowjetunion gekannt.[8]

---

3 Von den 68 führenden KPD-Politikern im sowjetischen Exil sind 41 ermordet worden. https://wp.stimmederddr.de/wp3/?p=2260 (Zugriff am 06.12.2024).

4 Vgl. A. Petersen, *Die Moskauer. Wie das Stalintrauma die DDR prägte*,: S. Fischer, Frankfurt am Main 2019.

5 E. Ruge, *Metropol*, Rowohlt, Reinbeck bei Hamburg 2019, S. 9.

6 Ebd. S. 8.

7 Es handelt sich um Alexander Emel, geb. 1898 in der Nähe von Minsk als Moses Lurje. Studierte in Berlin, 1925 promovierte bei dem Althistoriker Prof. Eduard Meyer mit summa cum laude. Die Dissertation hat die Darstellung Ägyptens im Alten Testament zum Vorwurf. Emel verfügte über eine ausgezeichnete Kenntnis des Hebräischen. Im gleichen Jahr trat er in Moskau eine „Rote Professur" an der Internationalen Lenin-Schule und der Kommunistischen Universität der nationalen

Das Romangeschehen setzt zwei Tage früher ein. Charlotte, liest in der *Deutschen Zentralzeitung*, dass sich unter den Angeklagten des Moskauer Prozesses, der als der erste Schauprozess in die Geschichte eingegangen ist, Emel befinde. Sie kennt ihn aus ihrer kommunistischen und antifaschistischen Tätigkeit in Berlin und kann natürlich kaum glauben, dass er „an der Spitze einer von einem aktiven deutschen Faschisten organisierten Kampfgruppe gestanden“[9] und Anschläge auf Stalin, Molotow, Woroschilow und andere geplant habe. Zusammen mit ihrem Mann rätselt sie herum und fragt sich, was tun. Sie kommt zu dem Schluss, dass sie ihre „Bekanntschaft“ mit Emel genauestens schildern müsse. Und sie tut es. Die Fotokopie ihres vierseitigen Schreibens vom 26. September 1936 an den Genossen Mueller, dem Leiter der deutschen Abteilung der Komintern, ist dem zweiten Kapitel vorangestellt.[10]

Die Anführung und vor allem Abbildung von authentischen Dokumenten verleiht der Beschreibung dessen, was die Großmutter und Stiefgroßvater erlebt haben mögen, größte Glaubwürdigkeit. Aber da sie nicht Teil des Erzählflusses sind, gewinnen sie gleichzeitig an Eigengewicht. Diejenigen, denen die Stasi-Debatten, die Frage, wie man die Berichte der IM (Informellen Mitarbeiter) einschätzen soll, erinnerlich sind, werden geneigt sein, das erste angeführte Dokument als Denunziation zu bewerten: So Dietmar Jacobson in seiner Rezension des Romans.[11] Der leitende Redakteur der Abteilung Geschichte in der Welt, Sven Felix Kellerhof, liest Tals Mitteilung unabhängig vom Erzählten als ein Dokument, welches von Folgen für Ruges Großeltern war. Charlotte habe ahnend, dass es zu einer solchen Denunziation kommt, eine „Selbstkritik“ dem Genossen Mueller von der Komintern übergeben.[12] Der Denunziantin habe es jedoch nichts genutzt, sie nicht vor dem Tod durch Erschießen gerettet.

Minderheiten des Westens (KUNMS) an. 1921 war er Mitglied der KPD geworden. Seine Verbindung zu den „Ultralinken“ Ruth Fischer und Arkadi Maslow sollte ihm zum Verhängnis werden. 1933 emigrierte er in die SU, wo er an der Moskauer Universität lehrte. Drei Jahre später wurde er verhaftet und im ersten Moskauer Schauprozess am 24.8.1936 zum Tode verurteilt. Vgl. https://www.bundesstiftung-aufarbeitung.de/de/recherche/kataloge-datenbanken/biographische-datenbanken/alexander-lurje-emel (Zugriff am 6.12.2024).

8 Tatsächlich war Emels Frau Isa, Tochter des »Bund«-Führers Kogan, an der russischen Handelsgesellschaft tätig (siehe ebd.)

9 Ebd. S. 17.

10 Vgl. E. Ruge, *Metropol*, S. 95–98.

11 Dietmar Jacobsen, „Unter Freundfeinden. In seinem Roman „Metropol“ erzählt Eugen Ruge ein weiteres Kapitel aus der Geschichte seiner Familie“ in *Literaturkritik* vom 19.10.2019. Siehe auch die anonyme Rezension u.d.T. *Eugen Ruge über den großen Moskauer Terror* in den Westfälischen Nachrichten vom 19.11.2019.

12 Es handelt sich um Albert Müller (der Deckname für Georg Brückmann), dem sogenannten Kadermüller, der 1936 Mitglied der Kommission zur Überprüfung der Politemigranten wurde, eine zentrale Rolle bei der „Säuberung“ spielte und im Herbst 1938 selber in sie geriet. Am 7. April 1941 wurde er zu acht Jahren Arbeitslager verurteilt. Er ist wahrscheinlich ein Jahr später in Workuta verstorben. Vgl. https://www.bundesstiftung-aufarbeitung.de/de/recherche/kataloge-datenbanken/biographische-datenbanken/georg-brueckmann (Zugriff am 6.12.2024).

Es ist erstaunlich, wie unreflektiert das Wort Denunziation hier gebraucht wird, als wäre es in der Zeit der Großen Säuberungen rational zugegangen, als hätten Einzelne etwas – im negativen und positiven Sinn – bewirken können. Wenn der NKWD bzw. die OGPU Ruges Großeltern als Mitwisser einer der „Verschwörungen" hätten belangen wollen, wäre es auch ohne Hilde Tals „Mitteilung" geschehen, noch dazu sieht es danach aus, dass es sich um das Ergebnis einer Untersuchung handelt. Tal beginnt mit „mir ist es bekannt aus einigen Gesprächen aus dem Jahre 1933 ..."[13] Diese umständliche Formulierung in der Es-Form und die durchgestrichene Zahl 33 sieht nicht nach einer Denunziation aus, d. h. einer Aufforderung an die entsprechende Behörde, aktiv zu werden.[14]

Man könnte Kellerhof vorwerfen, nicht zu sehen, dass es sich um einen Roman handelt, in dem u. a. authentische Dokumente verwendet werden, um das Erzählte glaubwürdig, zuverlässig zu machen. Aber der Autor selber – nicht der Erzähler – erklärt im Epilog, dass er mit Hilfe dieser Dokumente das herausbekommen habe, was seine Großmutter verschwieg und sein Vater falsch auslegte. Die Notiz von Hilde Tal (geborene Hilde Laima Zeraus)[15] sei der Auslöser für das Romangeschehen gewesen.[16] Daher habe er sie vor das erste Kapitel gesetzt,-könnte man hinzufügen.-

Erzähltheoretisch findet eine Umkehrung des Begriffs „zuverlässiges Erzählen" statt,[17] denn das Erzählte ist im narratologischen Sinn zuverlässig. Wir haben es mit einem allwissenden Erzähler zu tun. Das Besondere ist, dass er die Gedanken und das Tun seiner Figuren als Reaktionen auf die Zeitereignisse, die sogar konkret benannt werden, darstellt. So lesen wir auf der ersten Seite des zweiten Kapitels:

> Am 23. September erklärt die *Prawda* unter der Überschrift *Für ein strahlendes und pulsierendes Leben in der Partei* die Säuberung der Partei für abgeschlossen.
> Am 26. September wird Genrich Jagoda, der Chef des Inlandgeheimdienstes NKWD, durch Nikolai Jeshow abgelöst.
> Am 29. September wird Francisco Franco zum Oberbefehlshaber aller nationalen spanischen Streitkräfte ernannt.
> Am 30. September erklärte die Prawda die Säuberung der Partei habe sich als unzureichend erwiesen.[18]

Und nun folgt der für die weitere Handlung entscheidende Satz: „Am selben Tag reicht Charlotte ihre schriftliche Erklärung zur Angelegenheit Emel persönlich im Haus der

---

13 E. Ruge, *Metropol*, S. 13.

14 Vgl. K. Sauerland, *Dreißig Silberlinge. Das Phänomen der Denunziation*, Peter Lang, Frankfurt am Main 2012.

15 Vgl. https://www.bundesstiftung-aufarbeitung.de/de/recherche/kataloge-datenbanken/biographische-datenbanken/hilde-tal (Zugriff am 06.12.2024).

16 Vgl. E. Ruge, *Metropol*, 2019, S. 404 f.

17 Ich gebrauche hier diesen Begriff im Sinn von Wayne C. Booth, um den es bekanntlich nach gut vierzig Jahren zu einer heftigen Auseinandersetzung gekommen ist.

18 E. Ruge, *Metropol*, 2019, S. 99.

Komintern ein."[19] Erst dann werden wir in die Welt Charlottes und Wilhelms, in ihr Quartier im Hotel Metropol, eingeführt.

Im umgangssprachlichen Sinn von zuverlässig und unzuverlässig ist die Romanerzählung absolut unzuverlässig, wenngleich im Falle der Großmutter und ihres Umkreises glaubhaft. Aber völlig unglaubhaft ist die Figur des Richters Wassili Wassiljewitsch Ulrich. Die Rezensenten fanden jedoch den Einfall Ruges, diesen Mörder, der über 30000 Todesurteile auf dem Gewissen hat, als einen klugen und zugleich bemitleidenswerten Mann zu schildern, bemerkenswert. Dem Autor sei es gelungen, konstatiert Andreas Fanizadeh in der taz, sich nicht nur in die Seele seiner parteitreuen Großmutter in der lebensbedrohlichen Situation „vorzuarbeiten",[20] sondern sich auch in die Gedankenwelt Wassili Wassiljewitsch Ulrichs, des Obersten Richters und damit auch in die Schauprozesse hineinzuversetzen. So lasse er ihn an einer Stelle hellsichtig reflektieren: „Wenn diese Angeklagten jetzt aufstünden und die Wahrheit sagten. Alle sechzehn ... Sie brächten Stalin zu Fall", worauf der Satz des Rezensenten folgt: „Taten es aber nicht"[21]. In ähnlichem Ton konstatiert Dietmar Jacobson in der Literaturkritik:

> Aber auch in die Seele der Täter lässt Ruge seine Leser blicken. Denn im selben Hotel „Metropol", aus dem der Weg vieler Unschuldiger erst in die Gerichtssäle und später auf die Richtstätten führte, wohnt, nur ein paar Türen von den Germaines entfernt, Wassili Wassiljewitsch Ulrich, der Mann, der als oberster Militärrichter der Sowjetunion mehr als 30.000 Todesurteile unterschrieb, die meisten davon zustande gekommen ohne öffentlichen Prozess, viele sogar ohne Anhörung der Beschuldigten. Ruge lässt diesen gewissenlosen Mann Schmetterlinge und Käfer für seine Sammlung aufspießen und gleichzeitig zynisch darüber sinnieren, dass es die Dummheit und Glaubensbereitschaft der Menschen ist, die es dem herrschenden System ermöglicht, gestern noch Hochverehrte heute als verabscheuungswürdige Verbrecher zu brandmarken: „Dass die Menschen glauben, was sie glauben wollen – das ist doch wirklich kein großes Geheimnis. Oder doch? Wie dumm sind die Menschen? Wie dumm sind die, die an irgendwas glauben? Und wie dumm sind die, die nicht einmal merken, dass sie es tun?".[22]

Und Wolf Schneider spricht Ulrich nicht nur den Status eines Täters, sondern auch eines Opfers zu:

> Ruge vermittelt die Gedanken dieses Höllenrichters so, dass man seinen Unmut, der ihm die Todesangst von Tausenden überdeckt, irgendwie sogar versteht. Die Angst vor dem undurchschaubaren Stalin sitzt ihm kaum weniger im Nacken als denen, über die er seine insgesamt 30.000 Todesurteile fällt. In Ruges Darstellung

19 Ebd. S. 99 f.
20 Dieses Verb verwendet Andreas Fanizadeh in seiner Rezension in der taz vom 10.10.2019.
21 Ebd.
22 In: Literaturkritik vom 19.10.2019 (vgl. Anm. 11).

> ist Wassili Ulrich eine furchtbare und lächerliche Gestalt zugleich. Er gesteht ihm aber auch relevante Reflexionen zu. Ulrich fällt auf, dass die Verurteilten bis zuletzt nicht den Glauben verlieren, an die Partei, an Stalin. Diese Glaubensbereitschaft der Menschen – das zentrale Thema des Romans – erscheint ihm phänomenal. „Die Menschen glauben, was sie glauben wollen. (...) Man kann ihnen Fakten liefern, man kann sie widerlegen, es hilft nichts. Im Gegenteil, wer etwas glauben will, findet einen Weg. Er wird sich durch den winzigen Spalt quetschen, den die Wahrheit ihm lässt. Wird die Dinge so lange drehen und wenden, bis sie wieder in seinen Glauben hineinpassen, und seine ganze Klugheit wird ihn nicht etwa daran hindern, sondern ihm noch dabei behilflich sein.[23]

Eugen Ruge selber charakterisiert im Interview, das er Joachim Scholl im Deutschlandfunk Kultur am 9.10.2019 erteilte, Ulrich mit den Worten:

> Wenn er nicht 30000 Todesurteile unterschrieben hätte, dann würde er einem leid tun. Er ist ein armes Schwein, er ist auch mit sich selbst unzufrieden, er hatte auch gar nichts zu sagen, er mußte nur immer die Angeklagten aufrufen und mußte die Todesurteile unterschreiben.[24]

Als ein solch „armes Schwein" wird er im Roman vorgestellt. Er ist überarbeitet. Seit Wochen, ja seit Monaten ist er mit der Vorbereitung des Prozesses (es handelt sich um den ersten Moskauer Schauprozess – K.S.) beschäftigt: „Kein Urlaub, kein garnichts. [...] Stattdessen nächtelange Sitzungen, immer neue Angeklagte. Zuerst sollten es zehn sein, dann dreizehn, jetzt sechzehn. Immer wieder hat Stalin Änderungen und Zusätze gewünscht. Immer wieder hat Wyschinski die Anklageschrift umgeschrieben".[25]

Das Schlimmste sei, dass er nichts zu sagen habe, alle Lorbeeren sammle der Oberste Staatsanwalt Wyschinski ein. Kurz darauf heißt es, dass er sich dabei „erwische", wie er den Angeklagten Alexander Emel beneide:

> Dieser Mann hat doch wirklich alles im Leben gehabt, während er, Wassili Wassilijewitsch jeden Tag vom Hotel in die Nikolskaja uliza kriecht, pardon, die *Straße des 25. Oktober* und wieder zurück 500 Meter, um 12 Stunden lang Urteile zu unterschreiben, wahrscheinlich hat er (Alexander Emel – K.S.) sogar deutsche Mädchen gefickt, während er, Wassili Wassilijewitsch froh sein kann, wenn seine Annuschka ihn mal ran lässt.[26]

23 https://www.deutschlandfunk.de/eugen-ruge-metropol-grand-hotel-angst-100.html (Zugriff am 11.02.2023).

24 https://www.deutschlandfunkkultur.de/eugen-ruge-ueber-seinen-roman-metropol-aus-dem-inneren-des-100.html (Zugriff am 11.02.2023).

25 Ruge, *Metropol*. 2019, S. 30 f.

26 Ebd. S. 36 (Unterstreichung von K.S.).

Er, „Vorsitzender des Militärkollegiums des Obersten Gerichts der UdSSR",[27] lebt in der Schilderung des Autors unter recht primitiven Bedingungen. Wenn er nach Hause ins Hotel kommt, kann er sich höchstens in lauwarmem Wasser duschen. Die „Piroschki sind wiederum kalt. Kalt und fettig. Das Fleisch geschrumpft, der Teigmantel ledrig".[28] Mit einem Wort: ein armer Schlucker.

Für die Angeklagten hat er kein Mitleid. Sinowjew hält er für einen „Waschlappen", Kamenew für einen „Feigling". Es seien „erbärmliche Lumpen, die bereit sind, die Wahrheit für ihr Leben zu verkaufen". Er, der arme Richter, müsse nun die Todesurteile fällen: „Wenn der Prozess funktioniert: Leninorden. Wenn er schiefgeht: Kopf ab."[29]

Alle Menschen um ihn hält er für dumm. Wie kann man nur einen Prozess so unprofessionell durchführen, denkt er die ganze Zeit. Er nimmt an den Beratungen teil, was man tun sollte, um primitive Fehler aus der Welt zu schaffen, etwa der, dass der „Angeklagte Golzman [...] Trotzkis Sohn im Bristol in Kopenhagen"[30] getroffen haben soll, obwohl es ein solches Hotel dort nicht gibt. Wyschinski und seine Mitgenossen überlegen nun, was tun. Stalin soll entscheiden. Alles klinge „so jämmerlich, dass Wassili Wassilijewitsch übel wird"[31].

Der Autor bzw. Erzähler lässt ihn jedoch eine „Erleuchtung" erleben, die Ulrich „verblüfft", denn er habe „noch nie im Leben eine Erleuchtung" gehabt. Sie lautet: „Die Menschen glauben, was sie glauben wollen"[32]. Und er kommt zu dem Schluss, er selber glaube, „dass er nichts glaubt":

> Mit diesem wunderbaren Gedanken betritt Wassili Wassilijewitsch das Gewerkschaftshaus. Er, der von allen unterschätzte Wassili Wassilijewitsch Ulrich, der Mittelmäßige, der Langsame, der Gründliche – er ist der Einzige in diesem Saal, der nicht glaubt. Nennen wir es Ulrichismus. Ich bin Ulrichist, denkt Wassili Wassilijewitsch Ulrich.[33]

Weder in den Texten des Autors noch in den Rezensionen finden sich signifikante Informationen über diesen Richter. Bereits im Internet findet man über ihn einiges, vor allem, dass er in allen wichtigen Prozessen von Beginn der 1930er Jahre bis 1945 der leitende Richter war.

Der Autor, des Russischen mächtig, hat sich nicht bemüht, in das Buch «Палачи. Они выполняли заказы Сталина» (Die Henker. Sie haben Stalins Order ausgeführt) von Nikita Petrow hineinzuschauen. Dort ist ein Kapitel Ulrich gewidmet. In polnischer Übersetzung trägt das Buch den Titel *Psy Stalina* (Stalins Hunde). Nikita Pietrow, stellvertretender Vorsitzender von Memorial, führt ein Schreiben von Beria über Ulrich an Stalin

27 Ebd. S. 30.
28 Ebd. S. 158.
29 Ebd. S. 38.
30 Ebd. S. 156.
31 Ebd. S. 155.
32 Ebd. S. 169.
33 Ebd. S. 170.

an. Es trägt das Datum 19. Januar 1939. Dieser teilt dem Kremlherrn mit, dass sich Ulrichs Geliebte Galina Aleksandrowna Litkins, Informatorin des NKWD, über die Redseligkeit Ulrichs ihr gegenüber beklagt habe. Dieser erzähle ihr Dinge, die absolut geheim bleiben müssten. So habe er berichtet, was sich nach dem Prozess gegen Tuchatschewski, Bersin,[34] Bucharin, Reinhold und andere getan habe. Als Tuchatschewski erschossen werden sollte, habe dieser gesagt: „Nun schießt schon, aber nicht ins Genick, sondern in die Schläfe“[35]. Als letzter sei Reinhold erschossen worden. Als dieser den Leichenhaufen im Erschießungsraum sah, habe er aufgeschrien und sich gewehrt, so dass er auf der Stelle erschossen worden sei. Über die Exekution von Bersin habe Litkens folgendes mitgeteilt:

> Eines Tages kam Ulrich im blutbefleckten Mantel zu mir. Ich fragte ihn, wessen Blut das sei. Er antwortete: ‚Starik! Starik!‘ So nannte man ihn, den Chef der IV. Abteilung des Volkskommissariats für Verteidigung. Ulrich sagte, Bersins letzte Worte seien gewesen: ‚Soviel Böses habe ich angerichtet. Ich verdiene kein Mitleid. Möge eine ehrliche Hand mich töten‘. Und Ulrich erschoss ihn eigenhändig. Er erklärte, dass er ihn mit einem Schuss getötet hat.[36]

Der Bericht Berias endet mit den Worten, man könne Litkens glauben, denn sie habe auch zu erkennen gegeben, dass ihre Beziehung zu Ulrich oft recht gespannt sei. Wenn es zum Streit komme, nenne er sie eine „Spionin, eine internationale Prostituierte“.[37] Ihre Beziehung daure aber weiterhin an.

Stalin hat von diesem Bericht keinen Gebrauch gemacht, soll allerdings seitdem Ulrich nicht mehr persönlich empfangen haben.[38] Er brauchte ihn, da auf ihn absolut Verlass war. Es ist immerhin bemerkenswert, dass Stalin bei dem ersten großen Schauprozess noch vor dessen Ende auf die Krim in Urlaub gefahren war.[39] Er wusste, dass nichts schief gehen wird.[40]

Das ist bolschewistische Wirklichkeit: sogar der Oberste Richter nimmt an den Erschießungsaktionen teil, und dies, wie man sieht, mit Lust.

---

34 Es handelt sich um Jan Karlowitsch Bersin.

35 N. Pietrow, *Psy Stalina*, Demart, Warszawa 2011, S. 299. Im Roman überlegt Ulrich, ob man Budjonny verhaften lassen könne. Er kommt zu dem Schluss, es sei möglich: „Schließlich konnte man auch Tuchatschewski verhaften. Das hätte keiner gedacht. Gestern der Held der Nation, heute Verräter. Es geht alles. Und die Leute glauben es. Das ist – Ulrichismus.“ (S. 358).

36 N. Pietrow, *Psy Stalina*, S. 299 f.

37 Ebd., S. 300.

38 Ebd., S. 301.

39 V. S. Rogowin, *1937. Jahr des Terrors*, Arbeiterpresse Verlag, Essen 1998, S. 42.

40 Ulrich wurde auch im Juni 1945 die Leitung des Prozesses gegen die Sechzehn, d.h. gegen führende polnische Politiker, die mit der Londoner Exilregierung in Verbindung standen, anvertraut. In der Folge muss er zu großes Selbstvertrauen an den Tag gelegt haben. Sowohl seine Frau, eine geborene Kassel, als auch die genannte Litkins hatten freien Zuritt zu ihm und sollen um Gnade für Bekannte gebeten haben, abgesehen von seiner Redefreudigkeit, wenn er betrunken war. Ende 1948 wurde er von seinem Richterposten abgesetzt oder besser an die Militärrechtsakademie versetzt, die er bis zu seinem Tod im Mai 1951 leitete.

Literatur muss sich schließlich nicht an die Wirklichkeit halten, ließe sich einwerfen. Sie muss und darf es auch nicht, wenn sie, mit Dilthey gesagt, ein Phantasieprodukt bleiben will.

Im Fall des Richters Ulrich (1889–1951) liegt alles weit zurück, aber auch die Aktivitäten des Präsidenten des Volksgerichtshofes, Roland Freisler (1893–1945), der über zweiundhalbtausend Todesurteile gefällt hat, liegen ähnlich weit zurück, trotzdem sagt niemand über ihn, dass er, wenn er nicht diese Urteile ausgesprochen hätte, als ein armer Kerl bewertet werden müsse. Hitler soll über ihn in Verbindung mit dem Prozess gegen die Staufenberger-Attentäter gesagt haben: „Aber der Freisler wird das schon machen. Das ist unser Wyschinski".[41] Freisler, war ein Bewunderer des russischen Chefanklägers (und wahrscheinlich auch Ulrichs). 1915 geriet er in russische Kriegsgefangenschaft, 1918 trat er der bolschewistischen Partei bei, blieb es bis zu seiner Rückkehr 1920 nach Deutschland. Im Dritten Reich wurde er der „braune Wyschinskij" genannt.[42] Auch ein deutschsowjetisches Kapitel, an dem sich die Teilnehmer des „Historikerstreits" so abarbeiteten.[43]

Solschenizyn habe einmal erklärt, wie Herling-Grudziński, Verfasser der Gulag-Erinnerung *Welt ohne Erbarmen*[44] am 20. März 1973 in seinem *Tagebuch* notiert, dass in der Bundesrepublik fast 8600 Naziverbrecher gerichtlich verurteilt worden seien. Und alle fänden, es sei zu wenig. In Russland käme man dagegen auf etwa zehn Personen. Wenn man die 8600 Naziverbrecher in östliche Verhältnisse übersetzen würde, müsste man mit einem Viertel Millionen eigener Verbrecher rechnen. Wir, schreibt Solschenizyn – wie Herling-Grudziński berichtet –, haben nach ihnen nicht gefahndet, sie nicht vor Gericht gebracht; wir fürchten uns, an ihren Wunden zu rühren. Für mich, führt Solschenizyn weiter aus, ist es ein Rätsel, warum die Deutschen das Privileg erhalten haben, ihre Verbrecher zu bestrafen, und wir Russen nicht. Nach Herling-Grudziński hat es einen politischen Grund, dass nur Naziverbrecher verfolgt und verurteilt werden, denn die Sieger haben das Wort. Doch das sei nicht der einzige Grund, denn wenn es, erklärt Herling-Grudziński,

> so etwas wie ein „Weltgewissen" gibt, muss es krank sein. Dreißig Jahre nach dem Krieg sind die Deutschen, die einzigen Schuldigen unserer Geschichte, ständig ein Pflaster für das kranke „Weltgewissen". Sie werden noch lange nicht aufhören, es zu sein, denn es bestehen wenig Aussichten, dass das „Weltgewissen" zu einer relativen Gesundheit zurückkehrt.[45]

---

41 Siehe Jan Kershaw, *Hitler. 1936–1945. Nemesis,* DVA, Stuttgart 2000, S. 901; der sich auf Goebbels' Eintrag vom 23.07.1944 in dessen Tagebuch beruft.

42 R. Wistrich, *Wer war wer im Dritten Reich*, Harnack, München 1983, S. 75.

43 Siehe hierzu: *Historikerstreit: Die Dokumentation der Kontroverse um die Einzigartigkeit der nationalsozialistischen Judenvernichtung*, hrsg. v. Rudolph Augstein, Karl-Dietrich Bracher, Martin Broszat, München 1987.

44 So der Titel der deutschen Übersetzung von *Inny świat. Zapiski sowieckie* (Eine andere Welt. Sowjetische Aufzeichnungen). Dieser erste ausführliche Bericht über die Gulagwelt erschien 1949–1950 erstmals auf Englisch, 1953 im Original auf Polnisch in London. Im Jahr 2000 brachte der Hanser-Verlag eine von Nina Kozlowski vollständig revidierte Übersetzung aus dem Polnischen heraus.

45 G. Herling-Grudziński, *Dziennik pisany nocą (1973–1979).* Paris: Instytut Literacki 1980, S.74. (ins Deutsche übertr. von K.S.).

Auch in den *Zeiten des abnehmenden Lichts* haben wir es mit einer deutsch-sowjetischen Geschichte zu tun. Nicht nur des Erzählers Großmutter Charlotte und Stiefgroßvater Wilhelm, die hier den Namen Powileit tragen, sondern auch dessen Vater (Kurt) und Mutter (Irena), haben einen Teil ihres Lebens in der UdSSR verbracht, bevor sie in die DDR gelangten. Und sie alle werden von Alexander, einem Alter-Ego des Autors, als geschädigt dargestellt. Die Großeltern sind als glühende Kommunisten in die DDR zurückgekehrt und blieben es, wodurch sie am Ende, in der Gorbatschow-Zeit, die Welt nicht mehr verstanden. Der Erzähler lässt Wilhelm, den Dogmatischsten von allen, zu seinem Neunzigsten im Wendejahr nur noch „Tschow" lallen und ihn „fürsorglich", wie Steffen Richter in seiner Rezension im *Tagesspiegel* bemerkt,[46] vor dem Mauerfall sterben. Fürsorglich bedeutet, ein gewisses Verständnis für die Sowjettreue der Familie trotz schlimmer Erfahrungen aufzubringen, oder anders gesagt, nicht tiefer zu bohren.

Alexander verlässt Ende der 1980er Jahre die DDR. Erst nach dem Zerfall der Sowjetunion, am Weihnachtstag 1991 kommt es zu einer Auseinandersetzung mit dem Vater, dem Historiker, der fünfzehn Jahre im Gulag bzw. in gulagähnlichen Lagern verbrachte und so gut wie nichts davon erzählt hatte:

> Du hast vierzig Jahre lang geschwiegen, schrie Sascha. Vierzig Jahre lang hast es nicht gewagt, über deine großartigen sowjetischen Erfahrungen zu berichten.[47]

Er mache es schon, erwidert der Vater, aber der Sohn findet, jetzt interessiere es niemanden mehr.

Die Wirklichkeit gab der Erzählfigur Recht. Der Vater des Autors, Wolfgang Ruge, hatte tatsächlich versucht, seine Sowjeterfahrungen detailliert in Erinnerung zu rufen. Er begann damit bereits in den 1980er Jahren, insbesondere nach seiner Pensionierung, und setzte es schließlich 1998/99 fort. Der Sohn redigierte die Aufzeichnungen und gab sie 2012 unter dem Titel *Gelobtes Land: Meine Jahre in Stalins Sowjetunion* heraus, aber Beachtung fanden sie nur dadurch, dass ein Jahr zuvor der Roman *In Zeiten des abnehmenden Lichts* Bestseller geworden war.

Die Erinnerungen lesen sich wie eine Darstellung der Überlebensstrategien, als wolle der Autor zeigen, wie es ihm gelungen ist, sich selbst in der schlimmsten Situation irgendwie zu retten. An einer Stelle bekennt er:

> Das mich unsichtbar begleitende andere Ich hatte den Überlebenswillen offenbar bis zum Letzten herausgefordert und in mir schlummernde Fähigkeiten mobilisiert, mit deren Hilfe ich jeden Schritt, jede kleinste Handlung auf das einzige Ziel ausrichtete: überleben. Und natürlich hat der Zufall immer eine entscheidende Rolle gespielt.[48]

---

46 Erschienen am 27.08.2011 unter dem Titel: *Aus den Tiefen des Realsozialismus: Eugen Ruges Familienroman »In Zeiten abnehmenden Lichts«*.

47 E. Ruge, *In Zeiten abnehmenden Lichts*, Rowohlt, Reinbek bei Hamburg 2011, S. 367.

48 W. Ruge, *Gelobtes Land: Meine Jahre in Stalins Sowjetunion*, hrsg. von Eugen Ruge, Rowohlt, Reinbek bei Hamburg 2012, S. 208.

Diese Haltung lässt auch verstehen, dass sich der Autor nach seiner Rückkehr nach Deutschland, in den östlichen Teil, so gut einordnen konnte.

Er stieg sogar zu einem führenden DDR-Historiker auf. Vieles verdankt er sicherlich dem, dass er sofort alle erlittene Unbill zu vergessen suchte und sich dem Thema deutsch-sowjetische Freundschaft und deren Beginn nach dem Rapallo-Vertrag von 1922 zuwandte, indem er als Dissertationsthema *Die Stellungnahme der Sowjetunion gegen die Besetzung des Ruhrgebietes. Zur Geschichte der deutsch-sowjetischen Beziehungen von Januar–September 1923* wählte. Er setzt mit dem Hinweis ein, dass die Sowjetunion „als einziger Staat der Erde" gegen die französische Gewaltpolitik, d.h. gegen die Besetzung von Teilen des Ruhrgebiets durch französische und belgische Truppen im Januar 1923 protestiert habe.[49] Moskau habe verhindern wollen, dass das deutsche Volk in völlige Abhängigkeit vom internationalen Kapital gerät, schließlich seien die deutschen Monopolkapitalisten daran interessiert gewesen, mit dem amerikanischen und englischen Kapital ein antifranzösisches Bündnis einzugehen. Aber vor allem sei es der Sowjetunion darum gegangen, „dem deutschen Volk in seinem nationalen Notstand zu Hilfe zu kommen".[50] Dazu trugen die seit dem Abschluss des Rapallo-Vertrags sich entfaltenden Wirtschaftsbeziehungen bei, die Ruge recht detailliert darlegt. Kritische Stimmen werden von ihm stets als Versuche, dem Sowjetreich zu schaden, zurückgewiesen. Wahrscheinlich hielt man es ihm zugute, dass er sie überhaupt erwähnte.

In der Folge entschied sich Ruge zur Erforschung und vor allem Darstellung der Geschichte der Weimarer Republik. Es beginnt mit seiner Habilitationsschrift *Deutschland von 1917 bis 1933 (von der Großen Sozialistischen Oktoberrevolution bis zum Ende der Weimarer Republik)*[51], zwei Jahre später erscheint *Weimar auf Zeit* und schließlich 1983 *Das Ende von Weimar. Monopolkapital und Hitler*, das 1989 eine Neuauflage im Dietz-Verlag erlebt.

In all seinen in der DDR erschienenen Schriften wird man kaum Abweichungen von dem herrschenden sich marxistisch nennenden Diskurs finden. Bemerkenswert für unseren Zusammenhang ist, dass selbst in dem 1989 erschienenen Buch der Name Stalin kein einziges Mal fällt. Es ist so, als wäre die deutsche Geschichte ohne Einfluss von außen, insbesondere von Moskau, verlaufen. Das ist bemerkenswert, denn unter den Altkommunisten, d.h. Mitgliedern der SED, die vor 1933 der KPD angehörten, wurde immer wieder darüber gesprochen, warum die Komintern bzw. Stalin ihnen nicht erlaubt habe, loszuschlagen. Waffen hätte es gegeben. Ein anderes Problem war, warum man zur Illegalität nicht vorbereitet war. Zu einer Verhaftung von Ernst Thälmann, dem Parteiführer der KPD, kurz vor den Wahlen hätte es schließlich nicht kommen dürfen. Diese Fragen durften in der DDR nicht offen, will heißen nicht im Druck, ausgesprochen werden, aber

49 W. Ruge, *Die Stellungnahme der Sowjetunion gegen die Besetzung des Ruhrgebietes. Zur Geschichte der deutsch-sowjetischen Beziehungen von Januar–September 1923*, De Gruyter, Berlin 1962, S. VI.

50 Ebd., S. 131. Vgl. dazu: J. Zarusky, *Die deutschen Sozialdemokraten und das sowjetische Modell: ideologische Auseinandersetzung und außenpolitische Konzeptionen 1917–1933*, Oldenbourg, Wissenschaftsverlag München 1992; insbesondere das Kapitel: *Die SPD und Sowjetunion im Krisenjahr 1923* mit den Unterkapiteln: *Ruhrbesetzung: ‚Kann Rußland uns retten?'; Die Gründung der Sozialistischen Arbeiter-Internationale und ihre Stellungnahme zur Sowjetunion; Die ‚Schlageterlinie' als Manöver des russischen Imperialismus. Kein ‚Oktober' in Deutschland*. Der Autor zitiert im übrigen öfters Ruges Dissertation.

51 Sie erschien 1967 unter diesem Titel im Ostberliner Deutschen Verlag der Wissenschaften.

niemand zwang die Historiker, so eindeutig den Machtantritt der NSDAP als das Werk des Finanzkapitals zu interpretieren, wie es Ruge tat. [52]

Man kann dem entgegenhalten, dass Ruge in seiner Dankesrede für die Verleihung des Ehrendoktors durch die Universität Jena gewisse Zweifel an den bisherigen Forschungen zur Weimarer Republik, einschließlich den seinigen, geäußert hatte. Sehr bewusst betitelte er seine Dankesrede mit „Nachdenken über Weimar“:

> Magnifizenz! Spectabilis!
> Liebe Genossen und Freunde!
> Ich habe mehrere Leben gelebt. Bin in verschiedenen Ländern – auch fern von Europa – unterschiedlichen Berufen nachgegangen. Immer sehr gegenwartsbewußt. Dem Jetzt verbunden auch seit ich mich (nun schon 30 Jahre) mit Vergangenem beschäftige: vorwiegend mit den anderthalb Jahrzehnten deutscher Geschichte nach dem ersten Weltkrieg. Mein Hineinhorchen in die Weimarer Republik war stets auch Ergründung der Gegenwartsprobleme.[53]

Mit außerhalb Europas meinte er seinen Aufenthalt in Soswa, einer Ortschaft, die sich im Oblast Swerdlowsk, d. h. im asiatischen Teil Russlands befindet. Er setzte seine Rede mit den Worten fort:

> An sich ist das nichts Besonderes. Das Gestern wird immer um das Heute willen befragt, um des Moments willen also, aus dem sich das Morgen formt. Und doch: Weimar ist lebendiger als andere Geschichtsperioden. Nicht zuletzt weil vieles vom Damaligen jenseits unserer Westgrenze fortbesteht.
> In Klammern: vor einiger Zeit hab‘ ich an einem Fernsehfilm über den aufkommenden Faschismus mitgearbeitet und mir dabei Ufa-Wochenschauen der beginnenden 30er Jahre angesehen. Danach abends die „Tagesschau“. Wie sich die Bilder glichen! Eine Rede Papens – man hätte denken können, es spricht Kohl: Forsches Bekenntnis zum Abendland, Krokodilstränen über die Arbeitslosigkeit Wort für Wort dieselben Argumente gegen Beschäftigungsprogramme …[54]

Weiter heißt es:

> Vor 20 Jahren formulierte ich: „Weimar – Republik auf Zeit“. Falsch war das sicher nicht (und nicht nur deshalb, weil auch Zwischenerkenntnisse ihren Wert haben). Doch frage ich mich heute, ob diese Kennzeichnung den Hauptinhalt jener Periode mit maximaler Plastizität erfaßt. War das am damaligen Horizont lauernde Fias-

52 Dies steht selbst im Titel einer seiner Schriften: *Das Ende von Weimar. Monopolkapital und Hitler.* Berlin 1983, in der BRD unter dem Titel *Hitler. Weimarer Republik und Machtergreifung.* Köln 1983, erschienen.

53 W. Ruge, *Ehrenpromotion*, S. 11.

54 Ebd.

> ko der Republik ihr wichtigstes Charakteristikum? Man kann mir entgegenhalten, die Gebrechen Weimars seien von marxistischen Forschern längst gültig analysiert. Zweifellos. Beispielsweise besteht nicht der geringste Grund, Abstriche an der Kritik Karl Polaks am Weimarer Modell des bürgerlichen Parlamentarismus vorzunehmen. Zu bedenken ist aber, daß es Polak, der vor der Wiederholung alter Fehler warnte, um das damals erst konzipierte Fundament der künftigen Deutschen Demokratischen Republik ging. Heute ist dieses Fundament fest in deutschen Boden eingefügt; stabil erhebt sich auf ihm unser sozialistischer Staat. Von dessen Türmen künden wir: „Nichts ist wichtiger als die Sicherung des Friedens"; von hier aus sind wir gehalten, auch die Vergangenheit zu sehen.[55]

Es ist verwunderlich, dass sich Ruge ausgerechnet auf Karl Polak (1905–1963), einst die rechte Hand Ulbrichts in juristischen Fragen, beruft. Mit dem „konzipierten Fundament der künftigen DDR" spielt Ruge auf dessen maßgebliche Beteiligung an der Ausarbeitung der DDR-Verfassung an.[56]

Ein besonders interessantes Problem stellte für Ruge „die Rolle der Persönlichkeit und der Volksmassen in der Geschichte" dar. Charakteristischerweise endet er mit Gorbatschow:

> ein Problem, mit dem sich marxistische Theoretiker seit Georgi Plechanow, also seit einem Jahrhundert, nicht mehr umfassend beschäftigt haben. Kaum glaublich! Bei diesem Wirbel von Personen und Massen! War das doch ein Jahrhundert, in dem nicht nur mehr Menschen gelebt haben als in Jahrtausenden zuvor; vor allem ein Jahrhundert des oftmals auflodernden Massenheldentums, aber auch des Massenversagens (man denke nur an die deutschen Wahlergebnisse der beginnenden dreißiger Jahre) der Massenverfolgungen und des Massenwiderstandes. Zugleich ein Jahrhundert der Persönlichkeiten. Ein Lenin gab ihm das Gepräge. Nicht wegzudenken aus ihm sind aber auch Gestalten wie Stalin, Einstein, Hitler – um nur einige zu nennen, an die man eigentlich nicht im gleichen Atemzug erinnern dürfte. (Das Persönlichkeitsphänomen läßt sich auch bei säkularen Verbrechern nicht fortwischen die – in meinem Hindenburg-Buch und in meiner Teilbiographie des Naziführers nachzulesen – nur von anderen aufgerichtete schäbige Einsen sind und ihre historische Wirkung allein den hinter sie gebrachten Nullen verdanken). Und schließlich handelt es sich bei unsrem Jahrhundert um eins, in dessen Endphase ein Mann – Michael Gorbatschow – hervortritt, der als Repräsentant der neuen Gesellschaftsordnung unverkennbar aber auch als Einzelpersönlichkeit gewaltigen

55 W. Ruge, *Ehrenpromotion*, S. 12.

56 1987 war der Band *Karl Polaks Beitrag zur Herausbildung einer marxistisch-leninistischen Staats- und Rechtswissenschaft in der DDR. Mit Beiträgen von Uwe-Jens Heuer, Karl-Heinz Schöneburg, Karl-Heinz Röder und Karl A. Mollnau* im Ostberliner Akademieverlag erschienen. Zu Karl Polak vgl.: M. Howe, *Karl Polak. Parteijurist unter Ulbricht,* Vittorio Klostermann Verlag, Frankfurt am Main 2002.

> und hoffentlich entscheidenden (nämlich menschheitsbewahrenden) Einfluß auf die Geschicke der Welt zu nehmen beginnt.[57]

Nach der Wende versuchte Wolfgang Ruge seine bisherigen Ansichten öffentlich zu revidieren. Bereits 1991 trat er mit dem schmalen Band *Stalinismus. Eine Sackgasse im Labyrinth der Geschichte* hervor. Plötzlich werden die vor kurzem noch Heiligen, Marx, Engels und Lenin über Bord geworfen. Das zweite Kapitel *Überkommen aus dem vorigen Jahrhundert* endet mit dem Absatz:

> Hatte sich die mittelalterlich päpstliche Unduldsamkeit des Bannstrahls bedient, so lebte die neue Intoleranz von Hohn und Verunglimpfung. In rüder Weise wurde der Anspruch auf Unfehlbarkeit dabei vor allem gegen Opponenten aus dem eigenen Lager verteidigt, Marx beispielsweise belegte namentlich ehemalige Junghegelianer, aus deren Kreis er selbst hervorgegangen war, mit allen nur denkbaren zoologischen und obszönen Termini und scheute etwa bei der Abkanzelung Lasalles auch keine wüsten antisemitischen Auslassungen. Lenin verwendete zwar keine unanständige Flüche, sparte aber z.B. in den Auseinandersetzungen mit den Marxisten Alexander Bogdanov und Anatoli Lunatscharski nicht mit den übelsten Kraftausdrücken und brandmarkte einen Mann wie Karl Kautsky sogar mit dem gemeinsten (unübersetzbaren) russischen Schimpfwort „Swolotsch“, angesichts dieser Praxis ist es so erstaunlich nicht, daß die auf Erbrechte pochenden Wahrheitshüter der nächsten politischen Generation, sobald sie über die Macht dazu verfügten, nun auch zum Bannstrahl und zu Methoden griffen, die in nichts hinter den mittelalterlichen Hexenjagden zurückstanden. Es entbehrt nicht einmal der Logik, wenn sich dabei ein Mann zum Vorreiter machte, der in seiner Jugend als angehender Theologe mit den biblischen Sentenzen von der gnadenlosen Verfolgung Ungläubiger, von der Vertreibung der Götzendiener, Pharisäer und Schriftgelehrten vom Gottesgericht und von Reue und Buse gefüttert worden war.[58]

Man wundert sich, wie ein führender Geschichtswissenschaftler der DDR innerhalb von kurzer Zeit – von drei Jahren – die einst gültigen Autoritäten bloß – unreflektiert – dastehen lässt. Das kann man sich nur damit erklären, dass er gegen von Studierten und Nicht-Studierten geäußerten Vorbehalte ab einer gewissen Zeit nicht taub war, wobei er allerdings, soweit ich das übersehe, sich nie vorwarf, an der Verfestigung des herrschenden durch und durch ideologischen Diskurses selbst mitgewirkt zu haben. Über seine Tätigkeit am Historischen Institut der Akademie der Wissenschaften schwieg er, was manche Rezensenten mit Bedauern vermerken.[59] Und er forderte seine Innung auch nicht

---

57 W. Ruge, *Ehrenpromotion*, S. 14.

58 W. Ruge, *Stalinismus. Eine Sackgasse im Labyrinth der Geschichte*, Deutscher Verlag der Wissenschaften, Berlin 1991, S. 26 f. Сволочь kann man mit Luder, Gesindel, Schweinehund bzw. Abschaum übersetzen.

59 So schreibt Peter Stachel in seiner Rezension des *Gelobten Lands*: „Dramaturgisch wie lebensge-

auf, die sowjetisch-deutschen Beziehungen neu zu überdenken, etwa im Sinn der bereits zitierten Arbeit von Jürgen Zarusky. Selber hatte er weder Zeit noch Kraft, seine historischen Abrisse der Zeit der Weimarer Republik zu überarbeiten, den „sowjetischen Faktor" einzubeziehen. [60] Er fühlte sich einerseits verpflichtet, seinen etwa zwanzigjährigen Überlebenskampf zu schildern und sich von den Übervätern, insbesondere von Lenin zu befreien. Dass sein Befreiungsschlag öffentlich werden könnte, hatte er sich allerdings nicht vorzustellen vermocht. Bekanntlich hat sein Sohn, Eugen Ruge, dafür gesorgt, dass die Lenin-Vorlesungen, die sein Vater Jutta Petersdorf überlassen hatte, als Buch unter Mithilfe von Wladislaw Hedeler erscheinen konnten.

Das Symposium fand unter dem Titel „Geschichte in Geschichten" statt. Das von mir Ausgeführte ist ein Beitrag zu dem Themenbereich „Sowjetisch/russisch-deutsche Geschichte in Geschichten", wobei es sich hier um zwei unterschiedliche Formen von Geschichten handelt. Im ersten Teil geht es um zwei Romane, um erzählte Geschichten, im zweiten um die Geschichte einer Person, die als Deutscher sowjetische Geschichte am eigenen Leib erlebte und sie am Ende ihres Lebens, nach der Emeritierung, zu verarbeiten suchte. Es gibt eine ganze Reihe von Erlebnisberichten deutscher Kommunisten über die Sowjetunion, vor allem solcher, die zu „Renegaten" wurden,[61] aber wenige derjenigen, die in die DDR gingen (gehen durften, gegangen wurden) und schließlich ein Bedürfnis spürten, ihre Erlebnisse zu Papier zu bringen. Insofern haben wir es hier mit einem besonderen Fall zu tun, der auf einen Vergleich mit anderem Erzählten harrt.

Literatur

Augstein Rudolph, Bracher Karl-Dietrich, Broszat Martin (Hrsg.), *Historikerstreit: Die Dokumentation der Kontroverse um die Einzigartigkeit der nationalsozialistischen Judenvernichtung*, Piper Verlag, München 1987.

H-Soz-Kult, 20.04.2004, <www.hsozkult.de/index.php/publicationreview/id/reb-5232> [Zugriff am 06.12.2024].

---

schichtlich ist es nachvollziehbar, dass Ruge seine Schilderung mit der Ankunft in Berlin beschließt. Aus der Sicht einer auch „intellektuellen Biografie" des Wissenschaftlers Ruge bricht die Erzählung aber allzu unvermittelt ab. Wie und um welchen Preis der Selbstverleugnung sich ein Mensch mit diesen Erfahrungen in die Gesellschaft und das wissenschaftliche Milieu der DDR integrieren konnte, wie etwa auch die späteren wissenschaftlichen Interessen mit der Lebensgeschichte zusammenhängen, dies würde der Leser doch gern erfahren. Hier, am Ende des Buches, erweist sich auch die konsequent eingehaltene Erzählperspektive im Präsens, die für dramatische Unmittelbarkeit sorgt, als Engführung. Mehr oder weniger ausführlich schildert Ruge seine damaligen Gedanken, doch im Hinblick auf seine spätere intellektuelle Verarbeitung der gemachten Erfahrungen belässt er es bei allgemeinen Anmerkungen." In: H-Soz-Kult, 20.04.2004, www.hsozkult.de/index.php/publicationreview/id/reb-5232 (Zugriff am 06.12.2024).

60 Vgl. W. Ruge, *Das Ende von Weimar. Monopolkapital und Hitler. Berlin (Ost) 1983 und Hitler, Weimarer Republik und Machtergreifung*, Dietz, Berlin 1983.

61 Siehe hierzu Rohrwasser, Michael, *Der Stalinismus und die Renegaten. Die Literatur der Exkommunisten*, Stuttgart 1991.

Hahlweg, Werner, „Lenins Reise durch Deutschland im April 1917“, in: Vierteljahreshefte für Zeitgeschichte, 4/1956, S. 308–312.

Herling-Grudziński, Gustaw, *Dziennik pisany nocą (1973–1979),* Instytut Literacki, Paris 1980.

Howe, Marcus, *Karl Polak. Parteijurist unter Ulbricht.* Vittorio Klostermann Verlag, Frankfurt am Main 2002.

https://wp.stimmederddr.de/wp3/?p=2260 [Zugriff am 06.12.2024].

https://www.bundesstiftung-aufarbeitung.de/de/recherche/kataloge-datenbanken/biographische-datenbanken/alexander-lurje-emel [Zugriff am 06.12.2024].

https://www.bundesstiftung-aufarbeitung.de/de/recherche/kataloge-datenbanken/biographische-datenbanken/georg-brueckmann [Zugriff am 06.12.2024].

https://www.bundesstiftung-aufarbeitung.de/de/recherche/kataloge-datenbanken/biographische-datenbanken/hilde-tal [Zugriff am 06.12.2024].

https://www.deutschlandfunk.de/eugen-ruge-metropol-grand-hotel-angst-100.html [Zugriff am 11.02.2023].

https://www.deutschlandfunkkultur.de/eugen-ruge-ueber-seinen-roman-metropol-aus-dem-inneren-des-100.html [Zugriff am 11.02.2023].

Kershaw, Ian, *Hitler 1936–1945: Nemesis,* DVA, Stuttgart 2000.

Petersen, Andreas, *Die Moskauer. Wie das Stalintrauma die DDR prägte*, S. Fischer, Frankfurt am Main 2019.

Pietrow, Nikita, *Psy Stalina*, Demart, Warszawa 2011.

Rogowin, Vadim S., *1937. Jahr des Terrors*, Arbeiterpresse Verlag, Essen 1998.

Rohrwasser, Michael, *Der Stalinismus und die Renegaten. Die Literatur der Exkommunisten*, Metzler Studienausgabe, Stuttgart 1991.

Ruge, Eugen, *In Zeiten abnehmenden Lichts*, Rowohlt, Reinbek bei Hamburg 2011.

Ruge, Eugen, *Metropol*, Rowohlt, Reinbeck bei Hamburg 2019.

Ruge, Wolfgang, *Gelobtes Land: Meine Jahre in Stalins Sowjetunion*, hrsg. von Eugen Ruge, Rowohlt, Reinbek bei Hamburg 2012.

Ruge, Wolfgang, *Das Ende von Weimar. Monopolkapital und Hitler, Berlin (Ost) 1983 und Hitler. Weimarer Republik und Machtergreifung,* Dietz, Berlin 1983.

Ruge, Wolfgang, *Die Stellungnahme der Sowjetunion gegen die Besetzung des Ruhrgebietes. Zur Geschichte der deutsch-sowjetischen Beziehungen von Januar–September 1923,* De Gruyter, Berlin 1962.

Ruge, Wolfgang, *Ehrenpromotion*, Friedrich-Schiller-Universität, Jena 1988.

Ruge, Wolfgang, *Stalinismus. Eine Sackgasse im Labyrinth der Geschichte*, Deutscher Verlag der Wissenschaften, Berlin 1991.

Sauerland, Karol, *Dreißig Silberlinge. Das Phänomen der Denunziation*, Peter Lang, Frankfurt am Main 2012.

Vierteljahreshefte für Zeitgeschichte, 4/1956, S. 308–312.

Wistrich, Robert, *Wer war wer im Dritten Reich*, Harnack, München 1983.

Zarusky, Jürgen, *Die deutschen Sozialdemokraten und das sowjetische Modell: ideologische Auseinandersetzung und außenpolitische Konzeptionen 1917–1933*, Oldenbourg Wissenschaftsverlag, München 1992.

Pandemie erzählen

Konstruktionen literarischer Authentizität in Thea Dorns Roman *Trost. Briefe an Max*

Natalia Fuhry
Pädagogische Hochschule Ludwigsburg

Telling the Pandemic. Constructions of literary authenticity in Thea Dorn's novel *Trost. Briefe an Max*

The following article explores various representations of literary authenticity in the novel *Trost. Briefe an Max*, which tells the story of Johanna, who lost her mother at the beginning of the COVID pandemic. Through continual references to the real-life pandemic and certain narratological techniques, the novel creates a liminal space in which fact and fiction are intertwined.

Keywords: COVID pandemic, authenticity, fictionality, factuality

> Meine Mutter ist tot. Gestorben, weil sie sich in ihrem verdammten Leichtsinn für unsterblich hielt. Gestorben, weil blinde Politiker nicht sehen wollten, welche Gefahr auf uns zukommt. Gestorben, weil Wissenschaftler fröhlich verkündet haben, mit ein bisschen Händewaschen und In-die-Armbeuge-Niesen sei dieses Virus schon auszutricksen. Gestorben, weil unsere Krankenhäuser von einer Seuche heillos überfordert sind.[1]

Vor dem Hintergrund der Covid-19-Pandemie entfaltet sich in Thea Dorns 2021 veröffentlichtem Roman *Trost. Briefe an Max* eine fiktive Geschichte über die knapp 50-jährige Johanna, deren Mutter zu Beginn der Pandemie an Corona gestorben war, ohne dass sich Johanna aufgrund der vorherrschenden Hygienevorschriften im Krankenhaus von ihr hätte verabschieden können. Der Roman beginnt mit einer im Text abgebildeten Postkarte von Johannas Freund und ehemaligem Philosophieprofessor Max, der von der Gesellschaft zurückgezogen auf der griechischen Insel Patmos lebt: „Liebe Freundin! Wie geht es Dir? Dein alter Freund“[2]. Auf diese Frage antwortet Johanna mit einem langen und emotionalen Brief, worauf eine asymmetrische Kommunikation gleichen Musters

1 T. Dorn, *Trost. Briefe an Max*. Penguin Verlag, München 2021, S. 9.
2 Ebd., S. 8.

entsteht, bei der sich Max stets über kurze Postkarten und Johanna in Form von ausführlichen Briefen mitteilt. Durch den Schriftwechsel wird nicht nur die Handlung erzählt, sondern es entfaltet sich simultan eine literarische Auseinandersetzung mit der Covid-19-Pandemie, die diskursiven Charakters ist. Tatsächliche Ereignisse, gesellschaftliche Ängste und Auswirkungen werden mit Johannas fiktiver Geschichte verwoben, wodurch auf unterschiedlichen Ebenen Authentizitätseffekte erzeugt werden. So wird im Folgenden zu zeigen sein, wie der Roman zum einen durch unterschiedliche narratologische Verfahren und zum anderen durch seine spezifische Komposition als Postkarten-Briefroman einen liminalen Raum eröffnet, in dem potenzielle Wechselwirkungen zwischen der erzählten und der realen Welt entstehen.

Die Covid-19-Pandemie

Zum Jahreswechsel 2019/20 löste das Virus SARS-COV-2 die bis dato größte Pandemie des 21. Jahrhunderts aus und veränderte das Leben der Menschen auf drastische Weise[3]. In den sogenannten Lockdowns kam das öffentliche Leben weitestgehend zum Erliegen, und auch im privaten Bereich wurden Begegnungen stark reduziert[4]. Die Kontaktbeschränkungen hatten massive Folgen für die Wirtschaft, die Politik und die Gesellschaft. Auf sozialer Ebene manifestierte sich eine Zunahme an psychischen Krankheiten, die durch Ängste, Einsamkeit und Isolation begünstigt wurden, wie auch eine verstärkte Radikalisierung und Polarisierung der Gesellschaft von teilweise demokratiegefährdendem Ausmaß.[5]. Besonders schwer trafen die Regeln zur Kontaktbeschränkung jene Menschen, die sich ohnehin schon in einer Extremsituation befanden. So war es etwa im ersten Jahr der Pandemie wegen des Besuchsverbots in Krankenhäusern und Pflegeheimen den Angehörigen untersagt, sich von ihren sterbenden Familienangehörigen zu verabschieden. Eine Sterbebegleitung und ein würdiges Abschiednehmen waren vielerorts kaum möglich, was im Nachhinein als unmenschliche Maßnahme bewertet wird.

---

3 Vgl. K. Christ, *Verschwörungstheorie im Videoformat. Multimodale Kommunikationsmuster in deutsch-sprachigen YouTube-Videos zur COVID-19-Pandemie*, De Gruyter, Trier 2023, S. 22.

4 Vgl. B. Kohlrausch, E. Peters, K. Schulze Buschoff, *Was von Corona übrig bleibt – Eine Einführung.* in, *Was von Corona übrig bleibt. Erwerbsarbeit, Sozialstruktur, gesellschaftliche Folgen*, hrsg. B. Kohlrausch, E. Peters, K. Schulze Buschoff, Campus Verlag, Frankfurt 2025, S. 7. Vor allem im Hinblick auf die Umstellung von beruflichen Kommunikationswegen spricht Rother hier von einer „Zoomifizierung". (Rother, Stefan, *Globale Migrationsgovernance von unten in Zeiten von COVID-19 und „Zoomifzierung": Die Zivilgesellschaft in „eingeladenen" und „erschaffenen" Räumen*, in, *Migration und COVID-19. Analysen zum Verhältnis von Migration, Arbeit, Gesundheit und sozialem Schutz*, hrsg. v. Anas Ansar, Sascha Krannich, Uwe Hunger, Springer VS, Wiesbaden, S. 21).

5 Vgl. D. Thränhardt, *Die innovative Einwanderungsgesellschaft in der Coronakrise.* in: *Migration und COVID-19. Analysen zum Verhältnis von Migration, Arbeit, Gesundheit und sozialen Schutz*, hrsg. A. Ansar, S. Krannich, U. Hunger, Springer VS, Wiesbaden, S. 55.

Christiane Brandt schreibt im April 2022 in der Süddeutschen Zeitung:

> Beim Sterben beginnt man einen Weg, den man allein zu Ende gehen muss. Aber so einsam wie in der Pandemie waren die Menschen selten dabei. Zwei Jahre lang konnten sich Sterbende kaum von ihren Liebsten verabschieden, keine Hand halten, keinen Blick schenken, keinen Trost suchen und keine letzten Worte zu jemandem sprechen, für den sie wichtig gewesen wären.[6]

Neben der medizinischen bzw. palliativen Versorgung, um Schmerzen zu lindern und Ängste zu nehmen, ist eine „authentische Nähe“[7] von Angehörigen und Vertrauenspersonen für die Sterbenden essentiell. So erläutert Werner Schweidtmann: „[...] Zuwendung und Fürsorge zu ermöglichen und weiterzugeben, erfahrbar werden zu lassen in der personalen Begegnung, darin liegt letztendlich der Auftrag im Kontakt mit Sterbenden“[8]. Die physische Präsenz ist „dann nicht eine banale Vertröstung, sondern Trost, der leben hilft in der letzten Phase“[9]. Nicht nur für die Sterbenden, sondern auch für die Angehörigen kann die Sterbebegleitung ein wichtiger und kraftgebender Prozess sein, um den Verlust zu verarbeiten. Vor allem in der ersten Zeit der Pandemie wurden Menschen diese existentiellen Erfahrungen jedoch vielfach unwiederbringlich verwehrt, zu denen außer der Geburt auch die Begleitung Sterbender zählt. Dazu kommentierte Thea Dorn in einem Interview im Deutschlandfunk Kultur: „Das ist ein Unrecht von solch archaischer Wucht, das ist eine solche Tragödie. Denn das, was die Vernunft gebietet – Krankenhäuser zu schützen –, beschwört gleichzeitig eine solche Unmenschlichkeit, dass nur noch die Literatur weiterhilft.“[10]

SIE HABEN MICH NICHT ZU IHR GELASSEN!!!!

Das Leid, das durch einen verwehrten Abschied entstehen kann, thematisiert Thea Dorns Postkarten-Briefroman *Trost. Briefe an Max* gleich zu Beginn, indem sich die Hauptfigur Johanna mit einem verzweifelten und zornigen Brief an ihren Freund Max wendet und ihm vom Tod ihrer Mutter berichtet, von der sie sich nicht hat verabschieden können. Durch das Geflecht aus Fiktionalität des Erzählens und Faktualität der Ereignisse werden im Text Authentizitätseffekte erzeugt, die einen Raum für eine literarische Auseinandersetzung mit der Covid-19-Pandemie eröffnen. So wird im Folgenden der Roman im

---

6 Christiane Brandt: *Komm, guter Tod!* https://www.sueddeutsche.de/gesundheit/tod-sterben-pandemie-corona-covid-19-1.5566773 (Zugriff am 15.11.2024).

7 W. Schweidtmann, *Sterben – das Schwierige im Leben. Hilfen und Hinweise für die Begleitung am Lebensende*, Kohlhammer, Stuttgart 2022, S. 48.

8 Ebd.

9 Ebd.

10 Zit. nach: J. Scholl, *Der Schmerz in den Zeiten von Corona. Thea Dorn über ihren Roman „Trost“.* https://www.deutschlandfunkkultur.de/thea-dorn-ueber-ihren-roman-trost-der-schmerz-in-den-zeiten-100.html (Zugriff am 12.12.2024).

Hinblick auf den Topos der Authentizität durch rezeptionsästhetische Betrachtungen genauer untersucht. Der Fokus liegt dabei auf der Erzählstruktur, der inhaltlichen Ebene sowie der bildlichen Dimension[11] des Romans, um die komplexe Kommunikationsstruktur des Textes mit seinen potentiellen Wechselbeziehungen zwischen der erzählten und der realen Welt herauszuarbeiten.

Authentizität im Sinne von „Natürlichkeit, Echtheit, Wahrhaftigkeit, Glaubwürdigkeit"[12] ist spätestens seit dem 18. Jahrhundert „ein geheimer Leitstern des kritischen Diskurses"[13], wobei der Begriff seit dem 21. Jahrhundert Hochkonjunktur hat und einen zentralen, aber auch umstrittenen Gebrauch erfährt[14]. Am Topos des Authentischen messen sich sowohl faktuale als auch originär fiktive Entitäten wie die Literatur, so etwa bei den Genres der Autofiktion oder des historischen Romans. Im Gegensatz zur allgemeinen Authentizität handelt es sich bei der literarischen Authentizität um im Text eingeschriebene Effekte und Wahrnehmungscodes, die eine angebliche „Echtheit" produzieren[15], im Rückkehrschluss jedoch wiederum die künstliche bzw. künstlerische Konstruktion der Texte bestätigen. Mit literarischer Authentizität sind demnach authentische Wirkungsmomente des Textes gemeint, die durch spezifische Erzähl- und Schreibstrategien[16] erzeugt werden und eine narratologische Funktion übernehmen. So arbeiten fiktionale Texte mit Verfahren „wie den Barthes'schen effets de réel, mit der Implementierung von realen Toponymen, Personennamen oder Ereignissen" [17], die die erzählte Welt laut Bunia nach einem „Realitätsprinzip"[18] organisieren. Tiller führt dazu aus: „Die Rezeptionsebene [...] kann sich in der Regel darauf verlassen, dass fiktive Welten realistische Beobachtungen bereitstellen, die sich in der Rezeption auf die reale Welt rückübertragen lassen"[19]. Je deutlicher also in fiktionalen Texten ein Rekurs auf faktuale Ereignisse erfolgt, desto klarer lassen sich Querverbindungen zwischen den beiden Wel-

11 Der Terminus der bildlichen Dimension ist Michael Staigers sechsdimensionalem Modell entnommen, einer Analysestruktur für Bilderbücher. Das Modell bezieht sich also auf Texte, die sich sowohl durch eine visuelle als auch durch eine schriftliche Bedeutungsebene auszeichnen. Vgl. M. Staiger, *Kategorien der Bilderbuchanalyse – ein sechsdimensionales Modell*, in, *Das Bilderbuch: theoretische Grundlagen und analytische Zugänge*, hrsg. B. Dammers, A. Krichel, M. Staiger, Metzler Verlag, Berlin 2022, S. 1–13.

12 J. Schlich, *Literarische Authentizität. Prinzip und Geschichte.* Niemeyer, Tübingen 2002, S. 20.

13 Ebd., S. 1.

14 Vgl. G. Wartemann, *Theater der Erfahrung. Authentizität als Forderung und als Darstellungsform.* Universität Hildesheim, Medien und Theater, Hildesheim 2002, S. 10.

15 Vgl. Schlich, *Literarische Authentizität. Prinzip und Geschichte*, S. 13.

16 Dazu zählen laut Schmidt etwa „Zweischichtigkeit der Erzählkonstruktion, Reflexion auf der Metaebene, Gesprächsangebote an die ‚abstrakte Leserschaft', Intertextualität" (N.J. Schmidt, *Konstruktionen literarischer Authentizität in autobiographischen Erzähltexten. Exemplarische Studien zu Christa Wolf, Ruth Klüger, Benjamin Wilkomirski und Günter Grass*, V&R unipress, Göttingen 2014, S. 269).

17 E. Tiller, *Krise und Erneuerung. Die faktuale Offensive des Fiktionalen*, S. 39. Ausgabe 1/2014. https://www.lettereaperte.net/images/ausgabe-1/pdfs/la1_tiller.pdf (Zugriff am 25.10.2024).

18 R. Bunia, *Faltungen. Fiktion, Erzählen, Medien*, Erich Schmidt, Berlin 2007, S. 155.

19 E. Tiller, *Krise und Erneuerung. Die faktuale Offensive des Fiktionalen*, S. 39.

ten herauslesen und Rückübertragungen feststellen. Die Ebene der „histoire" ist jedoch nur eine Möglichkeit der Literatur, sich nach dem Realitätsprinzip zu organisieren. Auch auf der Ebene des „discours" gibt es eine Vielzahl an Möglichkeiten, Wirkungsmomente des Authentischen zu erzeugen. Im Folgenden werden beide Ebenen im Postkarten-Briefroman *Trost. Briefe an Max* in Bezug auf die thematisierte Covid-19-Pandemie einer genaueren Betrachtung unterzogen.

Authentizitätsmomente auf der Ebene der „histoire"

Der Roman beginnt mit einer Ein-Satz-Postkarte, die der emeritierte Philosophieprofessor Max seiner ehemaligen Studentin schreibt[20], woraufhin Johanna mit einem langen und emotionalen Brief antwortet. Diese Erzählkomposition durchzieht den gesamten Text, der eine asymmetrische Kommunikationsstruktur aufweist. Auf Max' kurze Postkarten von nicht mehr als einem Satz folgen stets Johannas seitenlange, ausführliche Briefe, in denen sie ihre persönliche Lebenssituation schildert. Im ersten Brief geht es um die Corona-Infektion ihrer Mutter, deren einsamer Tod im Krankenhaus sowie die unter strengen Hygienevorschriften stattgefundene Beerdigung:

> Als der Friedhofsaufseher die Urne mit der Asche meiner Mutter auf die offene Grabstelle zutrug, gefolgt von mir und von der ersten Neunerkohorte – ja, es durften tatsächlich nur zehn Trauergäste auf einmal ans Grab, und die nächsten neun außer mir durften erst in den Friedhof hinein, sobald die ersten neun wieder draußen waren [...]. Aus Gründen, die nur die Hygienegötter kennen, durfte keiner Erde ins Grab werfen. Nur Blumen.[21]

Wie an diesem Zitat deutlich wird, beschränkt sich die „histoire" des Romans nicht nur auf die Figuren und ihre Handlungen. Wie ein roter Faden durchzieht den Text die faktuale Ereignisgeschichte der Covid-19-Pandemie in Europa, in dessen Zentrum das Infektionsgeschehen sowie die gesellschaftlichen Auswirkungen in Deutschland stehen. Bezugsrahmen der personalisierten Geschichte der Ich-Erzählerin sind die politischen Entscheidungen auf Basis des Infektionsschutzgesetzes, die sich in der erzählten Welt deutlich auf Johannas Leben auswirken.

So war es Johanna nicht möglich, zu ihrer Mutter nach Norditalien zu reisen, wo sich die Mutter mit dem Virus angesteckt hatte: „Selbstverständlich bin ich nicht nach Florenz geflogen. Ich hätte es auch gar nicht mehr gekonnt. Ein paar Tage später wurde in ganz Europa der Flugverkehr eingestellt. Wurden Grenzen dichtgemacht. Die Museen geschlossen. Die Theater. Die Kinos."[22] Analog zum Ablauf der faktualen Ereignisse in Europa zu Beginn der Covid-19-Pandemie ist eine dementsprechende Zeitlichkeit in den

20 Vgl. T. Dorn, *Trost. Briefe an Max*, S. 8.
21 Ebd., S. 21.
22 Ebd., S. 12.

Text eingeschrieben: Vom drastischen Infektionsgeschehen in Norditalien, dem ersten Lockdown und den später erlassenen Lockerungen, über die Einführung von Corona-Tests bis hin zu unterschiedlichen Hygienevorschriften zum menschlichen Zusammensein. Neben Max' teilweise provozierenden, teilweise tröstenden, aber Johanna auch intellektuell anregenden Postkarten fungieren die faktualen Geschehnisse der Pandemie als Auslöser für Johannas Briefe: „Lieber Max, ich sitze hier und warte auf die Testergebnisse. Jawohl, im Plural. Das heißt: Eigentlich warte ich darauf, dass die verdammten fünf, vierzehn, einundzwanzig Tage rum sind, bis ich mich sinnvollerweise testen lassen kann. Was ist passiert?"[23]

Neben konkreten Ereignissen und Vorgängen in der Covid-19- Pandemie wie etwa den im Zitat erwähnten Testungen, werden im Text auch Bezüge zu gesellschaftlichen Diskursen dieser Zeit hergestellt, beispielsweise zu einer hitzigen Genderdebatte, ausgelöst durch einen Post der Autorin Joanne K. Rowling über Transpersonen im Juni 2020[24] oder zu der zunehmenden Polarisierung der Gesellschaft zwischen Befürwortern und Gegnern der Covid-19-Maßnahmen[25]. Im Text wird diese gesellschaftliche Spaltung aufgegriffen und in der Figur der Johanna zusammengeführt. So inkorporiert sie zunächst beide Extreme und pendelt zwischen den Polaritäten hin und her:

> Lieber Max, hilf mir! Schreib mir! Einen richtigen Brief! Allein komme ich aus der Zwickmühle nicht heraus! Ich will nicht sein wie die Gesundheitsstreber. Und dennoch fehlen mir der Mut, die Gelassenheit und die Freiheit zu sagen: Lieber Tod, ich bin dir nicht böse, dass du mir meine Mutter genommen hast. Wenn du willst, dann nimm auch mich.[26]

Im Verlauf der Handlung wird Johannas Pendelbewegung zwischen Abwehr und Akzeptanz geringer, bis die Pole sukzessive aufgelöst werden und die Ich-Erzählerin Trost findet.

Authentizitätsmomente auf der Ebene des „discours"

Die auf Handlungsebene festzustellenden Wirkungsmomente des Authentischen, die vor allem durch die im Text implementierten Rekurse auf die Ereignisgeschichte der Covid-

23 T. Dorn, *Trost. Briefe an Max*, S. 77.

24 Vgl. S. Thomaser, *J.K. Rowling legt im Streit mit Transrechts-Aktivist:innen nach.* https://www.fr.de/panorama/rowling-harry-potter-opfer-trans-transphob-transrechts-aktivistinnen-schottland-edinburgh-91133893.html. (Zugriff am 19.12.2024). Im Roman berichtet Johanna Max von dieser Debatte: „Du würdest Amok laufen, wenn Du nur zehn Minuten an einer meiner Redaktionskonferenzen teilnehmen müsstest. Heute wurde etwa mit bitterem Ernst die Diskussion geführt, ob es in Ordnung ist, dass Joanne K. Rowling – muss Dir nichts sagen, Jugendbuchautorin, die Frau hat weltweit über 500 Millionen Bücher verkauft – darauf besteht, Frauen als ‚Frauen' zu bezeichnen, anstatt von ‚Personen, die menstruieren' zu sprechen." (T. Dorn, *Trost. Briefe an Max*, S. 112).

25 Vgl. Christ: *Verschwörungstheorie im Videoformat*, S. 21.

26 T. Dorn, *Trost. Briefe an Max*, S. 116.

19-Pandemie entstehen, werden durch narratologische Verfahren auf der Ebene des „discours“ potenziert, wodurch der Status der literarischen Authentizität im Text noch einmal verstärkt wird. Durch die spezifische Textkomposition des Postkarten-Briefromans lassen sich zwei Kommunikationsebenen konstatieren: ein schriftlicher Diskurs in der verbalen Dimension des Textes und ein visueller in der bildlichen Dimension[27].

So finden sich im Roman Abbildungen von Postkarten sowie handschriftliche Passagen, die im Hinblick auf Wirkungsmomente des Authentischen von Relevanz sind. Max schreibt Johanna im Verlauf des Romans sechs Postkarten, wovon alle handschriftlich verfasst sind, wie beispielhaft an der ersten Postkarte (Abb. 1)[28] zu sehen ist.

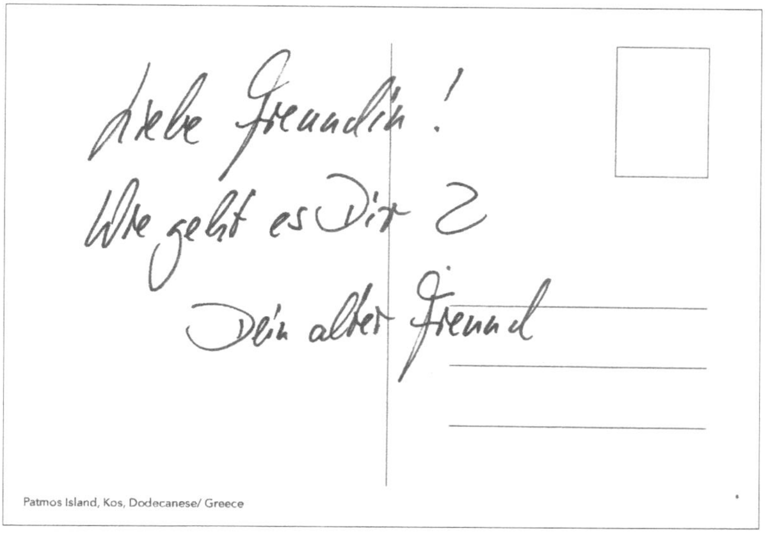

Abb. 1

Auch Johannas Briefe weisen handschriftliche Anteile auf, so das Datum und die Anrede zu Beginn eines jeden Briefes wie auch die Grußformel und abschließende Zeilen am Ende. Diese Schriftbilder haben auf visueller Ebene insofern einen Echtheitseffekt, da sie die Verfasserin und den Verfasser (Johanna und Max) als natürliche Personen mit individuellen Handschriften inszenieren und eine materielle Körperlichkeit der Figuren simulieren.

Entsprechungen einer solchen Lesart finden sich etwa bei Jacques Derrida, der in seiner *Grammatologie* die Bedeutung der Schrift als überzeitliche Spur der Stimme und des Körpers hervorhebt[29]. Der Schrifttext verweist dabei auf die Person und lässt ihre Sprache

27 Vgl. M. Staiger, *Kategorien der Bilderbuchanalyse – ein sechsdimensionales Modell*, S. 11–13.

28 T. Dorn, *Trost. Briefe an Max*, S. 8. Auf der Vorderseite dieser Postkarte ist ein Foto der Insel Patmos abgebildet, worauf auch die Bildinformationen links unten hinweisen.

29 Vgl. J. Derrida, *Grammatologie*, Suhrkamp, Frankfurt am Main 1983, S. 83.

trotz der körperlichen Abwesenheit lebendig werden. Auch noch heute wird der schriftlichen Handzeichnung und ihrer direkten Verbindung zur schreibenden Person Bedeutung beigemessen, etwa bei Rechtgeschäften in Form der Unterschrift. Denn erst durch eine persönliche Namenszeichnung erlangen Dokumente, Verträge oder Testamente ihre Gültigkeit und dienen als Beleg der direkten Willensbekundung der unterzeichnenden Person. Dieser philosophischen Logik und der alltäglichen Bedeutungsebene folgend, erwecken im Roman die Postkarten und Briefe den Eindruck, als Schriftstücke gelesen werden zu können, die von natürlichen Personen mit einer echten Stimme verfasst wurden. Dieses Spiel mit der visuell erzeugten Authentizität kulminiert in der letzten Postkarte (Abb. 2)[30], die als Schlusspointe des Romans diesmal von Johanna an Max geschickt wird.

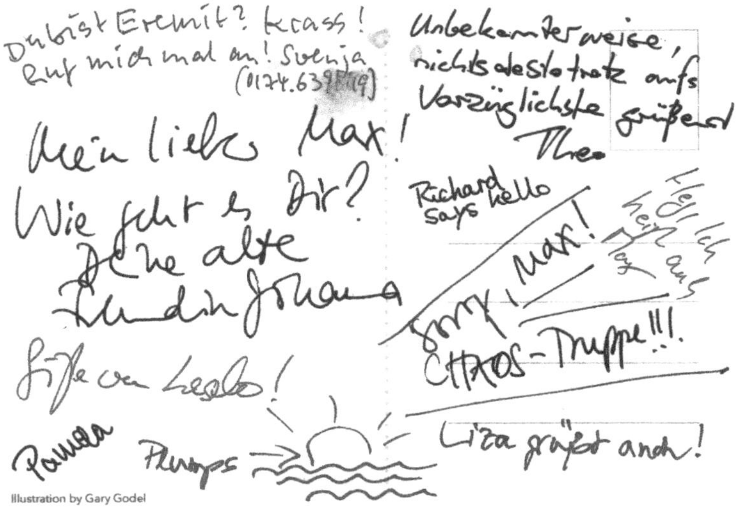

Abb. 2

Hier ist nicht nur Johannas Schrift zu sehen, sondern die von vielen Personen, mit denen Johanna den Sommerurlaub auf der Insel Capri verbringt. Die Zeichenebene dieser Postkarte ist differenziert ausgearbeitet, da die unsystematisch angeordneten Grüße und kurzen Sätze unterschiedliche Handschriften mit verschiedenen Kugelschreiberfarben aufweisen. Zudem sind eine Zeichnung, eine verwischte Telefonnummer und links unten der für Postkarten übliche Bildnachweis für die Vorderseite[31] abgebildet, womit das Gesamtbild der Postkarte den Eindruck von Lebendigkeit und Vielfalt erzeugt, geschrieben von vielen Verfassern.

30 T. Dorn, *Trost. Briefe an Max*, S. 172.

31 Auch die Vorderseite ist im Buch abgebildet. Bei dieser Postkarte handelt es sich um eine Illustration von Gary Godel. Vgl. T. Dorn, *Trost. Briefe an Max*, S. 171.

Im Hinblick auf die Postkarten wird noch auf andere Weise Authentizität im Roman visuell erzeugt. Zwei von Max' Postkarten bzw. „Ansichtskarten"[32] rufen insofern Authentizität hervor, als auf ihnen Fotos abgebildet sind[33]. Fotos haben einen Wahrheitsanspruch, sie geben den Betrachtenden vermeintlich einen direkten Zugang zur abgebildeten Umgebung in Form einer „automatisierte[n] Reflexion der Welt auf ihrer Oberfläche"[34]. Dieser Lesart folgend dokumentieren Ansichtskarten nicht nur das Erscheinungsbild eines Ortes, sondern bezeugen auch die Anwesenheit des Absenders bzw. der Absenderin an diesem Ort. Vor allem bei Max' erster Fotopostkarte wird mit dieser Assoziation gespielt, da hier die griechische Insel Patmos zu sehen ist[35], auf der Max als Emerit zurückgezogen von der Zivilisation lebt.

Auch in der schriftlichen Dimension des Textes wird Authentizität vielfältig inszeniert, hier in erster Linie durch die Erzählhaltung. Aufgrund der asymmetrischen Kommunikation der beiden Figuren wird die „histoire" in Johannas Briefen erzählt, wodurch ihre Perspektive zentral gesetzt ist. Die autodiegetische Erzählsituation eröffnet einen direkten Zugang zu Johannas Gedanken, Emotionen und Erlebnissen, die durch die Präsensform der Briefe eine größtmögliche Unmittelbarkeit erlangen. Im Hinblick auf das historische Material der Covid-19-Pandemie setzt sich eine solche Unmittelbarkeit auch auf der Zeitebene des Textes fort, da Johanna Max parallel zum Erlebten von den Geschehnissen berichtet. Es handelt sich demnach nicht um weit in der Vergangenheit liegende Ereignisse, die etwa durch Erinnerungen oder Traumata getrübt wurden und damit die Glaubwürdigkeit der Figur herabsetzen würden. Jeder Brief ist mit einem Datum versehen, so dass eine zeitliche Korrelation zwischen den Geschehnissen in der erzählten Welt und denen der tatsächlichen Covid-19-Pandemie entsteht. Zudem werden faktuale Ereignisse wie der erste Lockdown mit seinen weitreichenden Einschränkungen oder die spätere Öffnung von Kultureinrichtungen unter verschärften Hygienevorschiften dokumentiert.

Eine Authentizitätssteigerung erlangt der Text in solchen Momenten, in denen auf faktuale Vorschriften und Gesetzestexte eingegangen wird. So zitiert Johanna in einem Brief aus der „Handlungshilfe zum SARS-CoV-2-Arbeitsschutzstandard für die Branche Bühnen und Studios[36], die den Probenbetrieb im Hinblick auf Hygienemaßnahmen regelte: „Auf den Proben- oder Szenenflächen agierende Personen, die bewegungsintensiv [!],

32 „Ansichtskarte" ist die spezifische Bezeichnung für Postkarten, die auf der Rückseite einen Bilddruck oder ein Fotomotiv aufweisen. (Vgl. U. Häger: *Großes Lexikon der Philatelie.* Bertelsmann Lexikon Verlag, Gütersloh 1973, S. 23).

33 Auf der ersten Postkarte des Romans ist die Insel Patmos zu sehen sowie auf einer weiteren die Stoa des Attalos in Athen. (Vgl. T. Dorn, *Trost. Briefe an Max*, S. 7 und S. 117).

34 S. Langmann, D. Pick, *Fotografie als Methode der Sozialforschung.* Springer, Singapore 2023, S. 3.

35 Vgl. T. Dorn, *Trost. Briefe an Max*, S. 7.

36 „Auf den Proben- oder Szenenflächen agierende Personen, die bewegungsintensiv, tanzend, exzessiv sprechend oder singend eine Rolle proben oder darstellen, haben einen Abstand zu anderen Personen von mindestens 6 m einzuhalten". VBG (hrsg.): *Branchenspezifische Handlungshilfe zum SARS-CoV-2-Arbeitsschutzstandard – für die Branche Bühnen und Studios im Bereich: Proben- und Vorstellungsbetrieb* (Stand: September 2020). https://lmr-nds.de/wp-content/uploads/2020/09/branchen spezifische-handlungshilfe-corona-arbeitsschutzstandard.pdf, S. 5. (Zugriff am 12.12.2024).

tanzend [!!], exzessiv sprechend [!!!] oder singend [!!!!] eine Rolle proben oder darstellen, haben einen Abstand zu anderen Personen von mindestens 6 m [???] einzuhalten."[37] Im Roman wird der originale Wortlaut durch die Ausrufungs- und Fragezeichen in eckigen Klammern ergänzt, wodurch schon durch solch ein simples Stilmittel Pandemie-Diskurse aufgegriffen und die Covid-19-Maßnahmen einer literarischen Kommentierung unterzogen werden.

Trotz dieser zitierten Dokumente und einer unmittelbaren, fast tagesaktuellen Berichterstattung über den Verlauf der Pandemie setzt der Text auch deutliche Fiktionssignale. So fehlt etwa hinter dem Datum eines jeden Briefes die Jahresangabe, was den dokumentarischen Wirkungsmoment aushebelt. Auch entpuppt sich Johanna nicht als neutrale Beobachterin, obschon sie von Berufs wegen als Journalistin einer Berliner Zeitung dafür prädestiniert wäre. Doch aufgrund ihrer emotionalen Involviertheit und zeitweiligen psychischen Instabilität zeigt sich ihre Wahrnehmung im Text vielfach als verzerrt. Sie berichtet Max etwa nach der Teilöffnung der Kultureinrichtungen in trunkenem Zustand von einem Kammerkonzert, dem sich eine ausschweifende Feier anschloss: „Abger shön!!! Igentlich shcön!!!! Passzuu Schuuuuuuuuuubert! SCHUU-HU-HU-HUU-HU-HU-HUU-HU-HU-BERT!!!!!!!!! Schön!!!! So shönn!!!!! Ganzse zeit geweint Endlich wieder komzert!!!!!!"[38] Der Text entlarvt Johanna hier typographisch und orthographisch als unzuverlässige Erzählinstanz, die fehlbar und zügellos sein kann. Die Glaubwürdigkeit dieser Figur und ihre Eignung als Chronistin der Pandemie wird demnach deutlich hinterfragt und in selbstreflektierenden Momenten auch auf Textebene verhandelt: „Ich habe gerade versucht, mein Gestammel durchzulesen… Himmel, Himmel, Himmel… Oder besser: Hölle, Hölle, Hölle… Na ja. Wenigstens weiß ich jetzt, dass ich meine Reportage über das ‚Berliner Nachtleben in Zeiten der Lockdown-Lockerungen' in die Tonne trete."[39]

Korrealitätspotential in *Trost. Briefe an Max*

Auch wenn Johanna nicht als durchgehend glaubwürdige Erzählinstanz angelegt ist, wird durch die kontinuierlichen Rekurse auf Ereignisse und gesellschaftlichen Diskurse der Covid-19-Pandemie die „histoire" im Roman fortwährend faktualisiert und zudem zeitlich strukturiert sowie emotionalisiert. Die daraus entstehenden Authentizitätseffekte potenzieren sich durch narratologische Verfahren auf der Ebene des „discours" auf vielfältige Weise. Indem Johanna als fiktive Zeitzeugin Einblicke in ihre Gedanken und die Ereignisse gewährt, entspinnt sich im Roman eine literarisch-philosophische Reflexion über die Covid-19-Pandemie im Sinne des Korrealitätsprinzips[40]. Es eröffnet sich ein li-

37 T. Dorn, *Trost. Briefe an Max*, S. 135–136.

38 T. Dorn, *Trost. Briefe an Max*, S. 78 [Orthografie wie im Original].

39 Ebd., S. 79.

40 Vgl. Bunia, *Faltungen. Fiktion, Erzählen, Medien*, S. 155. Im Gegensatz zu strikten Auffassungen der Fiktionstheorie, dass erzählte Welt und soziale Wirklichkeit gänzlich voneinander zu trennen seien, da sonst Regelverletzungen stattfänden, sind im Sinne des Korrealitätsprinzips auch Über-

minaler Raum[41], in dem Wechselbeziehungen zwischen der erzählten und der realen Welt entstehen. Denn nicht nur organisiert sich die fiktive Welt in *Trost. Briefe an Max* nach dem faktualen Verlauf der Pandemie, andersherum lassen sich im Text auch Handlungshilfen für die reale Welt in Zeiten des globalen Ausnahmezustands herauslesen.

So durchläuft die Figur der Johanna einen Selbstfindungsprozess, der sukzessive einen Ausweg aus der emotionalen Extremsituation der Pandemie weist. Zu Beginn ist Johanna als hilflose, wütende und verzweifelte Figur gezeichnet, die an ihrer Ohnmacht und Trostlosigkeit beinahe zerbricht. Doch durch das Schreiben der Briefe, in denen auch philosophische Lehren wie etwa die der Stoa verhandelt werden, kanalisiert Johanna die starken Emotionen und beginnt ihre zunächst auf das eigene Schicksal fixierte Perspektive zu weiten. Im Laufe des Romans überwindet Johanna ihre Ich-Zentrierung und findet Trost in der Musik, der Literatur, der Natur und in der Gesellschaft von Familie und Freunden. Zentrale Momente stellen zudem die Aussöhnung mit ihrer Mutter dar sowie die Akzeptanz der eigenen Sterblichkeit. Besonders im letzten Brief vollzieht sich eine eingehende Auseinandersetzung mit dem Topos „Tod" im 21. Jahrhundert, seiner Verbannung aus dem Alltag und einer daraus resultierenden Angst und Untröstlichkeit. Dazu konstatiert Johanna:

> Wir führen heute einen feigen Kampf. Und keiner sage, es sei doch bloß ein intelligenter, ein smarter Kampf. Es ist ein Kampf von Untoten. [...] Unsere materiellen Widerstandkräfte gegen's Naturverhängnis haben wir hochgezüchtet, unsere ideellen Widerstandkräfte lassen wir verkümmern. [...] Wir müssen wieder sterben lernen.[42]

Dieser Leitgedanke mündet in eine abschließende Reflexion über den Zusammenhang von Trost und Tod, bei der Johanna schlussfolgert, dass eine Aussöhnung mit der eigenen

---

tragungen von der fiktiven auf die reale Welt möglich. Dazu Tiller: „Selbstverständlich generieren Erzählungen auch narrative Rückkoppelungen im Realraum, leiten soziale Akteure in ihren sozialen Verhaltensweisen an, die in der realen Realität performativ in Wiederholungshandlungen Erzählmuster ausagieren: Beispiele finden sich zuhauf, verwiesen sei deshalb jenseits aller Werther- oder Bovary-Effekte lediglich auf vielzitierte jüngere Exempel, die etwa das Filmrollen zitierende politische Agieren des Filmschauspielers Ronald Reagan als US-Präsident betreffen oder aber das Auftreten sizilianischer wie US-amerikanischer Mafiosi/neapolitanischer Camorristi, das sich gelegentlich auffällig an einschlägigen Filmerzählungen orientiert". (E. Tiller, *Krise und Erneuerung. Die faktuale Offensive des Fiktionalen*, S. 39).

41 Zur Liminalität in Erzählungen mit faktualem Gehalt führt Tiller aus: „In der Erzähltheorie wird vermehrt der liminale Bereich des Hybriden anvisiert, welcher nunmehr nicht mehr die Grenze, sondern den Zwischenraum zwischen Fiktionalität und Faktualität meint, der sich klassischen Gattungsregeln in der Regel entzieht. Obwohl dies schon immer einige seit je periphere literarische Genera betrifft – historische Romane, Autobiographien, Tagebücher, Reiseberichte, kontrafaktische Erzählungen oder religiöse Texte – sowie im selben Maße nur partiell oder nicht-literarische Textsorten wie Briefe, Blogs, Graphic Novels, historiographische Texte, ist just im Spielraum zwischen Fiktionalität und Faktualität ein noch kaum erfasstes Maß an experimenteller Kontamination zu erschließen." (E. Tiller, *Krise und Erneuerung. Die faktuale Offensive des Fiktionalen*, S. 40).

42 T. Dorn, *Trost. Briefe an Max*, S. 166–168.

Sterblichkeit und das Erlangen von Freiheit und innerem Frieden auch in Zeiten großer Ausnahmezustände erst „durch die Kunst des Tröstens und des Sich-Trösten-Lassens“[43] erfolgen könne. „Trost ist die wundersame Fähigkeit, alles, was man ist und was man hat, aus vollem Herzen zu lieben – und es freimütig ziehen zu lassen, wenn es davonziehen will.“[44]

Fazit

Sowohl auf der Ebene des discours als auch auf der Ebene der histoire organisiert sich der Roman *Trost. Briefe an Max* nach dem Realitätsprinzip auf vielfältige Weise, unter anderem durch wiederholte Verweise auf Ereignisse und Vorkommnisse der faktualen Covid-19-Pandemie wie auch durch narratologische Verfahren, mit denen Authentizitätsmomente auf visueller wie auch auf textlicher Ebene entstehen. Die Kommunikationsstruktur des Romans ist dabei nicht eindimensional, sondern eröffnet gerade durch die literarische Authentizität potentielle Wechselwirkungen zwischen der erzählten und der realen Welt. Im Sinne des Korrealitätsprinzips können Johannas Reflexionen als Denkanstöße und Handlungshilfen im Umgang mit Krisensituationen gelesen werden, wodurch die Literatur ein Übungsfeld für die Leserinnen und Leser eröffnet. Exemplarisch werden anhand Johannas Entwicklung von einer einsamen und trostlosen zu einer antriebsstarken und zuversichtlichen Figur Möglichkeiten zur Selbstregulation aufgezeigt, bei der das Schreiben als Selbstfindungsprozess einen Schlüsselmoment im Roman darstellt. Durch die Briefe lässt sich auf Rezeptionsebene verfolgen, wie Johanna ihre Ich-Zentrierung aufgibt, einen beruflichen Neuanfang plant und ihr privates Umfeld durch Freunde und Familienangehörige wie ihren Cousin Cornelius erweitert. Und so teilt sie Max abschließend mit:

> Lieber Max, mach Dir keine Sorgen, wenn Du eine Weile nichts mehr von mir hörst. Bevor ich mein Leben neu in Angriff nehme, will ich erst einmal ein bisschen Abstand zwischen mich und mich bringen. Ein letztes Mal mit meiner Mutter sein, um mich von dieser großartigen, fürchterlichen Frau zu verabschieden. Vielleicht begleitet mich Cornelius. Vielleicht nehme ich Theo mit. Am Ende sei keiner allein.[45]

Literatur

Brandt, Christiane, *Komm, guter Tod!* https://www.sueddeutsche.de/gesundheit/tod-sterben-pandemie-corona-covid-19-1.5566773 [Zugriff am: 15.11.2024].
Bunia, Remigius, *Faltungen. Fiktion, Erzählen, Medien*. Erich Schmidt, Berlin, 2007.

43 Ebd., S. 168.
44 Ebd., S. 168–169.
45 Ebd., S. 169.

Christ, Katharina, *Verschwörungstheorie im Videoformat. Multimodale Kommunikationsmuster in deutsch-sprachigen YouTube-Videos zur COVID-19-Pandemie.* De Gruyter, Trier 2023.

Derrida, Jacques, *Grammatologie*, Suhrkamp, Frankfurt am Main 1983.

Dorn, Thea, *Trost. Briefe an Max.* Penguin, München 2021.

Häger, Ullrich, *Großes Lexikon der Philatelie.* Bertelsmann Lexikon Verlag, Gütersloh 1973.

Kohlrausch, Bettina; Peters, Eileen; Schulze Buschoff, Karin, *Was von Corona übrig bleibt – Eine Einführung*, in, *Was von Corona übrig bleibt. Erwerbsarbeit, Sozialstruktur, gesellschaftliche Folgen*, hrsg. v. Bettina Kohlrausch, Eileen Peters, Karin Schulze Buschoff, Campus Verlag, Frankfurt 2025, S. 7–20.

Langmann, Sten; Pick, David, *Fotografie als Methode der Sozialforschung.* Springer, Singapore 2023.

Rother, Stefan, *Globale Migrationsgovernance von unten in Zeiten von COVID-19 und „Zoomifzierung": Die Zivilgesellschaft in „eingeladenen" und „erschaffenen" Räumen*, in, *Migration und COVID-19. Analysen zum Verhältnis von Migration, Arbeit, Gesundheit und sozialem Schutz*, hrsg. v. Anas Ansar, Sascha Krannich, Uwe Hunger, Springer VS, Wiesbaden 2025.

Schlich, Jutta, *Literarische Authentizität. Prinzip und Geschichte.* Niemeyer, Tübingen 2002.

Schmidt, Nadine Jessica, *Konstruktionen literarischer Authentizität in autobiographischen Erzähltexten. Exemplarische Studien zu Christa Wolf, Ruth Klüger, Benjamin Wilkomirski und Günter Grass.* V&R unipress, Göttingen 2014.

Scholl, Joachim, *Der Schmerz in den Zeiten von Corona. Thea Dorn über ihren Roman „Trost".* https://www.deutschlandfunkkultur.de/thea-dorn-ueber-ihren-roman-trost-der-schmerz-in-den-zeiten-100.html [Zugriff am 12.12.2024].

Schweidtmann, Werner, *Sterben – das Schwierige im Leben. Hilfen und Hinweise für die Begleitung am Lebensende.* Kohlhammer, Stuttgart 2022.

Staiger, Michael, *Kategorien der Bilderbuchanalyse – ein sechsdimensionales Modell*, in, *Das Bilderbuch: theoretische Grundlagen und analytische Zugänge*, hrsg. v. Ben Dammers, Anne Krichel, Michael Staiger, Metzler Verlag, Berlin 2022, S. 3–28.

Tiller, Elisabeth, *Krise und Erneuerung. Die faktuale Offensive des Fiktionalen*, Ausgabe 1/2014. https://www.lettereaperte.net/images/ausgabe-1/pdfs/la1_tiller.pdf [Zugriff am 25.10.2024].

Thomaser, Sonja, *J.K. Rowling legt im Streit mit Transrechts-Aktivist:innen nach.* https://www.fr.de/panorama/rowling-harry-potter-opfer-trans-transphob-transrechts-aktivistinnen-schottland-edinburgh-91133893.html [Zugriff am 19.12.2024].

VBG (hrsg.), *Branchenspezifische Handlungshilfe zum SARS-CoV-2-Arbeitsschutzstandard – für die Branche Bühnen und Studios im Bereich: Proben- und Vorstellungsbetrieb*, (Stand: September 2020). https://lmr-nds.de/wp-content/uploads/2020/09/branchenspezifische-handlungshilfe-corona-arbeitsschutzstandard.pdf [Zugriff am 12.12.2024].

Wartemann, Geesche, *Theater der Erfahrung. Authentizität als Forderung und als Darstellungsform.* Universität Hildesheim, Medien und Theater, Hildesheim 2002.

II
DRAMEN

Demetrius als historische und dramatische Figur bei Friedrich Hebbel

Paul Martin Langner
Slezská univerzita v Opavě

Demetrius as a historical and dramatic figure in Friedrich Hebbel
The paper discusses the idea of dramas in the 19th century on the base of historical contexts. The subject is the last play *Demetrius* by Friedrich Hebbel, he wrote in 1857–1863, which is unfinished. It was Friedrich Schiller, who made the difference between historical correctness and poetic value, when a drama based on historical subject. This difference was also used by Hebbel for the construction of his drama. The context of legitimation of the son of the czar Iwan IV. was not only grounded in a play of might and interests of different groups in Cracow and Moscow, these were the ground of correct historical facts, but the playwright looked for the legitimation of the son of the czar in the relation between Demetrius and his mother. That showed that the individuum have no chance to follow his own intention immediately, but it is ever part of a play and antiplay of others and part of a net of other interesses. That make clear, that very private facts gave the argument of legitimation to the son of the czar and that made him a deceived fraudster.

Keywords: Demetrius, historical accuracy, poetic truth, Friedrich Hebbel,

Historische Prozesse sind an eine Vielzahl von Faktoren und Bedingungen gebunden. Sie sind in keinem Falle durch die Begrenzungen der dramatischen Kunst, zumindest im 19. Jahrhundert, auf der Bühne darzustellen. Bei dramatischen Arbeiten müssen alle Faktoren, die für den historischen Vorgang von Bedeutung sein könnten, auf raum-zeitliche Dimensionen und eine überschaubare Figurenkonstellation konzentriert werden, die in den drei aristotelischen Einheiten gefordert sind, die jedoch die historischen Ereignisse nicht adäquat abbilden können. Im Drama können die Faktoren den Kreis der Figuren, die in dem Werk vorgesehen sind, nicht überschreiten, vielmehr muss der Autor jeweils alle Vorgänge von den Figuren ausgehen lassen, die im Werk resp. auf der Bühne auftreten sollen, mit ihnen deuten und nachzeichnen. Umgekehrt wäre die oftmals verwirrende Komplexität historischer Vorgänge im Drama kaum sichtbar zu machen. Die Langfristigkeit mancher historischen Vorgänge, sowie die räumlich z. T. weit auseinander liegenden Stätten der Macht und Märkte, an die die Interessen der Beteiligten gebunden sind, können in dramatischen Konstruktionen nicht gezeigt werden. Folglich kann gesagt werden, dass historische Prozesse in einem Umfang dimensioniert sind, die durch die Vorgaben des Dramas nicht eingefangen werden können. Das ergibt sich daraus, dass das Drama des 19. Jahrhunderts noch weitgehend an die drei Einheiten von Zeit, Raum und Handlung gebunden waren, d. h. dass Faktoren, die außerhalb der auf der Bühne darzustellenden Vorgänge liegen, für die Konstruktion der Dramen nur untergeordnete Relevanz hatten. Schon Schiller hatte zwischen „historischer Richtigkeit“ und „poetischer Wahrheit“ unterschieden,[1] wobei jeweils das Exemplarische in den geschichtlichen Konstellationen durch die Perspektive der literarischen Werke betont werden sollte.

Die Bedeutung der Darstellung historischer Vorgänge im Drama stellen eine Bearbeitung historischer Prozesse dar, die völlig anderen Ideen folgt, als sie aus den Verläufen der Geschichte abgelesen werden könnten. Selbst das Historiendrama stellt den Versuch einer Sinngebung bzw. Interpretation historischer Vorgänge mit Blick auf die mentale Situation der Zeit dar, in der das Stück geschrieben oder rezipiert wurde. Deutlich wird das z. B. an Franz Grillparzers bis in die Gegenwart intensiv rezipierten Drama *König Ottokars Glück und Ende*, in dem die spannungsvollen Verhältnisse der habsburgischen Macht in Böhmen und Mähren beleuchtet, bzw. das Verhältnis Österreichs zu sich selbst reflektiert werden. Der historische Vorgang bietet dem Autor oder auch dem Regisseur die Möglichkeit, einen Zugang zu historischen Vorgängen zu schaffen, ohne die historische Komplexität nachbilden zu müssen. Eher besteht die Aufgabe eines historischen Dramas darin, geschichtliche Prozesse durch eine Interpretation dem Verständnis näherzubringen und Sinn zu postulieren. Es kann sich mit aktuellen oder zeitgenössischen Entwicklungen auseinander setzen oder mögliche zukünftige Entwicklungen reflektieren. Doch gelingt es in keinem Falle, die Geschichte nachzustellen.

Dass sich Hebbel mit dem illegitimen Sohn von Zar Iwan IV. von Russland beschäftigt, rührt aus mehreren Gründen. Bei Hebbel spielt eine frühe Faszination von Schillers Werken eine entscheidende Rolle und offenbar war es speziell der Demetrius, mit dem sich der Autor schon seit seiner Jugend beschäftigt hatte. Es scheint naheliegend, dass die Beweggründe für die Beschäftigung mit dem Werk in der Jugend andere gewesen sein dürften, als zur Zeit der Dramenbearbeitung in den späten 1850er Jahren, sowie während des Versuches, das Drama in den Herbstwochen 1863 abzuschließen. Für die Auseinandersetzung mit dem Demetrius-Stoff mögen biographische, literarische, historische oder zeitgeschichtliche Motivationen eine Rolle gespielt haben, dem hier aber nicht nachgegangen werden kann. Erkennbar wird dagegen, dass die Auseinandersetzung mit der Figur des Demetrius, seiner Geschichte und der Handlung um ihn das gesamte Leben Hebbels umspannt, denn der Demetrius-Stoff ist das letzte dramatische Werk des Dichters, an dem er bis wenige Tage vor seinem Tod gearbeitet hat.[2]

In den 1850er Jahren wurde die Beschäftigung Hebbels durch einen Besuch des Schiller-Hauses in Weimar im Sommer 1857[3] angeregt. Nach dieser Reise hatte sich Hebbel bereits

1 F. Schiller, *Über die tragische Kunst* [1792], in: Friedrich Schiller Nationalausgabe, Weimar 1962, Bd. 20/1, S. 148–170.

2 Vgl. Wiener Zeitung, 16.12.1863, S. 4.

3 F. Hebbel, *Briefwechsel 1829–1863. Historisch-kritische Ausgabe in fünf Bänden*, (= Wesselburener

das umfangreiche Geschichtswerk über Russland von Karasim verschafft.[4] Dennoch bedurfte es weiterer Anstöße für den Autor, sich erneut in den Stoff zu vertiefen.

Einer dieser Impulse dürfte der Besuch Hebbels beim Generalintendanten Franz Dingelstedt in Weimar im Frühsommer 1858 gewesen sein. Der Intendant muss Hebbel von der Aufführung des *Demetrius* von Gustav Kühne berichtet haben, der offenbar keine tiefere Wirkung beim Publikum hervorgerufen hatte.[5] Nach der Rückkehr aus Weimar muss sich Hebbel unverzüglich an die Arbeit gemacht haben, wie auch sein etwas jüngerer Briefpartner, der Komponist und Musikkritiker Carl Debrois van Bruyck, der am 17. Juli 1858 schrieb:

> Daß Sie durch den Aufenthalt in Weimar einen neuen Anreiz empfingen, Ihren Demetrius-Plan zur Ausführung zu bringen, womit Sie der Nazion [sic!] und den Manen des großen Mannes zugleich ein so schönes Geschenk darbrächten, erachte ich nicht für den geringsten Gewinn.[6]

Kaum drei Wochen später ging Debrois noch einmal auf dieses künstlerische Vorhaben von Hebbel[7] ein und vermerkte nebenbei, sogar Zeitungen hätten schon über dessen neues Dramenvorhaben berichtet.[8]

Ausgabe), hrsg. v. O. Ehrismann, H. Gerlach, G. Häntzschel, H. Knebel u. H. Thomsen, Bd. 3, indicium, München 1999, S. 412–413. (Brief Hebbels an seine Frau)

4 Ebd., S. 413.

5 Zur Berliner Aufführung s. Leipziger Illustrierte Zeitschrift, 03.07.1858, Nr. 783, S. 10.

6 *Briefe an Friedrich Hebbel*, hrsg. v. M. Enzinger, E. Bruck, Bd. 1, Verlag der Österreichischen Akademie der Wissenschaften, Wien 1973, S. 466.

7 Mit seinem Interesse am Demetrius-Stoff und am Fragment Schillers stand Hebbel im 19. Jahrhundert nicht allein. Vor Hebbel entstehen die Bearbeitungen von August Kotzebue (1782), Friedrich Schiller (1804/05), Franz Friedrich von Maltiz (1817), Hermann Grimm (1854) und Friedrich Bodenstedt und Gustav Kühne (1856). Nach Hebbel waren es zusätzlich Otto Friedrich Gruppe (1861) und Heinrich Laube (1869), die den Stoff bearbeiteten.

8 Vgl. *Briefe an Friedrich Hebbel*, hrsg. v. M. Enzinger, E. Bruck, Bd. 1, Verlag der Österreichischen Akademie der Wissenschaften, Wien 1973, S. 471. – In folgenden Zeitungen konnten entsprechende Vermerke nachgewiesen werden, auf die sich Debrois van Bruyck bezogen haben dürfte: Tagespost (Graz), Mittwoch, 21.07.1858, S. 2. – Fremdenblatt, Mittwoch, 28.07.1858, S. 3. – Der Humorist, Samstag, 31.07.1858, S. 3. – Illustrierte Zeitung, Samstag, 07.08.1858, S. 11. Die Meldungen sind nahezu wortgleich und besagen, dass Hebbel sich im Auftrag des Weimarer Hofes an die Bearbeitung des Schillerschen *Torso* machen wollte, um die Fassung anlässlich der 100. Wiederkehr des Geburtstages von Schiller 1859 dort aufführen zu lassen. – Erst am 28. August 1858 geht die Leipziger Illustrierter Zeitung noch einmal auf das Vorhaben ein, meldet aber ergänzend dazu: „Es handelt sich dabei keineswegs, wie allgemein angenommen zu werden scheint, um ein Imprometu, sondern um die Ausführung eines dramatischen Gedankens, mit dem sich der Dichter schon in früher Jugend trug und für den er seit Jahren die umfassendsten historischen Studien gemacht hat." Diese Richtigstellung scheint auf Hebbel zurückzugehen, der eben nicht als vom Hof angeregte Dichter erscheinen wollte, sondern seine langjährige Beschäftigung mit dem Stoff betont, worauf Kolbenheyer später, im März 1859, spöttisch anspielte, vgl. *Briefe an Friedrich Hebbel,* hrsg. v. M. Enzinger, E. Bruck, Bd. 1, Verlag der Österreichischen Akademie der Wissenschaften, Wien 1973, S. 498.

Aus der Tatsache, dass sich Hebbel schon sehr lange mit diesem Dramenstoff beschäftigte, die Anregungen aus dem Schiller-Museum und die Aufforderung des Intendanten Dingelstedt in Weimar, lassen sich nicht als Ursachen für die Beschäftigung mit dem Stoff aus der Wende zum 17. Jahrhundert begründen. Vielmehr sollte nach einer gedanklichen Basis gesucht werden, die es verständlich macht, warum dieser Stoff Hebbel bewegte. Einer der möglichen Beweggründe dürfte das spannungsreiche Verhältnis zwischen Polen (geteilt 1772 und 1793) und Russland gewesen sein, das Hebbel motiviert haben kann.

Als 17-Jähriger dürfte er Gerüchte über den Polenaufstand in seinem Heimatort Wesselburen gehört haben. Schon 1835 – also mit 22 Jahren – schrieb er das Gedicht *Die Polen sollen leben*. Dieses Gedicht ist eingebettet in eine umfangreiche literarische Auseinandersetzung der Zeit des Jungen Deutschland und des Vormärz mit dem Polenaufstand 1830.[9] Für viele Autoren besaß Polen einen Vorbildcharakter für den ununterdrückbaren Wunsch nach staatlicher Einheit und die Leidensfähigkeit der Bevölkerung zur Erreichung dieses Ziels.

Ebenso wird der Krakauer Aufstand in der Wiener Gesellschaft besprochen worden sein, der auch in der Umgebung von Posen für Unruhen sorgte, ebenso wie der anschließende Prozess in Berlin im Herbst und Winter 1847 Gesprächsthema gewesen sein dürfte. Der Ausgang dieses Prozesses mit einer Reihe von Verurteilungen, Verbannungen, aber auch mit vielen Freisprüchen hat die Menschen der Zeit bewegt, wie Bemerkungen oder aufgezeichnete Erinnerungen von Gesprächspartnern belegen, die Hebbel in seinen Tagebüchern festhielt.

Wie aufmerksam Hebbel die Vorgänge in Polen und dem östlichen Europa verfolgt, wird an einer Passage aus einem Brief an Gustav Kühne deutlich, in der Hebbel Stellung zur Bedeutung der militärischen Auseinandersetzungen nahm:

> Wenn die Crisis nicht, trotz der Fürsten-Coalition, noch umschlägt, so schwebt das Schicksals Polens über Deutschland und die germanische Cultur wird den Weg durch russische Gedärme nehmen müssen, wie die römische einst durch die germanischen Eingeweide wandern mußte. Darüber kann sich denn der Weltgeist trösten, dem es gleichgültig ist und seyn darf, auf welchem Boden die Entwicklung vor sich geht; uns kann es nur mit dem tiefsten Entsetzen erfüllen.[10]

Auch der wenige Jahre später ausbrechende Krimkrieg (vom Juli 1853 bis März 1856) lenkte noch einmal das Bewusstsein in Mitteleuropa auf die Problematik des geteilten Königreiches Polen. Große Heeresteile der russischen Armee, die auf der Krim eingesetzt wurden, rekrutierten sich aus den besetzten Gebieten Polens. Der lange schwelende Konflikt,

9 Der Innendeckel in Dingelstedts Gedichtausgabe *Lieder eines kosmopolitischen Nachwächters* (1841) wirbt in 21 paratextuellen Nachweisen für Publikationen aus dem Verlag von Julius Campe, davon bezogen sich acht Bücher auf den Polenaufstand von 1830.

10 F. Hebbel, *Briefwechsel 1829–1863. Historisch-kritische Ausgabe in fünf Bänden*, (= Wesselburener Ausgabe) hrsg. v. O. Ehrismann, H. Gerlach, G. Häntzschel, H. Knebel u. H. Thomsen, Bd. 2, indicium, München 1999, S. 30–32, (Hebbel an Kühne).

der im Sommer 1853 zum Ausbruch des Krieges auf der Krim führte, dürfte das Kernstück jenes Ausdrucks von Hebbel bilden, mit dem der Autor seine Vorstellung von der ‚Zerrissenheit' der slawischen Welt zum Ausdruck brachte.

Beide Aspekte, die ‚Zerrissenheit der slawischen Welt' und die ungebrochene Sehnsucht der polnischen Menschen nach nationaler Einheit, ließen das Bild Polens in der Wahrnehmung der Autoren changieren. Hebbel ist ein deutliches Beispiel dafür, dass er die Menschen, die an eine Rückgewinnung der Souveränität eines polnischen Staates glaubten, ambivalent bewertete und beschrieb. In der Sache erschreckte Hebbel die Brutalität des Vorgehens auf beiden Seiten. Es gibt in seinen Briefen und Tagebüchern mehrfach Charakteristiken von Begegnungen mit einzelnen Menschen aus Polen, die problematisch beurteilt[11] wurden, dagegen unterstützte er vorbehaltlos Bestrebungen, das Leid der Menschen zu wenden[12]. Diese zeitgeschichtlichen Ereignisse können als Aspekte gesehen werden, die Hebbel bewegten, sich mit dem Demetrius-Stoff auseinanderzusetzen.

Der Autor war sich bewusst, dass der Demetrius kein Historiendrama im eigentlichen Sinne werden sollte, trotz der historischen Studien, die er dafür trieb, um den Bühnenvorgang historisch richtig und poetisch wahrhaftig erscheinen zu lassen. Erst durch den historischen Hintergrund konnte es gelingen, die Umstände, die den Aufstieg und Fall von Demetrius bedingten, zu erklären und daran deutlich werden zu lassen, dass mit politischem Handeln jeweils divergierende Interessen verbunden waren, die die Entwicklung jeweils fördern oder auch vereiteln konnten. Es macht vor allem erkennbar, dass der Einzelne nicht nur eigenen Vorstellungen folgen konnte, sondern in das Spiel und Widerspiel der Kräfte verstrickt war und durch Interessen anderer zum Objekt gemacht wurde. Die historische Dimension macht aber auch greifbar, dass die agierende Macht jeweils auch historischen Kräften unterworfen war. Das galt nun auch für die Interessen des polnischen Staates an der Wende zum 17. Jahrhundert. Denn das damals mächtige Polen, von dem einige Fürsten meinten, durch Demetrius den Einfluss der polnischen Krone ausweiten zu können, hatte bis zur Gegenwart Hebbels jede staatliche Souveränität verloren, denn das Königreich Polen war um 1854 bereits mehr als 60 Jahren geteilt und faktisch ohne staatlichen Bestand.

Die historische Spannung zwischen dem Anspruch auf Ausweitung der eigenen staatlichen Macht Ende des 16. Jahrhunderts und der zeitgeschichtlichen Erfahrung des aufgelösten polnischen Staates in der Mitte des 19. Jahrhunderts bedurfte für Hebbel eine Form der Konkretisation. Daher griff er die Anregung eines dreitägigen Aufenthalts in Krakau[13] im September 1858, die sein Schriftstellerkollege Emil Kuh machte, unmittelbar

11 Ebd., Brief von Hebbel an Wilhelm Jordan, 17.02.1858, Bd. 3, S. 557–558 sowie Brief von Hebbel an Friedrich Uechtritz, 25.07.1859, Bd. 3, S. 806–807.

12 F. Hebbel, *Tagebücher. Neue historisch-kritische Ausgabe*, hrsg. v. M. Ritzer, T. Eiserloh, M. Grüne, H. Knebel, U. Korn, M. Schmidt u. H. Thomsen, Bd. 1, Berlin–Boston 2017, Eintrag Nr. 5932; 5937; 5955.

13 Vgl. O. Dobijanka, *Tragedia F. Hebbla ‚Dymitr' i wycieczka autora do Krakowa*, in: Ruch Literacki, Kraków 1960, S. 204–205. – Paul Martin Langner: *‚Demetrius ist hoch willkommen!' Zu Hebbels Arbeit an seinem unvollendeten Drama ‚Demetrius' und sein Aufenthalt in Krakau*, 2024. Sowie Emil Kuhs Aufsatz in der Wiener Zeitung, Sonntag, 19.12.1858, S. 5–6.

auf. Gleich nach der Rückkehr aus Krakau schrieb Hebbel zwei Akte des *Demetrius*, denen ein dritter Akt[14] im Januar 1859 folgte, ehe er am Ende des Jahres 1860 lakonisch in seinem Tagebuch notierte: „Demetrius ruht wie ein Stein."[15]

In der Zwischenzeit hatte Hebbel angefangen, das Nibelungenlied als Trilogie weiter auszuarbeiten und konnte dieses dramatische Werk zügig abschließen, so dass es bereits im Frühjahr 1861 mit überragendem Erfolg in Weimar uraufgeführt werden konnte.

Wann genau sich Hebbel nach der Unterbrechung wieder an den Demetrius-Stoff setzte, ist nicht eindeutig zu sagen. Denn an Hermann Hettner schrieb der Autor am 27. Februar 1862, dass „der Demetrius doch noch lebendig geworden" sei.[16] Dagegen heißt es in dem Brief an seinen langjährigen Verleger Julius Campe vom 12. Februar 1863: „Mein Demetrius liegt im tiefen Schlaf; die Musen haben mir bis jetzt den Rücken zugewandt, sie müssen anderswo beschäftigt seyn. Dafür studire ich die russisch-polnische Welt."[17]

Offenbar im Spätsommer 1863 ist es dem Autor gelungen, einige längere Passagen des *Demetrius* bis zur Mitte des 5. Aktes zu schreiben, bis ihm am 13. Dezember der Tod die Feder aus der Hand nahm.

Der ursprüngliche Gedanke, den Torso Schillers abzuschließen, wurde Hebbel unmöglich, weil er sah, dass die Konzeption Schillers sich nicht für seine Vorstellungen von dem Vorgang verwirklichen ließ. Schiller hätte, so schrieb Hebbel am 4. August 1858 an den engen Freund und späteren österreichischen Justizminister Julius Glaser, ein Bild des Demetrius geschaffen, in dem das „allgemein menschliche Moment" die entscheidende Rolle spiele, während Hebbel sich vorgenommen hätte, die „in sich selbst zerrissene slavische Welt" als Fundament seines Dramas zu machen.[18] Diese Aussage deutet daraufhin, dass Hebbel sich vor allem aus historischer und kultureller Perspektive dem Stoff und der Entwicklung des Konfliktes um Demetrius nähern wollte. Zugleich kann auch angenommen werden, dass auch in der Hauptfigur Demetrius diese Zwiespältigkeit zum Tragen kommen sollte.

Wird die historische Dimension in das Bild um Demetrius in den Vordergrund gerückt, muss bedacht werden, dass nach 1590 die Möglichkeit einer Neuordnung der territorialen Situation im nordöstlichen Europa herbeigeführt werden konnte. Die Schwächung Russlands durch die ungeklärte Erbfolge und der zögernde schwedische König ermutigten einen Teil des polnischen Adels, Polen in der Rolle zu sehen, mit Lettland und Litauen sowie durch Einflussnahme auf Russland den Herrschaftsraum im Nordosten Europas dominieren zu können. Daher sahen Teile des polnischen Adels das Auf-

14 Man kann davon ausgehen, dass Hebbel bereits im Herbst 1858 den zunächst als ersten Akt vorgesehenen Aufzug als Vorspiel der Tragödie voranstellte. Damit hat der Autor aber eine entscheidende strukturelle Entscheidung getroffen, und die Zählung der Akte muss nicht notwendigerweise der Zählung im zurückgelassenen Fragment entsprechen. Daher ist die Zählung der Akt an dieser Stelle nicht eindeutig.

15 F. Hebbel, *Tagebücher. Neue historisch-kritische Ausgabe*, hrsg. v. M. Ritzer, T. Eiserloh, M. Grüne, H. Knebel, U. Korn, M. Schmidt u. H. Thomsen, S. 801.

16 F. Hebbel, *Briefwechsel 1829–1863. Historisch-kritische Ausgabe in fünf Bänden*. (= Wesselburener Ausgabe) hrsg. v. O. Ehrismann, H. Gerlach, G. Häntzschel, H. Knebel H. Thomsen, Bd. 4, S. 336–337.

17 Ebd., S. 585–587.

18 Ebd., Bd. 3, S. 661–662.

treten eines jungen Mannes, der sich als legitimer Erbe von Iwan IV. (‚des Schrecklichen') ausgab und die Behauptung wagte, Boris Godunow hätte zu Unrecht die Führung des russischen Reiches an sich gezogen, als eine Chance an, diesen Gedanken realisieren zu können. Während der führende polnische Hetman, Jan Zamoyski, Demetrius von Beginn an für einen Betrüger hielt,[19] zogen andere Adlige mit dem Thronanwärter den Bojaren entgegen. Die zunächst erfolgreichen militärischen Schläge von Demetrius schufen aber keine stabile Machtbasis und zuletzt verweigerte die Moskauer Bürgerschaft dem Zaren Demetrius die Huldigung, wie Karamsin im 10. Teil seiner Geschichte Russlands[20] berichtete. Im Vorgehen der historischen Gestalt des Demetrius zeigt sich eine hohe Gewaltbereitschaft und ein geschicktes Paktieren, um die eigenen Machtansprüche erzwingen zu können. Doch schon Friedrich Schiller verlagerte den Konflikt um Demetrius eher auf seine Figur. Schiller positionierte die machtpolitische Haltung von Demetrius u. a. in der Szene vor dem polnischen Sejm auf seinen Willen, sich durchzusetzen. Dagegen baute Hebbel das Umfeld um den vermeintlichen Zarewitsch durch eine Gruppe Bojaren auf, die mit wechselnder Zustimmung, aber stets mit einem klaren Blick für ihre eigenen Vorteile agieren. Der russische Fürst Schuiskoj dient sich Demetrius an, nachdem er bemerkt, dass der Fremde bereits über Gefolgsleute verfügt und daher gefährlich für ihn zu sein scheint, dennoch bleibt sein Zweifel an der Legitimität von Demetrius wach. Schon im Vorspiel zum Drama Hebbels tötet Demetrius einen Provokateur und setzt damit den Aufdeckungsprozess seiner vermeintlichen Herkunft in Gang. Entscheidend ist, dass in der Konstruktion der Figur des Demetrius bei Hebbel der edle Charakter eines Herrschers, der beim leisesten Verdacht oder Zweifel in der Frage der Legitimität seinen edlen Grundsätzen treu bleibt und eher den eigenen Untergang annimmt, als gegen die eigene Überzeugung seinen Machtanspruch gewaltsam zu manifestieren.

Im Gegensatz zum historischen Demetrius, der mit Geschick und militärischem Kalkül seine Position erzwingen wollte, ist der literarische Held bei Hebbel eine Figur, die durch die verwobenen familiären Verhältnisse um Zar Iwan nur konsequent seiner Überzeugung mit Blick auf seine Aufgabe und Funktion für das russische Reich folgt, aber ganz sich treu bleibend, jeden überzogenen und ungerechtfertigten Anspruch auf die Macht in Frage stellen lässt.

Bewusst rückt demnach Hebbel vom historischen Befund ab, weil er der Auffassung folgte, dass „das Drama [...] keine neuen Geschichten bringen [soll], sondern neue Verhältnisse".

Neben der Frage der Historizität des Werkes problematisiert das Drama die Legitimität von Subjekten in historischen Prozessen. Wenn Hebbel häufig in seinen theoretischen Überlegungen zum Drama von der Position des Subjekts spricht, bei dem sich durch sein Dasein und seine Handlungsweise ein Widerspruch zur Existenz eines in der Welt sich realisierenden Geistes auftut, kommt bei Demetrius noch ein zweiter Aspekt hinzu: die Legitimität eines Subjekts steht hier im Spannungsfeld der Macht.

---

19 G. Rhode, *Geschichte Polens. Ein Überblick*, WBG, Darmstadt 1980, S. 258.

20 N. Karamsin, *Geschichte des russischen Reiches*, übers. v. Carl R. Goldhammer, Bd. 10, Riga 1827 (Digitalisat UB München).

Um dem verwobenen Stoff Herr zu werden, entschied sich Hebbel dazu, in dieser Hinsicht von Schiller abwendend, seine Demetrius-Figur in den Schnittpunkt dreier entscheidender Spannungsfelder zu stellen.

Da ist zunächst der polnische Woiwode Mniczek, der das Interesse der polnischen Krone vertrat, den Herrschaftsbereich Polens nach Osten zu erweitern,[21] und diesen Gedanken mit dem persönlichen Vorteil verband, seine Tochter mit dem Zarewitsch zu verheiraten. Angeblich vom jesuitischen Geistlichen (Otrepiep) unterstützt, wird der Anspruch des Thronanwärters vorangetrieben, zumal der Geistliche hoffte, durch die Förderung des vermeintlichen Thronfolgers selbst in eine hohe Stellung am Hof des Zaren zu gelangen. Durch die wechselseitige Abhängigkeit des Befürwortens der Machtansprüche einerseits und der damit verbundene Profit andererseits, aus der zukünftigen Eheschließung die eigene Stellung zu stärken, bindet die beiden Männer – den Woiwoden und den Geistlichen – zusammen, wobei aber deutlich bleibt, dass sie keine übereinstimmende Zielsetzung verfolgen.

Das zweite Spannungsfeld bildet sich durch die Bojaren Schuiskoj und Baranow. Auch hier stehen Beide in ihrer Anerkennung der Ansprüche des angeblichen Zarewitschs in Opposition zueinander. Baranow hat das Interesse, seine Macht zu sichern und er ist ungeachtet eigener Zweifel bereit, den neuen Machtherrscher vorbehaltlos anzuerkennen (Karamsin bemerkt dann aber auch die augenblickliche Abkehr von der Anerkennung Demetrius durch Baranow.[22]) Dagegen trat Schuiskoj dem Thronanwärter zweifelnd entgegen und beugt sich dessen Anspruch erst, als er glauben muss, die Beweislast für die Berechtigung des Anspruchs auf den Thron wäre so drückend geworden, dass alles für die Anwartschaft des Zarewitsch sprechen würde. Er ist es aber auch, der seine ursprünglichen Vorbehalte eingedenk seiner Zweifel im Laufe der Bühnenhandlung wieder gegen den Zarewitsch richtet, weshalb er im dritten Akt von Mniczek des Hochverrats bezichtigt und inhaftiert wird. (III,19)

Das dritte Spannungsfeld, das sich im Drama von Hebbel um Demetrius legt, ist durch zwei weibliche Figuren bestimmt, in diesem Falle von den beiden möglichen Mütterfiguren. Marfa war nach dem Tod ihres Mannes, Iwans des Schrecklichen, durch Boris Godunov in ein Kloster verbannt worden und versuchte in der Stille der Abgeschiedenheit einen seelischen Ausgleich für den Machtverlust und den Tod ihres Mannes zu finden. Betreut durch die Äbtissin, der sie nur bedingt traut, müht sich die stolze Witwe des Zaren entsprechend dem Glauben zu leben. Als der Patriarch Hiob im Kloster (Akt I, 6) erscheint, um Marfa aufzufordern, die Fragwürdigkeit des anrückenden vermeintlichen Zarewitsch Demetrius bloßzustellen, lässt der Autor zugleich deutlich werden, wie mühevoll Marfa zur inneren Ruhe gefunden hatte, denn die Nachricht und Bitte des Patriarchen verunsichert sie tief.

21 Vgl. B. Suchodolski, *Geschichte der polnischen Kultur,* Warschau 1986, S. 79, u. G. Rhode, *Geschichte Polens. Ein Überblick*, WBG, Darmstadt 1980, S. 258–261.

22 Die Rolle Baranows skizziert Karamsin im 10. Teil seiner Geschichte des russischen Reiches, vgl. N. Karamsin, *Geschichte des russischen Reiches*, S. 255–270.

Hiob Vernimm! Ein frecher Abenteurer ist
In Polen aufgestanden, der behauptet,
Er sei Dein Sohn. (IV, 6, VV. 1104–1106)
[...]
Der Pole
Braucht ihn als Fackeln, um in unsre Grenzen
Den Krieg zu werfen, denn der Russe darf
Zwar pflügen, auch noch säen, nur nicht ernten,
Das tut der fromme Nachbar gern für ihn. (IV, 6, VV. 1109–1113)
[...]
Marta Das Kind der Magd! Ists möglich! Kann das Herz
Der Mutter sich so täuschen? (IV, 6, VV. 1160–1161)

Die Möglichkeit, dass ihr Sohn entgegen allen anderen Nachrichten noch leben sollte, und sie selbst durch sein Erscheinen wieder in eine angemessene gesellschaftlich-politische Position zurückkommen könnte, mussten sie darin bestärken, den vermeintlichen Zarewitsch als ihren Sohn zu ihrem eigenen Vorteil anzuerkennen. Denn ihr wird bewusst, dass die Anerkennung des Machtanspruchs von Demetrius ihr die Möglichkeit eröffnen würde, sich für die Behandlung durch Boris Godunov rächen zu können. Trotz tiefer Zweifel lässt sich Marfa auf die Bitte des Patriarchen mit dem offenbaren Vorsatz ein, den Anspruch von Demetrius zu unterstützen, um einerseits ihre eigene Macht wieder zu erlangen und sich damit andererseits für die erlittene Herabsetzung zu rächen. Dennoch bleibt Marfa gegenüber der sie begleitenden Äbtissin zunehmend zurückhaltend. Die Figur der Marfa ist so angelegt, als würde sie in der Äbtissin eine mögliche Antagonistin und Verbündete von Godunov vermuten. Wenn sie auch die Gruft ihres ermordeten Kindes besucht, lässt sie danach nicht erkennen, ob sie durch den Besuch der Gruft in ihrem Gefühl bestärkt wurde, in dem toten Kind das eigene zu spüren[23] und damit den Anspruch von Demetrius abzuwehren.

Ganz anders steht die Figur der Barbara in diesem Spannungsfeld. Sie ist sich keinem Machtspiel bewusst, sondern sucht nur nach der Möglichkeit, ihr Wissen über ihr eigenes Kind zu prüfen, das sie nach der Mordnacht Geistlichen zur Pflege überlassen hatte. Da sie aus der eigenen Erfahrung der Mordnacht, in der der Thronfolger nach dem Tod Iwans ermordet wurde, mit der Überzeugung weitergelebt hat, das eigene, in diesem Falle illegitime Kind des alten Zaren gerettet zu haben. Damit gründet sich in ihrer Aussage die entscheidende Tatsache, die den Anspruch von Demetrius auf seine Macht über Russland zu Fall bringt. Ihre Aussage macht die Gewissheit von Demetrius zunichte, einen legitimen Anspruch auf den Zarenthron zu besitzen.[24]

23 Demetrius III, 19, V. 2179.

24 Die Frage der Rechtlichkeit des Vorgangs um Demetrius diskutiert J. Söring, *Rechtsordnung und Tragödie. Einige allgemeine Erwägungen mit einem Ausblick auf Grillparzers Bruderzwist in Habsburg und Hebbels Demetrius-Fragment.*, in: Hebbel-Jahrbuch 2010, S. 37–61, bes. S. 53–61.

Nachdem Demetrius sich bewusst worden war, dass ihm die Legitimation für den Thron Russlands fehlte, war er nicht gewillt, seiner charakterlichen Zeichnung im Werk Hebbels entsprechend, weiterhin seinen Anspruch zu verfechten. Deutlich wird das in dem von Marina und Mniczek abgeforderten Todesurteil gegen Schuiskoj, dessen zweifelnde Äußerung im 3. Akt als Hochverrat ausgelegt worden war, weshalb ihn Mniczek sofort gefangen setzen ließ. Demetrius reagiert unmittelbar auf die Erkenntnis seiner Illegitimität mit der Aufhebung des Todesurteils gegen den russischen Bojaren. Darin wird zugleich auch die Diskrepanz zwischen Demetrius und Mniczek erkennbar, der in der Verurteilung des Bojaren die unbestreitbare Stärke der Position von Demetrius sichtbar machen will, was Demetrius aber nach dem Gespräch mit Barbara ablehnt, nachdem ihm der Mangel an seiner Legitimation deutlich geworden ist.

Die historisch nicht belegte Unterhaltung zwischen der Amme Barbara und Demetrius stellt damit den Schlüssel für die Peripetie des Dramas dar. Daher verwundert es nicht, dass Hebbel dieser Szene besondere Aufmerksamkeit widmete. Für diese entscheidende Szene, in der Barbara ihr Wissen dem Sohn Demetrius verrät, existieren zwei Fassungen. In seinem Tagebuch hatte Hebbel zunächst eine kurze Fassung notiert, die eher daraufhin hindeutet, dass der Autor den fehlenden Legitimationsanspruch von Demetrius anders begründen sollte.

Barbara	Du bist des Czaren Iwans echter Sohn,
	ich könnte tausend Eide darauf | leisten – -
Dem	Und Marfas?
Barb	(stockt)
D	Wovon lebst Du?
B	Pension vom katholischen Bischof
D	Wofür?
B	Ich half beim Kindertausch
D	Du hast Dein eig'nes Kind
	[Dem Mörder verkauft pp]“[25]

Nach dieser Fassung der Szene wäre Barbara an den katholischen Bischof gebunden und könnte nicht zur Aufdeckung der Position von Demetrius beitragen, denn sie wäre durch die finanzielle Abhängigkeit an den Bischof gebunden. Da der Legat mit der Inthronisierung Demetrius die Idee verfolgt, den Bruch zwischen der östlichen und der westlichen Konfession der katholischen Kirche aufzuheben, könnte sich Barbara nicht gegen ihn stellen, weil sie durch Zahlungen des Bischofs zur Loyalität verpflichtet wäre und dem Plan des Kardinals nicht im Wege hätte stehen dürfen. Diese Bindung der Figur von Barbara muss Hebbel als Hindernis bewusst geworden sein, so dass er die Szene in einer Weise umbaute, in der Barbara nur als Mutter spricht und damit unabhängig von möglichen Förderern bzw. Gönnern agieren kann.

25 F. Hebbel, *Tagebücher. Neue historisch-kritische Ausgabe*. Hrsg. v. M. Ritzer, T. Eiserloh, M. Grüne, H. Knebel, U. Korn, M. Schmidt u. H. Thomsen, S. 860–861, LB 50 (um den 19.09.1863).

Mit ihrer Äußerung über die Vaterschaft Iwans vermag Barbara die Wahrheit zu sagen, ohne mit Fakten in Konflikt zu geraten. Sie antwortet deshalb auf die Frage nach dem Kind von Marfa nicht. (IV, 9, V. 2858) Sie berührt in diesem Abschnitt die Frage nach der Legitimation von Demetrius noch nicht. Vielmehr spricht sie vom Kindstausch, der die Grundlage der Argumentation von Demetrius, Otrepiep und Mniczek war, ohne die realen Vorgänge aufzudecken.

In der Manuskriptfassung, die Hebbel bei seinem Tod hinterließ, ist diese Szene anders akzentuiert.

Dem	Man sagt, ich sei nicht Iwans Sohn.
Bar	Du bist's! Bei Gott im Himmel kann ich's schwören, bei meiner Seele, meiner Seligkeit.
Dem.	So komm!
Bar	Wohin?
Dem	Zu meiner Mutter! Gleich!
Bar	Zur Czarin Marfa?
Dem	Ja, auch diese zweifelt, ich fühl's, ich fühl's, wenn sie's auch tief verbirgt.
Bar	Sie zweifelt?
Dem	Ja! Obgleich sie's läugnen würde, drum schwör's in ihre Hand, ich sei ihr Kind.
Bar	In ihre Hand!°
Dem	Du kannst sie glücklich machen Und säumst?
Bar	Wenn ich das könnte, thät' ich's gern.
Dem	Du schwurst ja schon –
Bar	Das will ich wieder schwören!
Dem	Daß Iwan –
Bar	Ja!
Dem	Und Marfa –
Bar	(schweigt)
Dem	Marfa nicht?
Bar	(schweigt)
Dem	Iwan Wasiljewitsch, der Czar, mein Vater, Und Marfa Nagoy meine Mutter nicht? Eins folgt doch aus dem Andern (schlägt sich vor die Stirn) Großer Gott! (IV, 9, VV. 2850–2861)

Das Schweigen der Barbara auf die Frage nach der Mutterschaft Marfas ist die beredte Reaktion, mit der Barbara Demetrius zur Erkenntnis seiner Illegitimität hinführt. Die Peripetie, die sich hier im 4. Akt, Szene 9 an Demetrius vollzieht, indem der Protagonist erkennen muss, dass die Erbfolge nicht zu ihm führt, da er eben doch nur ein illegitimer

Sohn Iwans war, ist der Umschlag für seine Einsicht, dass er einer falschen Voraussetzung gefolgt war. Weder die geplante Hochzeit noch die Stellung oder Verdienste Mniczeks halten ihn ab, seiner Überzeugung zu folgen, ohne Legitimation den Zarenthron nicht ausfüllen zu können. Vor allem will Demetrius nicht das von diesem geforderte Todesurteil noch als putativer Zar unterschreiben. Während er bis zu dem Gespräch mit Barbara noch davon überzeugt ist, durch Legitimation seine Aufgabe als Zar annehmen zu können, fällt mit der Erkenntnis der mangelnden Legitimation jeder Anspruch, Macht weiter ausüben zu dürfen. Er will den Machtanspruch nicht zur Rolle verkommen lassen, sondern entsagt der Macht, nachdem ihm seine zweifelhafte Herkunft klargeworden ist. Entsprechend versagt er sich Mniczek und begnadigt Schuiskoj. (IV, 12) Dennoch will er die Pflicht gegenüber dem polnischen Fürsten einlösen, der ihn dazu auffordert. (IV, 10, VV. 2977–2982) Demetrius ist davon überzeugt, dass er den ‚Karneval' (IV, 13, V. 3065), den er mit seinem Anspruch auf die Zarenkrone ausgelöst hatte, nur so lange weitertreiben kann, um Mniczek und seine Tochter das sichere Geleit nach Polen zu gewähren. Zu diesem Zugeständnis gegenüber dem polnischen Gefolgsmann ist er bereit, sich am darauffolgenden Tag krönen zu lassen, auch um für Marina den Anspruch auf die Zarinnenwürde einzulösen. (IV, 12, VV. 3061–3062) Doch er sieht die Zwanghaftigkeit ein, sich als Zar zu präsentieren, und ist bereit, dass er nun – mit beunruhigtem Gewissen und aufgegebenem, inneren Frieden[26] – für kurze Zeit ein ‚Maskenspiel' (IV, 12, V. 3058) weitertreiben muss, wohl wissend, dass dem äußeren Anspruch keine legitime Rechtfertigung gegenübersteht.

Ganz im Gegensatz zu der historischen Gestalt des Demetrius, der um seine Anerkennung bis zuletzt kämpfte, bleibt die dramatische Figur in Hebbels Fragment seiner ethischen Position treu. Hier öffnet sich für den heutigen Leser das Problem, dass es Hebbel nicht vergönnt war, das Drama abzuschließen. Gibt es einerseits, wie unten noch zu zeigen sein wird, Anzeichen für einen Selbstmord von Demetrius, so könnte aus den Szenen des 5. Aktes, die Hebbel noch notieren konnte, auch eine Zusammenrottung russischer Kräfte gegen Demetrius abgelesen werden, die möglicherweise auf die Ermordung des Zarewitschs hinauslaufen könnte. Für beide Varianten gäbe es in der Geschichtsschreibung Argumente, Karamsin berichtet von unterschiedlichen Szenarien, die sich um das Verschwinden des Demetrius gerankt haben.[27]

Jede in den Akten 1–4, 8 sich schrittweise steigernde Zuwendung der Antagonisten in den drei Spannungsfeldern lässt die Macht von Demetrius anwachsen. Er sieht darin jeweils die Bestätigung der eigenen Machtposition. Seine ursprüngliche Zurückhaltung, die Macht zu ergreifen, wird damit unterlaufen und er sieht sich mehr und mehr bestärkt, anzunehmen, dass sein Anspruch auf den Zarenthron legitim sei. Erst, als im Spannungsfeld der beiden Mütterfiguren deutlich wird, dass Barbara die Mutter des überlebenden Kindes ist (IV,9 V. 2847–2861) und nicht die Witwe des Zaren Iwan, Marfa, wird sich Demetrius der fehlenden Grundlage seines Handelns bewusst.

---

26 Demetrius IV, 12, V. 3059.

27 Verschiedene Möglichkeiten erwog Karamsin in seinem Geschichtswerk im Bd. 10, vgl. N. Karamsin, *Geschichte des russischen Reiches*, S. 261–270.

Dementsprechend kehren sich im vierten und fünften Akt die Sympathien sukzessive um, so dass Demetrius erkennen muss, wie abhängig er von der Unterstützung der jeweiligen Gegner ist und dass seine Vorstellung von einem legitimen Anspruch auf den Zarenthron auf einer falschen Prämisse beruht. Im Gegensatz zu Karamsin, der für die Ermordung des Demetrius durch die aufgebrachte Menge noch andere Erklärungsmöglichkeiten durchspielt und nicht ausschließt, dass der Usurpator auch überlebt haben könnte, legen die Formulierungen in Hebbels Demetrius nahe, dass Demetrius in der Katastrophe selbst den Tod herbeigeführt haben könnte.

> Dem Sie [Marfa] schaue aus der Ferne zu,
> und wenn mich Gott, der mich auf seinen Händen
> bis hierher trug, zuletzt noch fallen läßt,
> so halte sie mich selber für betrogen
> und spreche für den Toten ein Gebet. [II, 8, 1513–1517]

Der komplexe historische Prozess (mit seinen außen- und innenpolitischen Einflusssphären sowie den sozialhistorischen Problemen in Russland) um den vermeintlichen russischen Thronfolger, der den Stoff für Hebbels Dramenfragment bot, fußt demnach nicht auf der Widerspieglung des Zusammenspiels historischer Kräfte, sondern zielt auf eine personelle Bindung historischer Entscheidungen. Historische Prozesse werden auf die Figurenkonstellation einer Tragödie heruntergebrochen und mit entsprechenden Charakteristika der Figuren zu einer darstellbaren Handlung geformt. Damit werden raum-zeitliche Dimensionen ins Drama eingeführt, die den historischen Prozess nicht unbedingt entsprechen müssen. Johann Wolfgang von Goethes *Egmont*, Friedrich Schillers *Wallenstein* oder dessen *Maria Stuart* oder auch Georg Büchners *Dantons Tod* belegen diese Vorgehensweise der Dramatiker des 19. Jahrhunderts, die signifikanten Aspekte der Figuren herausarbeiten wollten.

Inwieweit die zeitgeschichtliche Situation zu der jeweiligen Wahl des Stoffes beigetragen haben könnte, muss für jeden einzelnen Entwurf analysiert und begründet werden. Für das Verhältnis der Stoffwahl und der Zeitgeschichte, in der die Autoren jeweils standen, wird es keine einheitliche Deutung geben können.

In Dramen mit historischem Hintergrund handelt es sich nicht etwa um eine Revision des historischen Geschehens – dies mag in manchen Fällen versucht worden sein –, sondern um eine glaubwürdige ‚Poetisierung' der Wahrheit über die im Zentrum des Bühnengeschehens stehenden Protagonisten. Um das Beispielhafte der jeweiligen Figuren zu gestalten, dürften die Dramatiker historische Ereignisse als Vorlage für ihre Dramentexte gewählt haben. Inwieweit die wechselnden historischen Situationen den Dramatiker Hebbel zu verschiedenen Zeiten angeregt haben könnten, sich mit dem Schiller'schen Fragment zu beschäftigen, muss auch hier offenbleiben. Sicher spielt die Wahrnehmung der Vorgänge z. B. die Aufstände in Polen 1830/1863, der Krimkrieg, die Haltung des zaristischen Russlands zu Europa als Motivation eine nicht zu unterschätzende Rolle bei Hebbel, sich dem Stoff immer wieder zu zuwenden, aber auch die Frage nach dem Auslöser für die Stoffwahl ist für Friedrich Hebbel nicht aus einem Grund zu erklären und bedürfte einer eingehenden Analyse, die in diesem Rahmen nicht vorgelegt werden kann.

Das zurückgelassene Demetrius-Fragment Hebbels hatte nach dem überragenden Erfolg der *Nibelungen-Trilogie* 1861 große Erwartungen bei dem Theaterschaffenden der Zeit geweckt. Der Weimarer Intendant und Freund Dingelstedt erhob Ansprüche auf die Uraufführung.[28] Der Verleger Julius Campe legte den fragmentarischen Text im Frühjahr 1864 als Buchausgabe vor.[29] Später erhielt der tschechische Schriftsteller Ludwig Goldhann, mit dem Hebbel offensichtlich in den letzten Monaten vor seinem Tod enger verbunden war, den Auftrag, das Fragment zu vollenden,[30] wenn auch seine Leistung von Christine Hebbel später angezweifelt wurde.[31] Ob die Fassung von Goldhann, der laut Veronika Šašinková erhebliche Änderungen an dem Text von Hebbel vorgenommen hatte, die Vorlage für die Uraufführung am königlichen Hoftheater in Berlin am 10. und 12. Mai 1869 gedient hat, ist nicht belegt.

Literatur

Brief Franz Dingelstedts an Christine Hebbel, 25.12.1863 (Landesbibliothek Kiel).

Brief von Christine Hebbel an N. N. [vielleicht Max Grube], 17.02.1887 (Österreichische Nationalbibliothek Wien).

Brief von Hebbel an Wilhelm Jordan, 17.02.1858 (Österreichische Nationalbibliothek Wien).

Brief von Hebbel an Friedrich Uechtritz, 25.07.1859 (Österreichische Nationalbibliothek Wien).

Dobijanka, Olga, *Tragedia F. Hebbla ‚Dymitr' i wycieczka autora do Krakowa*. In: Ruch Literacki, Krakau 1960, S. 204–205.

Enzinger, Moriz u. Bruck, Elisabeth (Hrsg.), *Briefe an Friedrich Hebbel*, Bd. 1, Verlag der Österreichischen Akademie der Wissenschaften, Wien 1973.

Hebbel, Friedrich, *Briefwechsel 1829–1863. Historisch-kritische Ausgabe in fünf Bänden*, (= Wesselburener Ausgabe) hrsg. v. Otfrid Ehrismann, Henry Gerlach, Günter Häntzschel, Hermann Knebel u. Hargen Thomsen, Bd. 3, indicium, München 1999.

Hebbel, Friedrich, *Demetrius. Eine Tragödie*, (Nachgelassenes Werk) Hoffmann und Campe, Hamburg 1864.

28 *Brief Franz Dingelstedts an Christine Hebbel*, 25.12.1863 (Landesbibliothek Kiel).

29 *Demetrius. Eine Tragödie von Friedrich Hebbel*, (Nachgelassenes Werk) Hoffmann und Campe, Hamburg 1864.

30 V. Šašinková, *Ludwig Goldhann, ein Brünner Bewunderer Hebbels*, Universität Brünn, Bachelorarbeit, Brünn 2013.

31 *Brief von Christine Hebbel an N. N.* [vielleicht Max Grube] vom 17.02.1887 (Österreichische Nationalbibliothek Wien).

Hebbel, Friedrich, *Tagebücher. Neue historisch-kritische Ausgabe*, hrsg. v. Monika Ritzer, Tobias Eiserloh, Matthias Grüne, Hermann Knebel, Uwe Korn, Maike Schmidt u. Hargen Thomsen, Bd. 1, Eintrag Nr. 5932; 5937; 5955, Berlin–Boston 2017.

Karamsin, Nikolai, *Geschichte des russischen Reiches*, übers. v. Carl R. Goldhammer, Bd. 10, Riga 1827 (Digitalisat UB München).

Leipziger Illustrierte Zeitschrift, 3. Juli 1858, Nr. 783.

Rhode, Gotthold, *Geschichte Polens. Ein Überblick*, WBG, Darmstadt 1980.

Šašinková, Veronika, *Ludwig Goldhann, ein Brünner Bewunderer Hebbels*, Universität Brünn, Bachelorarbeit, Brünn 2013.

Schiller, Friedrich, *Über die tragische Kunst* [1792], in: *Friedrich Schiller Nationalausgabe*, Bd. 20/1Weimar 1962, S. 148–170.

Söring, Jürgen: *Rechtsordnung und Tragödie. Einige allgemeine Erwägungen mit einem Ausblick auf Grillparzers Bruderzwist in Habsburg und Hebbels Demetrius-Fragment*. In: Hebbel-Jahrbuch 2010, S. 37–61.

Suchodolski, Bogdan, *Geschichte der polnischen Kultur*, Verlag Interpress, Warschau 1986,

Wiener Zeitung, Mittwoch, 16. Dezember 1863.

Geschichte in Geschichten am Beispiel des Kinderhörspiels *Feldpost für Pauline*

Sabine B. Pfäfflin
Pädagogische Hochschule Ludwigsburg

History in stories using the example of the children's radio play *Feldpost für Pauline*

This article examines how the original contemporary radio play *Feldpost für Pauline* (2008) by Maja Nielsen uses auditory means to make history tangible and audible for children and young people. After receiving a delayed field post letter from her great-great-grandfather Wilhelm, eleven-year-old protagonist Pauline embarks on a search for traces of the First World War and a confrontation with her own family history. In alternating narrative perspectives, Wilhelm's experiences as a sixteen-year-old soldier from the beginning of the war in 1914 are described on the one hand and Pauline's dialogue with her great-grandmother in the present, in which the events of that time are reflected on, on the other. In this way, the everyday life of the 1914–1918 war and the fate of two young soldiers, Wilhelm and his friend "Piccolo", are linked to the present day and conveyed through two youthful perspectives on the events of the war at that time: On the one hand, through Pauline's contemporary perspective and, on the other, through that of her great-grandfather Wilhelm 92 years ago. The audio text thus offers numerous points of reference for historical reflection and literary learning and is ideal for discussion in German and history lessons.

Keywords: contemporary original radio play, contemporary perspectives of the First World War, reflection of history, music and sound effects in contemporary radio plays

In dem zeitgenössischen Kinderhörspiel *Feldpost für Pauline* (2008)[1] von Maja Nielsen wird der historische Kontext des Ersten Weltkriegs mit auditiven Gestaltungsmitteln eindrücklich für Kinder und Jugendliche erfahrbar und hörbar gemacht. Dies gelingt, indem zwei Geschichten parallel erzählt werden, von denen eine als Rahmenhandlung in der Gegenwart und eine als Binnenhandlung in der Zeit des Ersten Weltkriegs angesiedelt ist: Die elfjährige Protagonistin Pauline begibt sich nach Erhalt eines verspätet zugestell-

1 Vgl. ARD-Hörspieldatenbank, mit der Regie von Axel Pleuser und der Musik von Mike Herting, https://hoerspiele.dra.de/vollinfo.php?dukey=1526289&vi=1&SID (Zugriff am 01.03.2024).

ten Feldpostbriefs ihres Ururgroßvaters Wilhelm auf Spurensuche in die Vergangenheit, zugleich beginnt für sie eine Auseinandersetzung mit der eigenen Familiengeschichte. Abwechselnd werden Wilhelms Erlebnisse als sechzehnjähriger Soldat ab Kriegsbeginn im Jahr 1914 geschildert und Paulines Dialoge mit ihrer Urgroßmutter in der Gegenwart, in denen das damalige Geschehen reflektiert wird. Auf diese Weise werden der Alltag des Krieges 1914–1918 sowie das Schicksal von zwei jungen Soldaten – Wilhelm und dessen Freund ‚Piccolo' – mit der heutigen Gegenwart verknüpft. Das damalige Kriegsgeschehen wird gebunden an zwei jugendliche Perspektiven vermittelt: Zum einen durch die zeitgenössische Perspektive Paulines und zum anderen durch die ihres Urgroßvaters Wilhelm vor 92 Jahren. Damit bietet der Audiotext zahlreiche Anknüpfungspunkte zum literarischen Lernen sowie zur historischen Reflexion und eignet sich exemplarisch zur Besprechung im Deutsch- und Geschichtsunterricht. *Feldpost für Pauline* ist ein Originalhörspiel, es wurde am zweiten November 2008 im WDR erstmals gesendet, 2009 erhielt es den Deutschen Kinderhörspielpreis.[2] 2010 erschien das Hörspiel auf CD, im Juni 2010 wurde es CD des Monats[3], im Juli 2010 erreichte es auf der hr2-Hörbuchbestenliste für Kinder- und Jugendhörbücher den zweiten Platz.[4] Erst fünf Jahre nach der Erstsendung des Hörspiels erschien 2013 der gleichnamige Jugendroman *Feldpost für Pauline* im Gerstenberg Verlag.

Bezugnahme auf den Ersten Weltkrieg

Durch den Handlungskontext und die Parallelführung von zwei Erzählsträngen gelingt in dem Kinderhörspiel ein imaginativer und auditiver Brückenschlag von der Zeit des Ersten Weltkriegs (1914–1918) bis in die heutige Gegenwart und zugleich die Reflexion der damaligen Ereignisse: Die elfjährige Pauline erhält einen Feldpostbrief aus dem Jahr 1916, der vor 92 Jahren an sie adressiert wurde – aber wie kann das sein? Eigentlich war der Brief nicht für sie, sondern für ihre Ur-Urgroßmutter bestimmt, die ebenfalls Pauline hieß. Geschrieben hat den Feldpostbrief Wilhelm, Paulines Verlobter, der sich 1914, mit 16 Jahren, freiwillig zum Kriegsdienst meldete, um für den Kaiser auf dem Schlachtfeld von Verdun den Sieg zu erringen. Der Brief ist in Sütterlinschrift verfasst, Pauline kann ihn zunächst nur mühsam entziffern. Aber er macht deutlich, was Krieg bedeutet und was er Menschen antut. Indem sich Pauline im Dialog mit ihrer Urgroßmutter Lieschen auf Spurensuche in die Vergangenheit begibt, nimmt sie die Hörerinnen und Hörer mit in eine Zeit, die aus heutiger Sicht längst vergangen scheint, deren Ereignisse aber von erschreckender Aktualität sind.

2 Vgl. ARD-Hörspieldatenbank, https://hoerspiele.dra.de/vollinfo.php?dukey=1526289&vi=1&SID (Zugriff am 01.03.2024).

3 Die ‚CD des Monats' ist eine Auszeichnung des Instituts für angewandte Kindermedienforschung in Stuttgart, vgl. ebd.

4 Vgl. ebd.

Aufbau, Chronologie und Erzählperspektive des Hörspiels

Das Hörspiel beginnt mit der Rahmenhandlung, die in der Gegenwart spielt: Die elfjährige Pauline ist im Bus unterwegs zu ihrer Urgroßmutter Lieschen und telefoniert mit einer Freundin. Pauline erzählt ihr, dass ihre Familie einen Feldpostbrief erhalten habe, der vor 92 Jahren eingeworfen wurde (I/00:00–01:55). Die Gestaltung der Hörspielsequenz legt eine Fokussierung auf Pauline als homodiegetische auditive Erzählinstanz in interner Fokalisierung nahe, da nur Geräusche zu hören sind, die Pauline in dieser Situation wahrnimmt:[5] Fahrgeräusche des Busses, Ansagen von Haltestellen, Stimmengewirr von anderen Fahrgästen im Hintergrund sowie die Stimme ihrer Freundin, die durch das Telefonat nur indirekt zu hören ist. Der nachfolgende Ortswechsel zu dem Altersheim, in dem Paulines 87-jährige Urgroßmutter lebt (I/02:05), wird unter anderem durch einen veränderten Raumklang,[6] leise Radiomusik im Hintergrund, Vogelgezwitscher (I/03:44) und den Dialog von Pauline und „Oma Lieschen“[7] markiert. In diesem Dialog werden Paulines Fragen zum Inhalt und Entstehungskontext des Feldpostbriefs besprochen und reflektiert. Sie möchte wissen: „Was war denn in Verdun? Und wer war überhaupt dieser Wilhelm?“ (I/03:10–03:14) Lieschen bittet Pauline daraufhin, „die große Hutschachtel vom Schrank“ (I/03:31) herunterzuholen, in der Lieschens Mutter Erinnerungsstücke, ein Fotoalbum und viele Briefe aufbewahrt hat. Sie möchte ihrer Urenkelin nun „der Reihe nach“ (I/03:36) von dem Verfasser des verspäteten Feldpostbriefs und deren eigentlicher Adressatin erzählen:

> Hier, das war Wilhelm, der Junge mit dem Cello. Da war er sechzehn. […] Er war drauf und dran, die Musik zu seinem Beruf zu machen. Aber der Krieg kam ihm dazwischen. Seine ganze Klasse meldete sich freiwillig zum Dienst an der Waffe – lauter Siebzehn- und Achtzehnjährige, mit großem Hurra. Wer nicht mitmachte, war ein Feigling. Und das wollte Wilhelm nicht sein. Obwohl er, wie gesagt, ansonsten sehr zurückhaltend war, auch bei Pauline. […] Pauline hat natürlich gespürt, dass Wilhelm sie mochte, aber er traute sich einfach nicht, ihr seine Liebe zu gestehen. Doch jetzt, als er wegmusste, wurde es höchste Eisenbahn – er wollte klare Verhältnisse schaffen. Sie trafen sich auf dem Bahnhof, kurz vor der Abfahrt. (I/03:53–05:08)

Wilhelms Feldpostbriefe sind an Oma Lieschens Mutter adressiert, die ebenfalls Pauline hieß. Die beiden haben sich erst kurz vor Wilhelms Abreise an die Front gestanden, was sie

5 Vgl. E. Huwiler, *Erzähl-Ströme im Hörspiel. Zur Narratologie der elektroakustischen Kunst*, mentis, Paderborn 2005, S. 98.

6 Vgl. M. Preis, *Hörmedien für Kinder und Jugendliche. Ästhetische und didaktische Perspektiven*, in: *Klangwelten für Kinder und Jugendliche. Hörmedien in ästhetischer, didaktischer und historischer Perspektive* (= kjl&m 21.extra), hrsg. v. P. Josting u. M. Preis, kopaed, München 2021, S. 17–54, hier S. 35.

7 Oma Lieschen ist nicht Paulines Großmutter, wie die Bezeichnung nahelegt, sondern ihre Urgroßmutter.

füreinander empfinden. Das Zitat zeigt, dass Oma Lieschen in der Binnenhandlung, die in der Vergangenheit der Ersten Weltkriegs angesiedelt ist, als Erzählerin fungiert, insbesondere bei den Übergängen zwischen der Rahmenhandlung in der Gegenwart und der Binnenhandlung in der Vergangenheit. Es folgt eine Hörspielsequenz, die die Abschiedsszene auf dem Bahnhof zunächst aus Wilhelms Perspektive vermittelt. Die Hintergrundgeräusche kontextualisieren die Szene auf dem Bahnhof inmitten von Soldaten, die an die Front fahren und dabei Kriegslieder singen und Wilhelm wird von einem Bekannten auf seine Teilnahme am Krieg angesprochen. Danach folgt ein Gespräch zwischen Wilhelm und Pauline, in dem sie sich – wie zuvor von Oma Lieschen in der Rahmenhandlung angekündigt – gegenseitig ihre Liebe gestehen. Hierbei erklingen auch zum ersten Mal die beiden Cello-Motive, die mit den Protagonisten assoziiert sind. Nachdem Wilhelm abgefahren ist, wechselt die Erzählinstanz; das weitere Geschehen ist nun aus Paulines Perspektive zu hören: „Pass auf dich auf" (II/01:33), flüstert sie leise, als der Zug anfährt. Weil sie dabei weint, wird sie von einem Unbekannten mit Propaganda-Parolen konfrontiert, die sie trösten sollen (II/01:33–01:48). Es folgt ein Ortswechsel und Zeitsprung zu Wilhelms militärischer Grundausbildung (II/01:51), diese wird von Oma Lieschen rückblickend berichtet und kommentiert. Wilhelms Feldpostbriefe werden einfühlsam von Tom Schilling gesprochen und jeweils mit kontextadäquaten Hintergrundgeräuschen (II/02:43) illustriert. Für jugendliche Hörerinnen und Hörer wird so unmittelbar deutlich, dass die darin geschilderten Erlebnisse aus Wilhelms Perspektive in interner Fokalisierung geschildert werden. Seine Erfahrungen als junger Soldat bleiben jedoch nicht nur auf die Feldpostbriefe beschränkt, sondern werden auch in zahlreichen Hörspielsequenzen (z.B. II/03:34–03:47 oder II/04:35–05:03) vermittelt. Im weiteren Verlauf des Hörspiels wechselt die auditive Erzählperspektive immer wieder in der beschriebenen Weise, so dass der Wechsel zwischen Rahmen- und Binnenhandlung stets gut verständlich ist und sich ein multiperspektivischer Blick auf Wilhelms und Paulines Erlebnisse im Ersten Weltkrieg sowie auf deren Bezüge zur Erzählgegenwart in der Rahmenhandlung ergibt.

Auditive Darstellung des Krieges

Mentalitätsgeschichtliche Aspekte des Ersten Weltkriegs werden sowohl mit hörspielspezifischen Gestaltungsmitteln wie Stimme, Sprache, Geräuschen und Musik vermittelt[8] als auch durch die militär- und propagandakritische Kommentierung von Paulines Urgroßmutter:

> Dass es kein Spaziergang werden würde, merkte Wilhelm schon während der zehn Wochen Grundausbildung: stramm stehen, exerzieren, penible Ordnung halten. Stumpfer militärischer Drill. [...] Der ärgste Schleifer war ein kleiner, dicklicher Mann, mit wichtigtuerischem Gehabe und einem gezwirbeltem Bart. Im Zivil-

8 Vgl. ebd., S. 32.

> leben war er zweiter Kellner in einem drittklassigen Restaurant gewesen. Dort musste er immer buckeln. Auf dem Kasernenhof war er dagegen eine ganz große Nummer: Unteroffizier Block. (II, 01:54–02:39).

Damit widerspricht Lieschen der propagandistischen Narration des Krieges als ‚Spaziergang' oder gar heldenhaftes Abenteuer, mit der Wilhelm und Pauline unmittelbar zuvor bei ihrem Abschied am Bahnhof konfrontiert werden. Wilhelm wird bei seiner Abreise an die Front mit einem zur Zeit des Ersten Weltkriegs verbreiteten Kriegspropaganda-Spruch begrüßt: „Jeder Schuss ein Russ, jeder Stoß ein Franzos'" (II/005–009).[9] Auch Paulines Abschiedstränen werden von einem ihr Unbekannten mit propagandistischen Parolen kommentiert:

> Aber, warum weinen Sie denn, junges Frollein? Im Herbst, wenn die Blätter fallen, sind unsere eisernen Helden wieder zurück. Das hat der Kaiser versprochen. Ein Spaziergang wird das, nach Paris! Sieg! Sieg für unser deutsches Vaterland!" (II/01:35–01:49)

Aus der Bemerkung spricht die zu Beginn des Ersten Weltkriegs verbreitete Fehleinschätzung, es handele sich nur um einen relativ kurzen Krieg: „In den europäischen Hauptstädten wurde in der Julikrise 1914 mit einem kurzen und lokal begrenzten Krieg gerechnet, was sich aber schnell als Trugschluss herausstellte."[10] Das weitere Kriegsgeschehen an der Front wird in zahlreichen Hörspielsequenzen, durch Wilhelms Feldpostbriefe sowie durch Lieschens Erzählung und Kommentierung des Geschehens vermittelt:

> Nach drei Monaten Krieg wusste man in Deutschland, dass es kein Blitzkrieg werden würde, wie alle gehofft hatten. Der Krieg würde sich nicht so schnell wieder verziehen, wie man ihn herbeigejubelt hatte. Quer durch Europa kämpften die Soldaten gegeneinander – grauenvoll. Beim Krieg im Westen wurden die jungen Männer als Kanonenfutter verheizt, ohne dass man auch nur einen Meter Boden gewann. (III/00:18–00:45)

Bei der Darstellung des Krieges spielt auch Musik eine wichtige Rolle, das wird exemplarisch kurz nach der oben zitierten Hörspielsequenz deutlich. Man hört zunächst Sirenen mit absteigendem Ton, der mit einem Tritonus endet (III/00:10–00:20). Der Krieg erklingt in mehreren Szenen im Hörspiel in G-Moll; die Besetzung ist ein Streichorchester, dieses wird mehrfach kombiniert mit Sirenen. Bei den Intervallen ist häufig ein Tritonus zu hören, dessen dissonanter Klang in der Musik oft mit Unruhe und Leid in Verbindung

---

9 Vgl. Deutsche Digitale Bibliothek: https://www.deutsche-digitale-bibliothek.de/item/A3BOWJZ5DPSKYJK5UFW5KBVR5MJQ56YH (Zugriff am 15.09.2024).

10 Steffen Barth/Ulrich Schnakenberg: *Der Erste Weltkrieg im Geschichtsunterricht. Gegenwartsbezüge und geschichtsdidaktische Bezüge*, in: Geschichte lernen, H. 2011, 2023, S. 2–8, hier S. 4.

gebracht wird. Die langen Töne, die zu hören sind, lassen sich mit der scheinbaren Endlosigkeit des Krieges assoziieren.

Charakterisierung der Protagonisten durch musikalische Leitmotive

Die Musik übernimmt im vorliegenden Hörspiel unter anderem die Funktion leitmotivischer Figurencharakterisierung. Damit trägt sie entscheidend dazu bei, dass sich die jugendlichen Hörerinnen und Hörer in die Emotionen der Protagonisten hineinversetzen und den Handlungskontext nachvollziehen können. Das ist aufgrund der historischen Distanz, die die Binnenhandlung des Hörspiels zur heutigen Gegenwart aufweist, wesentlich für die Rezeption des Audiotexts. Zunächst wird Wilhelm ein Cello-Motiv in Ces-Dur zugeordnet, das klanglich an seine beruflichen Pläne anknüpft – er möchte Cello studieren. Außerdem wird dieses Motiv mit einer ähnlichen Cello-Melodie in Es-Dur verbunden, die Pauline zugewiesen wird. Beide Motive haben zwar unterschiedliche harmonische Konsequenzen, basieren jedoch auf demselben Ton. Da sie oft gemeinsam erklingen, lassen sie sich auch mit der Beziehung der beiden Protagonisten zueinander assoziieren: mit ihrer Liebe, aber auch ihrer Sehnsucht nacheinander, die sich durch die räumliche Distanz infolge des Kriegsgeschehens ergibt. Beide Motive erklingen zum ersten Mal, als sich Pauline und Wilhelm, kurz vor dessen Abreise an die Front, ihre Liebe gestehen (II/00:36–01:12). Als Kontrast dazu dienen die Gesänge der Kameraden, die am Bahnsteig Soldatenlieder singen. Während diese Gesänge Wilhelms militärische Pflichten symbolisieren könnten, lässt sich das Cello-Motiv eher mit seinen künstlerischen Ambitionen assoziieren. Beide Motive sind später erneut, nun in höherer Lage, zu hören, als Wilhelm in einem Brief Paulines erfährt, dass er Vater wird (vgl. VIII/01:03–01:37). Die Cello-Motive sind im Hörspiel überwiegend extradiegetisch, das heißt nur für die Rezipienten, nicht aber für die Figuren im Hörspiel wahrnehmbar, und haben als figurencharakterisierende Leitmotive semantische Funktion.[11] In einigen Hörspielsequenzen haben sie zugleich semantische und syntaktische Funktion, etwa wenn durch die Musik der Übergang von Erzähl- und Dialogpassagen in der Rahmenhandlung zu einem von Wilhelms Feldpostbriefen während des Ersten Weltkriegs gekennzeichnet wird. Das Cello-Motiv markiert hier den Wechsel der Erzählperspektive sowie einen Ortswechsel und Zeitsprung in die Vergangenheit, zugleich lässt es sich symbolisch auch auf Wilhelms Emotionen und Erleben beziehen (IV/03:17–03:43). In einer Hörspielsequenz ist das Cello-Spiel als intradiegetische Musik Teil der Handlung, als Wilhelm und sein Freund Piccolo bei der Durchsuchung eines Hauses von französischen Soldaten überrascht werden. Wilhelm hatte kurz zuvor ein Cello im Haus gefunden und begonnen, darauf zu spielen. Dies setzt er, obwohl sie nun von ihren Gegnern bedroht werden, unbeirrt fort. Die Soldaten sind unschlüssig, wie sie darauf reagieren sollen, bis schließlich ein Vorgesetzter dazukommt und Wilhelm bittet weiterzuspielen. Wilhelm spielt ihm ein Adagio vor, der

11 Vgl. E. Huwiler, *Erzähl-Ströme im Hörspiel. Zur Narratologie der elektroakustischen Kunst*, S. 61.

andere hört zu, und als die Musik verklungen ist, möchten sich beide Männer nicht mehr bekämpfen. Stattdessen sorgt der Franzose dafür, dass Wilhelm den Krieg überlebt, indem er ihn in Kriegsgefangenschaft nimmt (vgl. IX/05:00-X/01:28). Die Musik, so die implizite Botschaft, vermag hier quasi als ‚universelle Sprache' sogar über die Grenzen des Kriegsgeschehens hinweg Verständigung und Mitmenschlichkeit zu initiieren.

Aspekte literarischen und historischen Lernens

Literarisches Lernen kann mit Hörspielen gezielt initiiert werden.[12] Die stimmliche Realisierung durch die Sprecherinnen und Sprecher fördert die Perspektivübernahme, im vorliegenden Hörspiel wird dieser Prozess zudem durch musikalische Leitmotive, die zur Figurencharakterisierung beitragen, unterstützt und intensiviert. Aufgrund der sprechgestaltenden Darstellungsweise der Sprecherinnen und Sprecher können Lernende die Perspektiven literarischer Figuren im Hörspiel meist gut, zum Teil sogar besser als in Printtexten nachvollziehen. Bei *Feldpost für Pauline* wird die Imagination von Wilhelms Perspektive und Erleben als junger Soldat auch dadurch intensiviert, dass seine Feldpostbriefe ausdrucksstark von Tom Schilling gesprochen werden, der auch Wilhelms Rolle in den Hörspielsequenzen im Rahmen der Binnenhandlung übernimmt. Das Verständnis der narrativen Handlungslogik[13] und Chronologie wird durch den auditiv deutlich wahrnehmbaren Wechsel zwischen Rahmen- und Binnenhandlung erleichtert, dieser wird unter anderem durch den Wechsel der Stimmen und der Erzählperspektive markiert. Vorstellungsbildung[14] bzw. das Bebildern der „innere Bühne"[15] wird in Hörspielen durch auditive Gestaltungselemente wie u.a. Geräusche, Musik, Raumklang, Stimmen und Sprechgestaltungen angeregt. Die genannten Aspekte können mit höranalytischen und produktiven Aufgabenstellungen im Unterricht thematisiert werden. Andreas Wicke hat neun Dimensionen der Hörspieldidaktik formuliert, die deutlich machen, dass es eines genuin hörmedialen Lernens bedarf, um dem Hörspiel als komplexem Audiotext im Unterricht gerecht zu werden.[16] Die Besprechung von Hörspielen im Unterricht bleibt oft (noch) zu einseitig auf das Verständnis der Handlungslogik und Figurenkonstellation fokussiert, charakteristische Gestaltungselemente des Hörspieles werden dabei zu wenig berücksichtigt. Die Analyse und Reflexion der genannten genrespezifischen Merkmale sollten deshalb auch mit Aspekten literarischen Lernens verknüpft werden.[17] Das Hörspiel

12 Vgl. K. H. Spinner, *Literarisches Lernen*. Aufsätze, Reclam, Stuttgart 2022 und S. Pfäfflin, *Literarisches Lernen mit Hörspielen*, in: Deutschunterricht, Jg. 68, H.6/2015, S. 49 u. 52.

13 Vgl. K. H. Spinner, *Literarisches Lernen*, in: Praxis Deutsch (2006) 200, S. 616, hier S. 11.

14 Vgl. K. H. Spinner, *Literarisches Lernen*, S. 6–16, hier S. 8.

15 Vgl. A. Wicke, Hörspieldidaktik, in: KinderundJugendmedien.de. Erstveröffentlichung: 02.10.2019 (Zuletzt aktualisiert am: 30.01.2024). https://www.kinderundjugendmedien.de/index.php/fachdidaktik/3179-hoerspieldidaktik (Zugriff am 01.02.2024).

16 Vgl. ebd.

17 Vgl. K. Müller, *Hörtexte im Deutschunterricht. Poetische Texte hören und sprechen*, Kallmeyer, Stuttgart 2012, S. 74–85.

Feldpost für Pauline eignet sich auch zum historischen Lernen, denn Geschichte wird hier gebunden an die Perspektive von zwei jugendlichen Protagonisten vermittelt. Die elfjährige Pauline, die den Dialog mit ihrer Urgroßmutter sucht und mit ihr den Ersten Weltkrieg reflektiert, und Wilhelm, der sich als sehr junger Soldat für den Kriegseinsatz meldet.

Beide Perspektiven können jugendlichen Hörerinnen und Hörern als mögliche Zugänge zur Thematik dienen. Aus literaturdidaktischer Sicht gewinnbringend ist zudem, dass die Vergangenheit des Ersten Weltkriegs hier, aufgrund der Rahmenhandlung in der Gegenwart und rückblickenden Kommentierung durch Oma Lieschen, aus gegenwärtiger Perspektive reflektiert wird. Texte, die historische Inhalte mit einer zeitgenössischen Perspektive verknüpfen, können Schülerinnen und Schülern den imaginativen, emotionalen und intellektuellen Zugang zu historischen Themen erleichtern, deren Vergegenwärtigung ihnen ansonsten – aufgrund der zeitlichen Distanz und dem mangelnden persönlichen Bezug – eher schwerfällt.[18] „Immer wieder werden die harten Szenenbilder im Gespräch zwischen Großmutter und der jungen Pauline aufgefangen. [Die] Distanz erlaubt Entspannung, [und] festigt doch historisches Wissen."[19] Die Jury des Deutschen Kinderhörspielpreises schrieb deshalb 2009 als Begründung für die Preisverleihung:

> Spannungsvoll verbindet das Hörspiel Vergangenheit und Gegenwart. Große Geschichte wird dank der anrührenden Liebesgeschichte konkret erfahrbar, der Schrecken des Krieges verliert in der Perspektive Paulines auch für Kinder und Jugendliche des 21. Jahrhunderts nichts von seiner Brisanz. Feldpost für Pauline betreibt historische Forschung in im besten Sinn spielerisch-literarischer Form.[20]

Geschichtsdidaktische Perspektiven, die das Hörspiel aufwirft, sind in der heutigen Zeit aktueller denn je. Am Beispiel der Geschichte von Pauline und Wilhelm sowie Oma Lieschens Kommentierung und Reflexion des Ersten Weltkriegs kann exemplarisch diskutiert werden, welche Folgen übersteigerter Nationalismus haben kann, welche Faktoren einen militärischen Konflikt begünstigen und welche Faktoren und Handlungsweisen ihn eher verhindern können,[21] aber auch, welche Konsequenzen ein Krieg für die beteiligten Individuen, Familien und Nationen hat: „Wie das Beispiel des Krieges in der Ukraine, aber auch andere Kriege weltweit auf traurige Weise zeigen, gibt es gegenwärtig und wohl auch in naher Zukunft zu diesen Themen einen erheblichen Orientierungsbedarf."[22]

---

18 S. Pfäfflin, *Auswahlkriterien für Gegenwartsliteratur*, 3. korr. u. überarb. Aufl., Schneider 2024, Baltmannsweiler 2024, S. 31.

19 S. Vosseler, *Hörbogen Feldpost für Pauline*. https://www.ohrenspitzer.de/files/Hoerboegen_mit_Verlinkung/Hoerbogen_Feldpost_f%C3%BCr_Pauline.pdf (Zugriff am 03.01.2024).

20 Filmstiftung, https://www.filmstiftung.de/news/feldpost-fur-pauline-von-maja-nielsen-gewinnt-deutschen-kinderhorspielpreis/ (Zugriff am 04.01.2024).

21 Vgl. S. Barth, U. Schnakenberg, *Der Erste Weltkrieg im Geschichtsunterricht. Gegenwartsbezüge und geschichtsdidaktische Bezüge*, S. 5.

22 Ebd, S. 7.

Literatur

ARD-Hörspieldatenbank: https://hoerspiele.dra.de/vollinfo.php?dukey=1526289&vi=1&SID [Zugriff am 01.03.2024].

Barth, Steffen u. Schnakenberg, Ulrich, *Der Erste Weltkrieg im Geschichtsunterricht. Gegenwartsbezüge und geschichtsdidaktische Bezüge*, in: Geschichte lernen, H. 2011, 2023, S. 2–8.

Deutsche Digitale Bibliothek: https://www.deutsche-digitale-bibliothek.de/item/A3BOWJZ5DPSKYJK5UFW5KBVR5MJQ56YH [Zugriff am 15.09.2024].

Filmstiftung: https://www.filmstiftung.de/news/feldpost-fur-pauline-von-maja-nielsen-gewinnt-deutschen-kinderhorspielpreis/ [Zugriff am 04.01.2024].

Huwiler, Elke, *Erzähl-Ströme im Hörspiel. Zur Narratologie der elektroakustischen Kunst*, mentis, Paderborn 2005.

Müller, Karla, *Hörtexte im Deutschunterricht. Poetische Texte hören und sprechen*, Kallmeyer, Stuttgart 2012.

Nielsen, Maja, *Feldpost für Pauline*, Gerstenberg, Hildesheim 2013.

Nielsen, Mala, *Feldpost für Pauline*, Regie: Axel Pleuser, WDR 2008.

Pfäfflin, Sabine, *Auswahlkriterien für Gegenwartsliteratur*. 3. korr. u. überarb. Aufl., Schneider Baltmannsweiler 2024.

Pfäfflin, Sabine, *Literarisches Lernen mit Hörspielen*, in: Deutschunterricht, Jg. 68, H.6/2015, S. 49–52.

Pfäfflin, Sabine, *Zeitgenössische Hörspiele in der Sekundarstufe*, in: *Klangwelten für Kinder und Jugendliche. Hörmedien in ästhetischer, didaktischer und historischer Perspektive* (= kjl&m 21.extra), hrsg. v. Josting, Petra u. Preis, Matthias. kopaed, München 2021, S. 273–281.

Preis, Matthias, *Hörmedien für Kinder und Jugendliche. Ästhetische und didaktische Perspektiven*, 17–54, in: *Klangwelten für Kinder und Jugendliche. Hörmedien in ästhetischer, didaktischer und historischer Perspektive* (= kjl&m 21.extra), hrsg. v. Josting, Petra u. Preis, Matthias, kopaed, München 2021, S. 17–54.

Spinner, Kaspar H., *Literarisches Lernen*, in: Praxis Deutsch (2006) 200. S. 6–16.

Spinner, Kaspar H., *Literarisches Lernen*, Reclam, Stuttgart 2022.

Vosseler, Sven, *Hörbogen Feldpost für Pauline*. https://www.ohrenspitzer.de/files/Hoerboegen_mit_Verlinkung/Hoerbogen_Feldpost_f%C3%BCr_Pauline.pdf [Zugriff am 03.01.2024].

Wicke, Andreas, *Hörspieldidaktik*, in: KinderundJugendmedien.de. Erstveröffentlichung: 02.10.2019. (Zuletzt aktualisiert am: 30.01.2024). https://www.kinderundjugendmedien.de/index.php/fachdidaktik/3179-hoerspieldidaktik [Zugriff am 01.02.2024].

Wicke, Andreas, *Kinderhörspiel*, in: KinderundJugendmedien.de. Erstveröffentlichung: 04.02.2016. (Zuletzt aktualisiert am: 21.05.2023). URL: https://www.kinderundjugendmedien.de/index.php/begriffe-und-termini/1491kinderhoerspiel [Zugriff am 01.02.2024].

„Meine Obsession ist mein Lebenslauf“

Der Mensch im Drama der Geschichte in der Volksrepublik Polen – eine Skizze von Janusz Krasińskis Dramen

Agata Mirecka
Uniwersytet Komisji Edukacji Narodowej w Krakowie

"My obsession is my life" The Man in the drama of history in Poland after the Second World War – an outline of Janusz Krasiński's dramas

The text is an analysis of the work of Janusz Krasiński, a playwright whose oeuvre is relatively unknown in Poland. The analysis focuses on selected dramas by Krasiński, examining their themes and attempting to interpret them in the context of historical events in Poland during the communist era. The biography of the author, shaped by the historical context in which he lived, is of great significance in this analysis. Krasiński's works are regarded as historical dramas with anthropodramatic elements. The text presents a comprehensive overview of the aforementioned topic, and a detailed examination of Krasiński's dramas necessitates further inquiry.

Keywords: drama, communist Poland, Janusz Krasinski, repression, regime, *Krzak gorejący* [Burning Bush]

> Ein Kunstwerk ist [...] das Produkt einer Verhandlung zwischen einem Schöpfer oder einer Klasse von Schöpfern, die über ein komplexes Repertoire von Konventionen verfügen, die allen gemeinsam sind, und gesellschaftlichen Institutionen sowie Praktiken. Um das Ziel der Verhandlung zu erreichen, muss der Künstler die geeignete Währung schaffen, über die der Austausch erfolgen kann. Es ist wichtig zu betonen, dass es sich bei diesem Prozess nicht um eine bloße Assimilation, sondern um einen gegenseitigen Austausch handelte, denn die Existenz der Kunst setzt immer eine wechselseitige Beziehung voraus, die in der Regel an Lust und Interesse gemessen wird.[1]

Dies sind die Worte von Stephen Jay Greenblatt, der davon ausgeht, dass ein literarisches Werk, um bei dieser Metapher zu bleiben, ebenso eine Währung ist wie andere Werke:

---

1 S. Greenblatt, *Towards*, in: *Teorie literatury XX wieku*, hrsg. v. A. Burzyńska, M.P. Markowski, Wydawnictwo ZNAK, Kraków 2007, S. 510. Alle nicht anders gekennzeichneten Übersetzungen stammen von A.M.

Reise-, Gerichts-, Rechts-, Medizin-, Theologie-, Geschichtswerke usw., deren Funktion darin besteht, die Werte und Bedeutungen zu produzieren und in die Zirkulation einzubringen, ohne die keine Kultur – verstanden als ein sich selbst regulierendes System – existieren könnte. Der Begriff der Zirkulation ersetzt nach Greenblatt die traditionellen Begriffe, die das Verhältnis zwischen Text und Wirklichkeit beschreiben: Anspielung, Symbolisierung, Allegorisierung, Repräsentation oder Mimesis. Diese Ansätze erweisen sich als unzureichend, wenn es darum geht, die Prozesse zu beschreiben, durch die Material – offizielle Dokumente, private Papiere, Zeitungsausschnitte usw. – aus einer diskursiven Sphäre in ästhetisches Eigentum überführt und dadurch von der dominanten Gruppe angeeignet wird.

Jedes literarische Werk ist also in irgendeiner Weise mit der historischen Situation verbunden, in der es geschrieben wurde oder auf die es sich bezieht. Seit der Romantik folgt die Literatur nicht mehr nur allgemeinen, unveränderlichen Mustern, sondern ist ein Vermittler historischer Prozesse oder ein Bewerter historischer Entwicklungen. Die bloße Untersuchung eines literarischen Werks im Bezug auf seine Struktur lässt historische Faktoren außer Acht, und die Berücksichtigung der sozio-politischen Veränderungen, in denen das betreffende Werk entstanden ist, hat die Theorie des Historismus in der Literaturwissenschaft geprägt und so die Forschungsperspektive verschoben.

Gegenstand dieser Auseinandersetzung ist jedoch nicht der Einfluss äußerer Faktoren auf die Entstehung eines literarischen Werkes, sondern das Potenzial des darin enthaltenen historischen Inhalts. In Bezug auf dramatische Werke läßt sich nach Asmuth bemerken:

> Zum Verständnis eines Dramas und überhaupt eines literarischen Werkes sind auch Faktoren heranzuziehen, deren Sinnanteil so unausdrücklich ist wie der der Symbole und Formelemente, die darüber hinaus aber dem Text nicht einmal als Sinnträger angehören, vielmehr nur eine Sinnkulisse abgeben und in den Text selbst bloß rudimentär hineinragen. Dazu zählt alles, was der Autor bei dem ins Auge gefaßten Publikum als bekannt und gültig voraussetzt, was den Nachgeborenen oder Angehörigen eines anderen Kulturkreises aber großenteils nicht geläufig ist, also der ganze Gegenstandsbereich des Kollektivbewußtseins oder Zeitgeistes, soweit er von dem Werk abgerufen wird, der historisch-soziale Kontext, wie man auch sagt. [...] Zu Lessings „Minna von Barnhelm", der anläßlich des Siebenjähriges Krieges verfaßten Soldatenkomödie, bemerkte Christian Felix Weiße schon nach zwei Jahrzehnten: „und wieviel verliert selbst die vortreffliche Minna, wenn man nicht mit den Umständen des damaligen Krieges bekannt ist. [...] Im Einzelnen gehören zum Kontext Personen, Institutionen und Ereignisse der Zeitgeschichte, auf die das jeweilige Drama anspielt, Gegenstände des zeitspezifischen Schul- und überhaupt Bildungswissens einschließlich literarischer Kenntnisse, aber auch ästhetische, moralische und ideologische Normen, die sich im Reden und Handeln der Figuren auswirken.[2]

2 B. Asmuth, *Einführung in die Dramenanalyse*, J. B. Metzler Verlag, Stuttgart 2016, S. 176.

Besondere Aufmerksamkeit soll hier dem polnischen Dramatiker, Prosaiker, Reporter und Hörspielautor Janusz Krasiński[3] gewidmet werden. Der 1928 in Warschau geborene Sohn eines Geschäftsmannes war während des Zweiten Weltkriegs ab 1941 Mitglied der Pfadfinderorganisation *Szare Szeregi*. Nach dem Warschauer Aufstand wurden er und seine Mutter in das Transitlager Pruszków und dann nach Auschwitz-Birkenau (Lagernummer 191497) geschickt. Danach wurde er in das Lager Hersbruck bei Nürnberg verlegt, ein Außenlager des Konzentrationslagers Flossenbürg. Von dort wurde er Ende Mai 1945 zu Fuß nach Dachau evakuiert, wo er Ende April 1945 von US-Truppen befreit wurde. Er blieb bis 1947 in der amerikanischen Besatzungszone in Deutschland.

Bei seiner Rückkehr nach Polen wurde er von der militärischen Spionageabwehr wegen angeblichem Agentendienst für amerikanischen Geheimdienst verhaftet. Vom Militärbezirksgericht in Warschau wurde er zu 15 Jahren Gefängnis verurteilt. Von 1947 bis 1956 war er in Warschau Mokotów inhaftiert. Dort waren etwa 100 Gefangene in einer kleinen Zelle untergebracht. Krasiński war dort unter anderem mit Władysław Bartoszewski, Tadeusz Płużański und dem Adjutanten von General Tadeusz Bór-Komorowski, Ryszard Krzywicki-Jamont verhaftet. 1956 wurde er im Zuge der Amnestie aus dem Gefängnis entlassen, erst 1998 im freien Polen wurde Janusz Krasiński von der Militärkammer des Obersten Gerichtshofs von den Vorwürfen freigesprochen.

Er debütierte literarisch 1956 in der Zeitschrift *Po prostu* [Einfach] mit dem Gedicht *Karuzela* und in der Wochenzeitung *Przegląd kulturalny* [Kulturblatt] mit der Kurzgeschichte *Potworek*. In seinem Werk griff er in der Regel Themen auf, die die jüngere Geschichte, das individuelle und kollektive Leiden der Polen während des Zweiten Weltkriegs, der deutschen Besatzung und des Kommunismus im Leben der einzelnen Opfer totalitärer Systeme betreffen.

„Meine Obsession ist meine Lebensgeschichte“ – erklärte Krasiński. Das Motiv der Zeugenaussage, wie man Krasińskis Werk betrachten kann, ist in ethischen Überlegungen immer untrennbar mit der Zeugenschaft, der Pflicht zur Erinnerung und der Sublimierung der Erinnerung an das Wahre, aber Unbekannte, Verschwiegene und manchmal Heuchlerische sowie Unerwünschte verbunden. Es ist die Gesamtheit dieser Erfahrung, die sich in der Erinnerung manifestiert: individuell und kollektiv, persönlich und im Schicksal anderer, die Krasiński in sein literarisches Zeugnis aufnimmt. Zeugnis ablegen, das hat Krasiński zu seinem schöpferischen Credo gemacht – seine erste Motivation und sein letztes Engagement, das er bis an sein Lebensende verfolgt hat. Krasiński wollte mit seinem Werk ein Zeugnis für die Existenz der Verstorbenen ablegen – der Gefolterten, Erschossenen, in der Todeszelle Gehängten – der Unschuldigen.

Das Drama *Krzak gorejący* [Brennende Büsche] wurde 2013 in einem Band mit anderen Dramen Janusz Krasińskis veröffentlicht und behandelt das Schicksal des legendären polnischen Sozialistenführers Kazimierz Pużak in einem stalinistischen Gefängnis. Pużak war ein erfahrener Unabhängigkeitsaktivist, ein Gefangener des zaristischen

3 Vgl. M. Urbanowski, *Janusz Krasiński – świadek dwóch totalitaryzmów*, 02.01.2025, https://przystanekhistoria.pl/pa2/teksty/112440,Janusz-Krasinski-swiadek-dwoch-totalitaryzmow.html (Zugriff am 08.04.2025).

Regimes in der berüchtigten Festung Szlisselburg und schließlich – als Vorsitzender des im Untergrund agierenden Rates der nationalen Einheit – vom NKWD verhaftet und in der Lubianka inhaftiert. Nach dem Zweiten Weltkrieg wurde er, diesmal von den neuen polnischen Machthabern, verhaftet, nachdem er sich geweigert hatte, politisch zu kooperieren oder gar zu emigrieren, und in einem Prozess gegen führende Vertreter der PPS (Polska Partia Socjalistyczne) [Polnische Sozialistenpartei] zu zehn Jahren Haft verurteilt. Im Gefängnis von Rawicz ist er gestorben, nachdem er unzureichend medizinisch versorgt worden war.

Krasińskis Drama spielt in den letzten Lebensmonaten des Sekretärs, obwohl es mit einer Szene von Pużaks Beerdigung beginnt und endet. Wie *Krzak gorejący* zeigt, war der Tod des Sekretärs – wiederholt in der Strafzelle festgehalten, die Treppe hinuntergestoßen, im Winter ohne eine richtige Decke und ohne medizinische Versorgung wegen erneuter Geschwüre – kein Zufall. Pużak hätte ihn vermeiden können, wenn er sich von seinen eigenen Überzeugungen abgewandt, den neuen Behörden Genugtuung geleistet und ein Gnadengesuch geschrieben hätte. Er gab sich bewusst einem langsamen Tod im Gefängnis hin, auch wenn er wusste, dass er damit nichts ändern würde. Mit seinem Gnadengesuch hätte er sich jedoch nicht nur vor seinen Feinden gedemütigt, sondern ihnen ein weiteres Propagandainstrument in die Hand gegeben, mit dem sie die Polen täuschen und ihre Macht festigen konnten.

> Der Westen hat das alles nicht verstanden oder wollte es zumindest nicht verstehen. Die Verurteilung von Mitgliedern einer ausländischen Regierung für angebliche Taten auf ihrem eigenen Territorium ist in einem internationalen Fall beispiellos. Und was haben sie dagegen unternommen? Sie erkannten eifrig die von den Sowjets über Polen verhängte Marionettenregierung an. Nichts hätte verabscheuungswürdiger... werden können. [...] Nur das gelobte Land entpuppte sich als eine Hölle der Emigration. Er [General Anders] verstand wie wenige, dass die Politik der Versöhnung mit der Sowjetunion zum Scheitern verurteilt war. Und dass ihre Urheber, früher oder später mit Schimpf und Schande bedeckt, von den Sowjets vernichtet werden würden.[4]
> Die Welt wird eines Tages verstehen, was für ein schreckliches Verbrechen es ist, ein Volk durch ein anderes Volk zu versklaven. Sie wird es verstehen und vielleicht Sanktionen dafür finden. Selbst wenn der Partitionär die Sklaverei unter dem Banner der Gleichberechtigung und des Sozialismus verstecken will. Ich bin definitiv ein Abolitionist.[5]

Diese Worte des Sekretärs, des Protagonisten von Krasińskis Drama, sollten das Denken vieler Polen kurz nach dem Krieg widerspiegeln, die sich von der sowjetischen Propaganda nicht täuschen ließen und ihr nicht nachgaben. Pużak bleibt unbeirrt in seiner Überzeu-

4 J. Krasiński, *Krzak gorejący. Dramaty*, hrsg. v. Agnieszka Kramkowska-Dąbrowska, Instytut Badań Literackich PAN, Warszawa 2013, S. 427.

5 Ebd., S. 463.

gung – weder körperliches Leid noch die zahlreichen Demütigungen, denen er ausgesetzt ist, können ihn brechen. Auch wenn er am Ende stirbt – er siegt im Geiste. Krasiński blieb in seinen Werken der Darstellung einer bedrückenden, einkesselnden Realität treu, wollte aber auch heroische Haltungen zeigen, die immer weniger darauf ausgerichtet sind, ihr eigenes Leben zu retten, sondern nach einem Weg suchen, ihre Würde zu bewahren und moralischen Prinzipien treu zu bleiben.[6]

Vor diesem Hintergrund sticht eine ungewöhnliche Geschichte hervor, die der Autor zunächst für das Radio und dann für die Bühne umsetzte und der er den Titel *Filip z prawdą w oczach* [Filip mit der Wahrheit in seinen Augen] gab. Filip ist ein Pferd, dessen Besitzerin, eine Frau, die für den Personentransport auf ihrem Pferdewagen sorgt, eine Eigenschaft hat, die unter den Bürgern der Volksrepublik Polen damals äußerst selten war: sie sagt nur die Wahrheit. Der Respekt der alten Chojnowska vor Ehrlichkeit und Wahrhaftigkeit ist der Grund für den Konflikt der Protagonistin mit den Bewohnern der Kleinstadt.[7] Die Hauptfigur ist hier die alte Chojnowska, die von ihrem Vater in der harten moralischen Strenge der Vorkriegszeit erzogen wurde. Wie sie sich erinnert:

> Er leitete ein riesiges Gestüt. Es gab kein größeres Gestüt in der ganzen Gegend. Und im ganzen Gestüt gab es keine falsche Pferderasse, nur Araber und Engländer. Und wenn jemand ein Pferd von meinem Vater kaufen wollte, konnte er es mit geschlossenen Augen tun. Er wurde nie getäuscht. Und zu mir hat mein Vater immer gesagt: Denk an zwei Dinge, dass du niemals ein Pferd schlagen darfst und dass du den Leuten immer die Wahrheit sagen sollst. Und so ist es jetzt mit mir.[8]

Filip z prawdą w oczach (1968) liefert ein ebenso erschreckendes, wenn auch etwas verschleiertes Bild der Verflechtungen, Betrügereien und Abhängigkeiten, die in einem System erstarrt sind, das die moderne Soziologie als klientelistisch bezeichnet und dessen Hartnäckigkeit dadurch bestätigt wird, dass es auch heute, viele Jahre nach dem Fall des Kommunismus, noch immer das gesellschaftliche Leben pathologisiert. 1981 überarbeitete der Autor den Text und ergänzte ihn durch einen umfangreichen Auszug, der das Schicksal einer verkommenen Stadt in der Gierek-Epoche in Polen illustriert.[9]

Der Autor argumentiert, dass die menschliche Mentalität in der Falle des sozialistischen Systems ihre schlimmsten Eigenschaften entwickelt. Dieses Drama stellt eine verheerende Diagnose der polnischen Realität der 1970er Jahre dar.

Janusz Krasińskis Dramen sind in Polen kaum bekannt. Auch dieses – mit dem Titel *Bezwonne śniegi* [Geruchloser Schnee] beschreibt die Schwierigkeiten des Protagonisten während der Zeit des Kriegsrechts in Volkspolen. Das Drama wurde erst im Jahr 2013 zum ersten Mal veröffentlicht. Der Protagonist bemüht sich, die Entscheidung zur Re-

6 A. Kramkowska-Dąbrowska, *Krasiński świadectwo*, Wydawnictwo Uniwersytetu Łódzkiego, Łódź 2020, S. 143.
7 Ebd., S. 144.
8 J. Krasiński, *Krzak gorejący. Dramaty*, S. 22.
9 Ebd., S. 23.

gulierung des Flusses Bug rückgängig zu machen. Dadurch wurde den Bewohnern eines Dorfes in der Nähe von Warschau der Zugang zu Weideland für eine große Rinderherde, ihrer Haupteinnahmequelle, entzogen. Das Stück schildert eine wahre Tortur von Anklopfversuchen bei verschiedenen Ämtern und Entscheidungsträgern, in deren Verlauf sich herausstellt, dass der wahre Grund für den Start dieses umweltzerstörerischen Projekts in den Bemühungen von Gaunern liegt, Land für Grundstücke zu erwerben. Die Hauptfigur ist Szymon, das Alter Ego des Autors, der die örtlichen Bauern mobilisiert, ihre Rechte und ihr Eigentum zu verteidigen, und der diese Bemühungen dann unterstützt. Szymon steht wie die alte Chojnowska allein gegen den verkommenen Machtapparat, dessen Handeln die Grundlagen für das Funktionieren der örtlichen Gemeinschaft im Namen kurzsichtiger Privatinteressen zerstört.

Das dramatische Werk von Janusz Krasiński ist eine tragische Geschichte aus dem letzten Jahrhundert in Polen, in der die von den extremen Erfahrungen dieser Zeit geprägten Haltungen präsent sind und Reflexionen über das Wesen des Menschen und die Linie seines Schicksals miteinander verwoben sind.[10]

Die Erfahrungen, die Krasiński in seinen Dramen schilderte, stammten aus seinen eigenen Erfahrungen mit Krieg, Besatzung und Gefangenschaft sowie aus der Zeit des Volkspolens unter sowjetischer Kontrolle. Er verteilte sie auf seine Protagonisten, indem er sie sie in unterschiedliche Lebensumstände versetzte. Seine Helden führen einen Kampf, nicht immer siegreich, ums Überleben, manchmal um Würde und höhere Werte. Krasińskis Dramen zeichnen sich durch eine Poetik des scheinbar Absurden aus, die auf Schreibtechniken des Theaters des Absurden zurückgreift, um das Absurde zugleich sichtbar und kritisch zu entlarven. Dabei werden die Möglichkeiten dieser Techniken voll ausgeschöpft, jedoch so eingesetzt, dass sie realistische Inhalte transportieren.

Krasińskis Dramen sind auch historische Dramen, die die Realitäten einer vergangenen Zeit darstellen.[11] Die vorherrschende Tendenz in Werken des historischen Dramas ist entweder die Rekonstruktion von Ereignissen aus der historisch bedeutsamen Vergangenheit oder die Aktualisierung historischer Handlungen, um Lehren für die Zeitgenossen des Autors zu ziehen. Im letzteren Fall hat man es meist mit der Technik des historischen Kostüms zu tun, mit der sich der Autor zu wichtigen gesellschaftspolitischen Fragen der Gegenwart äußert.[12]

Erika Fischer-Lichte hat Geschichte als identitätsstiftende Kraft genannt. So wird es möglich, Literatur als einen Kampf zu verstehen, der sich nicht nur im Moment der schöpferischen Arbeit verwirklicht, sondern auch in Lebensentscheidungen und dem Verständnis des Sinns der eigenen Existenz. In der Philosophie von Roman Ingarden ergibt sich das Drama der menschlichen Existenz aus dem Wesen des Menschen, seiner Struktur und seinem Ort. Der Ort des Menschen spiegelt sich in der Sphäre des Bewusstseins, in

10 J. Krasiński, *Krzak gorejący. Dramaty*, S. 28.

11 Siehe dazu: M. Klecel, *W mroku PRL. Pisarstwo janusza Krasińskiego*, http://www.polska1918-89.pl/pdf/w-mroku-prl.-pisarstwo-janusza-krasinskiego,5492.pdf (Zugriff am 03.04.2025).

12 Vgl. J. Sławiński (Hrsg.), *Słownik terminów literackich*, [s. dramat historyczny], Ossolineum, Wrocław 2008, S. 108.

der Sphäre der menschlichen Erfahrungen und der menschlichen Erlebnisse.[13] Das Drama ist also der Begleiter des menschlichen Lebens, der menschlichen Geschichten. Ohne Drama wird das Leben leer, und die Geschichte entbehrt jeder Logik.

Die Dramen Janusz Krasińskis lassen sich der Gattung des realistischen Geschichtsdramas zuordnen[14], die affirmativ und konventionel sind. Dieter Lamping nach transportiert diese Art von Drama tradierte Geschichtsbilder und vermeidet auch in der Konzeption Abweichungenvon den Darstellungskonventionen der realistisch-naturalistischen Tradition.[15]

Selbstverständlich prägt die Geschichte die Identität und beeinflusst das heutige Verhalten, aber es stellt sich die Frage, ob die in der Fiktion enthaltene Geschichte eine Erinnerung, eine Ermahnung oder vielleicht ein Versuch ist, sie vor dem Vergessen zu bewahren, was bei Unverständnis auf Seiten des Empfängers oder Adressaten zu einer Obsession auf Seiten des Senders führen kann.

Literatur

Asmuth, Bernhard, *Einführung in die Dramenanalyse*, Metzler Verlag, Stuttgart 2016.

Galarowicz, Jan, *Antropodramatyka. Krakowska Szkoła Antropodramatyczna*, Petrus, Kraków 2021.

Greenblatt, Stephen, *Towards*, in: *Teorie literatury XX wieku*, hrsg. v. A. Burzyńska, M. P. Markowski, Wydawnictwo ZNAK, Kraków 2007.

Klecel, Marek, *W mroku PRL. Pisarstwo janusza Krasińskiego*, http://www.polska1918-89.pl/pdf/w-mroku-prl.-pisarstwo-janusza-krasinskiego,5492.pdf [Zugriff am 03.04.2025].

Kramkowska-Dąbrowska, Agnieszka, *Krasiński świadectwo.* Wydawnictwo Uniwersytetu Łódzkiego, Łódź 2020.

Krasiński, Janusz, *Krzak gorejący. Dramaty*, hrsg. v. Agnieszka Kramkowska-Dąbrowska, Instytut Badań Literackich PAN, Warszawa 2013.

Lamping, Dieter, *Handbuch der literarischen Gattungen*, Kröner Verlag, Stuttgart 2009.

Sławiński, Janusz (Hrsg.), *Słownik terminów literackich*, [s. dramat historyczny], Ossolineum, Wrocław 2008.

Urbanowski, Maciej, *Janusz Krasiński – świadek dwóch totalitaryzmów*, 02.01.2025 https://przystanekhistoria.pl/pa2/teksty/112440,Janusz-Krasinski-swiadek-dwoch-totalitaryzmow.html [Zugriff am 08.04.2025].

13 Vgl. J. Galarowicz, *Antropodramatyka. Krakowska Szkoła Antropodramatyczna*, Petrus, Kraków 2021, S. 45.

14 Siehe dazu: Dokumentardrama in: D. Lamping, Handbuch der literarischen Gattungen, Kröner Verlag, Stuttgart 2009, S. 132.

15 Vgl. ebd. S. 375.

Das vielschichtige Textgeflecht von Elfriede Jelineks *Stecken, Stab und Stangl* und die Gattungsfrage

Sonja Novak
Sveučilište Josipa Jurja Strossmayera u Osijeku

The Multifaceted Text of Elfriede Jelinek's Play *Stecken, Stab und Stangl* and the Question of Genre

Elfriede Jelinek's fiction and plays stretch the conventional borders of genre as well as of the audience's expectations. Her plays are difficult to label in terms of a specific style, i.e. they are in a category of their own. They can simultaneously be described as post-dramatic theatre in terms of Hans-Thies Lehmann (1999) as well as documentary theatre exhibiting strong social as well as political criticism. This criticism is often directed towards her own country and countrymen as well as towards the overwhelming eurocentrism, false morality, inertia and unwillingness to solve social issues and problems altogether. The following paper explores her play *Stecken, Stab und Stangl* and its multi-layered narrative. On the one hand, the play is a piece of documentary theatre as it revolves around the assassination of four Roma in Oberwart, Austria in 1995 as well as the reactions of the media and the politicians to the event. On the other hand, on the level of the fictional plot, the play is a piece of post-dramatic theatre with a grotesque story line of a butcher who interacts with his customers and kills them in the end. Furthermore, as the play references strongly the events of the Second World War and the role that Austria played in it, the piece can be viewed as a history play of sorts. Lastly, the play can for that reason also be viewed as an allegory for a collective tragedy of a society that has made some grave mistakes in its history, but has learnt nothing from them, and is destined to be destroyed, evoking the classic, conventional tragedy in which the protagonist dies as a result of hamartia.

Keywords: Elfriede Jelinek, multiple narratives, *Stecken, Stab und Stangl*, simultaneity

Das Leben und Werk der Nobelpreisträgerin (2004) Elfriede Jelinek, einer der bekanntesten Persönlichkeiten der deutschsprachigen Gegenwartsliteratur, verlangt keine ausführliche Vorstellung. Ihre Prosa- als auch Dramenwerke sprengen die Grenzen der Gattungskonventionen sowie Erwartungen des Lese- und Theaterpublikums. Es ist schwierig in ihren Dramen einheitliche Stilzüge und eine bestimmte Stilrichtung zu erkennen, ihre Dramenwerke sind eine Kategorie für sich: gleichzeitig fallen sie unter das sog. postdramatische wie auch dokumentarische Theater und zeigen Elemente starker gesellschaftlicher Kritik. Diese richtet sich sowohl gegen den eigenen Staat und das eigene Volk als auch gegen Eurozentrismus, falsche Moral, Trägheit und die Unwilligkeit, brennende Probleme in der Gesellschaft zu lösen.

Der vorliegende Beitrag beschäftigt sich mit ihrem Stück *Stecken, Stab und Stangl* (1996) und der Viel(ge)schichtigkeit seines Textgeflechts. Einerseits beruht das Stück auf einer wahren Begebenheit – Mord an vier Roma in Oberwart in Österreich in 1995 – und schließt Zitate aus den Medien ein, daher kann man es als dokumentarisches Theater betrachten. Andererseits aber, auf der fiktiven Handlungsebene, repräsentiert durch die Figur des Metzgers, der seine Kundschaft zerstört, handelt es sich um ein Stück postdramatischen Theaters wie es Hans-Thies Lehmann (1999) beschreibt. Zugleich kann man aber auch über eine klassische kollektive Tragödie im aristotelischen Sinne sprechen, in der das dramatische Subjekt, die Mehrheit, tragische Fehler begangen hat und deshalb leiden und sterben muss. Zuletzt, da das Drama die Ereignisse des Zweiten Weltkriegs wie auch Österreichs Rolle im Krieg direkt anspricht, kann man weiterhin über ein Geschichtsdrama im weiteren Sinne sprechen. So zeigt die vorliegende Analyse, die auf der klassischen Tragödientheorie nach Aristoteles, der Theorie des postdramatischen Theaters nach Hans-Thies Lehmann und der Theorie des dokumentarischen Theaters basiert, dass das Stück eine Gattungs- wie auch eine Handlungsvielfalt aufweist.[1]

Jelineks Stück *Stecken, Stab und Stangl* wurde von der Zeitschrift *Theater heute* zum „Stück des Jahres" 1996 gewählt, erhielt aber von der Autorin selbst ein Aufführungsverbot[2] in Österreich und wurde deshalb 1996 in Deutschland unter der Regie von Thirza Bruncken im Schauspielhaus Hamburg uraufgeführt. Im selben Jahr wurde das Stück als Hörspiel gesendet und eine Theateraufführung erlebte das Stück in Österreich erst 1997. Die Handlung dreht sich um den Mord an vier Roma im Burgenland, der als das „schwerste Attentat der 2. Republik"[3] beschrieben werden kann. 1995 wurden nämlich vier österreichische Roma in Oberwart ermordet: Erwin Horvath, Karl Horvath, Peter Sarközi und Josef Simon. Sie waren Nachfahren der wenigen Romafamilien, die Lacken-

1 Die Sprache und Intertextualität sind weitere untersuchungswerte Elemente im Stück, die eigene interpretative Dimensionen entfalten. Darüber wird in folgenden Beiträgen berichtet: M. Möseneder, *Sprache in Theater Elfriede Jelineks. Eine linguostilistische Untersuchung der Texte „Burgtheater", „Stecken, Stab und Stangl" und „Das Werk"*, Magisterarbeit, Salzburg 2007; B. Mariacher, *Die Sprache als „Werkstück"* Überlegungen zu Elfriede Jelineks poetologischem Konzept am Beispiel des Theaterstücks Stecken, Stab und Stangl (1996), in: Textpraxis # 6 (1.2013) Digitales Journal für Philologie https://www.textpraxis.net/barbara-mariacher-die-sprache-als-werkstueck , [Zugriff am 13.02.2024]. [Zeitschriftenartikel online]; C. Schmidt, *›Sprechen sein.‹ Elfriede Jelineks Theater der Sprachflächen,* in: Sprache im technischen Zeitalter 38 (2000), S. 65–74 [Zeitschriftenartikel]; M. Janz, *Das Verschwinden des Autors. Die Celan-Zitate in Elfriede Jelineks Stück ›Stecken, Stab und Stangl‹,* in: Celan-Jahrbuch 7 (1997 /98). Heidelberg 1999, S. 279–292 [Zeitschriftenartikel], und B. Kallin, *The Representation of Roma in Elfriede Jelinek's „Stecken, Stab und Stangl"*, in: Colloquia Germanica , Vol. 37, No. 2 (2004), S. 173–193.

2 Aus Protest gegen den Rechtsruck im Wahlkampf belegte Elfriede Jelinek 1996 Österreich mit einem Aufführungsverbot ihrer Stücke.

3 S. Benedik, A. Kugler, *Vor 25 Jahren: Das schwerste Attentat der 2. Republik*, https://hdgoe.at/attentat_oberwart (Zugriff am 30.01.2024).

bach und Maxglahn, Buchenwald und Ravensbrück, Auschwitz und Mauthausen überlebt hatten. Der Attentäter war österreichischer Rechtsextremist Franz Fuchs, der aus Rassismus und Nationalismus handelte. Die Behörden, Politiker wie auch Medien relativierten die Ereignisse bzw. verschoben die Schuld auf die Opfer selbst und zeigten dabei einen in der Öffentlichkeit tiefverankerten Antiziganismus. Empört darüber zerlegte Jelinek ihre Wortmeldungen und machte sie zu einem „zynisch-wortgewaltigen Stück über emotionale Abschottung“[4]. Für Jelinek werden der Tod der vier Männer und die Öffentlichkeitsreaktionen der Verantwortlichen ein Impuls für die Konstruktion einer Collage von Erinnerungen an die Vernichtung der Juden und Roma durch die Nationalsozialisten in der Vergangenheit und Reflexionen davon, die auch in ihrer Gegenwart durch den Fremdenhass immer noch präsent zu sein scheinen.

Stecken, Stab und Stangl als eine klassische Tragödie bzw. ein Trauerspiel

Der Ursprung der griechischen Tragödie ist im Dionysos-Kult und dem Rituellen zu suchen, in dem Abweichen von der Normalität und dem Alltag, in der Verkleidung und im Spiel mit Masken und Bocksfell, wobei das entscheidende Moment der Entwicklung in der Trennung eines Protagonisten vom Chor liegt. Diese Elemente sind auch bei Jelinek erkennbar, bzw. werden in den Anfangsszenen der nachvollziehbaren Handlung evoziert, jedoch mit einer Dosis Verspieltheit und Ironie. Statt eines Palastes ist der Schauplatz „eine überdimensionale Supermarkttheke in Chrom und Glas“[5]. Die als klassisch einstufbare Handlung beginnt mit einem Chor der Kunden, die beim Metzger in der Frischetheke ihr Fleisch suchen. „Einer, egal wer“[6] trennt sich von diesem Chor und beginnt zu sprechen, was eben an die Geburtsstunde der aristotelischen Tragödie erinnert. Das Ergebnis des Übergangs aus dem Rituellen in das Schauspiel ist bei Jelinek aber eine Show: auf der Bühne ist auch „[d]er Fleischer [präsent], er ist übrigens in rosa Häkelkleidung mit Häkelschürze und trägt einen gehäkelten Schweinskopf über seinem eigenen“.[7] Statt eines für die Antike charakteristischen festlichen Straßenumzugs bzw. einer Prozession mit Masken, Bocksfell und Bocksgesang, werden die Figuren mit rosa gefärbtem Häkelwaren überzogen und der Metzger mit Schweinskopf maskiert:

> Der Fleischer nimmt statt einer Antwort den Schweinskopf ab, darunter trägt er eine rosa Häkelmaske wie sie Bankräuber tragen, eine Schimütze also, die die Au-

4 o. A., *Sprachmunition, abgefeiert*, https://www.derstandard.at/story/2250796/sprachmunition-abgefeiert (Zugriff am 30.01.2024).

5 E. Jelinek, *Stecken, Stab und Stangl; Raststätte; Wolken. Heim: neue Theaterstücke: mit einem Text zum Theater*, Rowohlt Taschenbuch Verlag, Reinbek bei Hamburg 2004, S. 17.

6 Ebd.

7 Ebd., S. 22.

> gen und den Mund mit Löchern freiläßt. Er näht sich neue Ohren an den Schweinskopf, den er abgenommen hat.[8]

Das Verwandlungsmotiv und das Tragen von Masken kann als Ironie und Parodie der griechischen Urform interpretiert werden.

Der Träger der Handlung im Drama war ursprünglich ein einziger Schauspieler, der ins Gespräch mit dem Chor kam, bei Jelinek aber trennt und unterscheidet sich durch ihren Namen, neben dem „Einen, egal welchen“ auch die Margit S. Sie bleibt aber die Stellvertreterin der namenlosen Masse hinter ihr, und nimmt an einem Ritual mit dem Metzger teil. Das Übergeben des gekauften Fleischs an Margit S., das folgt, ist rituell, bzw. von der Norm abweichend, aber völlig banalisiert und parodiert, weil es das Überziehen von Fleisch mit Häkelwaren einschließt, und wird von Margit S. genauso in festlicher Manier fortgesetzt, indem sie „zwei faschierte Laibchen [...] an ihrer Kleidung festnäht“[9]. Das Ritual mit dem Häkelwaren erscheint schon am Anfang des Stücks und muss, nach den Anweisungen der Autorin, bis zum Ende als Häkeldekor präsent bleiben:

> Das meiste, was man sieht, ist mit eiskremfarbenen Häkelüberzügen, meistens rosa, überzogen, für manche Dinge kann man vielleicht auch Filz nehmen, jedenfalls ein weiches, stumpfes Material, das immer an Handarbeiten erinnern soll. Im Verlauf des Textes wird an den Häkelwaren herumgebessert, geflickt, etc. Die Schauspieler sollen damit, fast unmerklich beginnend, sukzessive immer stärker beschäftigt sein. Am Ende ist eine Handarbeitslandschaft entstanden. Auch die Schauspieler sind dann mit Hüllen überzogen.[10]

Eine klassische Tragödie wird durch eine Handlung mit unterschiedlichen, möglichen Ergebnissen gekennzeichnet, das Ende ist aber durch die Ausgangskonstellation schon festgelegt: der Protagonist ist in unlösbare Konflikte verstrickt, wobei es im Laufe der Handlung völlig gleichgültig ist, wie er sich entscheidet, denn er muss scheitern. Nach Hegel ist nicht der Sturz des Protagonisten der Mittelpunkt einer Tragödie, sondern der dramatische Konflikt an sich, der nicht unbedingt „zwischen Gut und Böse [abläuft], sondern zwischen einseitigen Positionen, von denen jede etwas Gutes enthält“[11]. In Jelineks Stück sind anfangs beide Seiten schuldlos – sowohl die Kunden als auch der Metzger, ihre Schuld wird – genauso wie die von Ödipus – bis zum Ende der Tragödie enthüllt: der Chor/die Kunden/die „Österreichsten“[12] sind diejenigen, die nichts gegen den Fremdenhass unternommen haben, genauso wie sie beim Anschluss und Hitlers Aufschwung nichts unternommen hatten. Sie werden zum Schluss vom Metzger totgeschlagen, der sich als ‚Weltmetzger‘ erweist, bzw. den man als Hitler interpretieren kann,

---

8 Ebd., S. 30.

9 E. Jelinek, *Stecken, Stab und Stangl*, S. 30.

10 Ebd., S. 17.

11 W. Kaufmann, *Tragödie und Philosophie*. J.C.B. Mohr (Paul Siebeck), Tübingen 1980, S. 223.

12 E. Jelinek, *Stecken, Stab und Stangl*, S. 17.

den sie nicht rechtszeitig verhindert haben, obwohl seine Absichten ständig vorausgeahnt werden konnten. So wird das Volk zum klassischen tragischen Helden, der wegen eines unbewussten Fehlers zerstört werden musste. Ferner, falls man Walter Benjamins Differenzierung von Tragödie und Trauerspiel auf Basis von Figurenmilieu zustimmt[13], stellt man fest, dass Jelineks Stück eigentlich ein Trauerspiel ist, da die Figuren der Geschichte und nicht dem Mythos entnommen sind. Des Weiteren erklärt Benjamin:

> Wenn auf unbegreifliche Weise die tragische Verwicklung plötzlich gegenwärtig ist, wenn der kleinste Fehltritt zur Schuld führt, wenn das kleinste Versehen, der unwahrscheinlichste Zufall den Tod bringt, wenn die scheinbar allen zugänglichen Worte der Verständigung und Lösung nicht gesprochen werden, so ist es jener eigentümliche Einfluß, den die Zeit des Helden auf alles Geschehen ausübt, da in der erfüllten Zeit alles Geschehen deren Funktion ist. Fast paradox erscheint die Deutlichkeit dieser Funktion im Augenblick der völligen Passivität des Helden, da gleichsam die tragische Zeit wie eine Blume aufbricht, aus deren Kelch der herbe Duft der Ironie steigt.[14]

Als die Fehltritte des Heldenkollektivs betrachtet Jelinek also die Ablehnung der Verantwortung ihres Volkes für die Teilnahme an den Verbrechen des Zweiten Weltkriegs, dann die Verharmlosung der Geschehnisse in KZ-Lagern, die aus der Feder des Kolumnisten Richard Nimmerrichter (Pseudonym Staberl) entsprungen ist, eines rassistischen und antisemitischen Kommentators in der Wiener *Kronenzeitung*, und letztendlich auch die Verharmlosung des zeitgenössischen Fremdenhasses und die Relativierung der Roma-Morde 1995 seitens der Medien und Politiker.

Ohne auf die Problematik der Interpretation und Übersetzung der drei Begriffe eleos, phobos und Katharsis aus der Poetik des Aristoteles einzugehen, wird hier die Schlussfolgerung gezogen, dass das tragische Ende der ‚Helden' die, ‚schuldlos' zu ‚schuldig' erklärt werden, bei den Zuschauern Schock erreicht, und zwar wegen der Art und Weise in der sie der Metzger tötet – er schlägt sie tot. Im Gegensatz zur griechischen Tragödie, in der Gewalt nicht auf der Bühne gezeigt wurde, sondern darüber durch den Chor berichtet wurde, wird in Jelineks Stück die Gewalt explizit auf der Bühne gezeigt, indem der Fleischer

> plötzlich auf das Plüschtier ein[schlägt], die Kundin versucht, ihn mit Ellbogen und Tasche abzuwehren, und häkelt gleichzeitig fieberhaft an dem Deckerl. Am Ende haut ihr der Fleischer selber auf den Kopf, und sie fällt um. Die anderen bleiben stehen, als ob nichts gewesen wäre. [...] Der Fleischer hat scheints Geschmack an seiner Tätigkeit gefunden und fällt mit seinem Stab über die anderen Kunden her. Sie fallen reihenweise um, aber nicht dramatisch, eher spielerisch.[15]

---

13 Vgl. W. Benjamin, *Gesammelte Schriften,* Band 1.1., Suhrkamp, Frankfurt am Main 2002.

14 W. Benjamin, *Gesammelte Schriften,* Band 2.1., hrsg. v. Rolf Tiedemann und Hermann Schweppenhäuser. Suhrkamp, Frankfurt am Main 2002, S. 135.

15 E. Jelinek, *Stecken, Stab und Stangl,* S. 66f.

Diese Ereignisse der nachvollziehbaren Handlung sind in den Regieanweisungen erklärt und repräsentieren das Handeln, bzw. die Gestik und Mimik der Figuren auf der Bühne, wobei das Gesprochene oftmals nichts mit dem auf der Bühne Gemachten zu tun hat. So ist das Visuelle gleich das Rituelle und Tragödienhafte.

Das Dokumentarische und Historische in Jelineks Stück

Ingo Breuer[16] analysiert mehrere von Jelineks Stücken im Beitrag *Das Geschichtsdrama nach dem Ende des Geschichtsdramas* und erklärt,

> [v]ergangene Handlungen werden nicht mehr vermittelt über einen verbindlichen Text in einer Inszenierung 'abgebildet', sondern die Inszenierung reibt sich zugleich und mehr oder weniger unabhängig voneinander am Dramentext und an der Geschichte, auf die sich der Dramentext bezieht.[17]

Eben aus diesem Aneinanderreiben der Inszenierung, des Dramentexts und der Geschichte entsteht die Vielschichtigkeit von Jelineks Stück. „Bereits in Jelineks Texten ist Geschichte auf weiten Strecken Assoziationsraum; die Inszenierung potenziert dies, indem für sie zusätzlich auch noch Jelineks Text zu einem zweiten Assoziationsraum wird.“[18] Jedoch wird in diesem Assoziationsraum die Geschichte „maßgeblich erst produziert und rezipierbar“[19], was besonders deutlich in *Stecken, Stab und Stangl* zum Vorschein kommt und was das Stück tatsächlich zu einem Geschichtsdrama macht.[20] Schon der Titel[21] *Stecken, Stab und Stangl* ist eine deutliche Anspielung an reale Personen – den Kolumnisten der *Kronenzeitung* Staberl (Richard Nimmerrichter) wie auch den Kommandanten des KZ-Lagers Treblinka, Franz Stangl – und im Stück wird auf die vier im Attentat getöteten Männer mit Namen hingewiesen.[22]

Das Dokumentarische am Stück entpuppt sich schon am Anfang, sowohl im Rahmen des Dramentextes als auch im Rahmen des Performativen. Der gedruckte Dramentext beginnt mit dem Zitat „‘Wer sagt, dass es nicht um einen Konflikt bei einem Waffenge-

16 I. Breuer, *Das Geschichtsdrama nach dem Ende des Geschichtsdramas*, in: Zagreber germanistische Beiträge: Jahrbuch für Literatur- und Sprachwissenschaft, Jg.17(2008); S. 79–91.

17 Ebd., S. 83.

18 Ebd.

19 Ebd.

20 Ebd.

21 Neben Anspielungen an den Kolumnisten Staberl und den Komandanten im KZ Treblinka Stang, ist der Titel auch eine direkte, ironische und nach Kallin (S. 180) satirische Anspielung an die Bibel: In Ps 23,4 sind mit Jahwes Stecken (שֵׁבֶט ševæṭ) und Stab (מִשְׁעֶנֶת miš‘ænæt) wohl die beiden Hirtenstäbe gemeint, also Schlagstock und Wanderstock, wodurch die Wrte des Christentums, wie auch die Rolle der Kirche in den vergangenen wie auch gegenwärtigen Ereignissen hinterfragt werden.

22 Vgl. E. Jelinek, *Stecken, Stab und Stangl,* S. 39, 46, 47, usw.

schäft, einen Autoschieberdeal oder um Drogen gegangen ist?' J. H."[23]. Jelineks Wut über die Relativierung und die Verharmlosung des Roma-Mordes in der *Kronenzeitung* und durch den damaligen FPÖ-Vorsitzenden Jörg Haider, der das Attentat den Opfern selbst zuschrieb, motiviert sie, ihren eigenen Worten nach, das Stück als Sprachrohr zu benutzen „[f]ür die, die sprachlos sind oder deren Sprache wir nicht verstehen, zu sprechen"[24]. Das Bühnengeschehen soll verhindern, dass das Verbrechen vergessen wird.

Jelinek lässt weitere präzise Anweisungen am Textanfang erscheinen, die das Publikum über die Morde der Roma informieren:

> Im Publikum, in dem, verteilt, ein paar Leute Platz genommen haben, Unruhe, weil diese Leute leise auf ihre Sitznachbarn einzureden beginnen, die Unruhe soll sich steigern. Es ist auch möglich, schon vor Beginn von jemandem am Arm ergriffen zu werden, dem der Sachverhalt, von dem die Rede sein wird, kurz geschildert wird. Das jeweilige Aufführungs-Team sollte an Orten, wo man von den Roma-Morden im Burgenland wahrscheinlich nicht so viel weiss, sich mit den die Morde betreffenden Fakten vertraut machen und die Ergebnisse seiner Recherchen, die Anschläge der sogenannten Bajuwarischen Befreiungsarmee betreffend, dem Publikum mitteilen, in welcher Form auch immer. Kleiner Dia-Vortrag, Fotos dem Sitznachbarn zeigen, etc. Die oben genannte Informierung des Publikums ist nur eine der vielen möglichen.[25]

Ein Bestandteil der Aufführung ist also die faktische Erklärung des Sachverhalts, mithilfe von Recherche und authentischem Material wie Fotos oder Dia-Vorträgen, die das Publikum über das Wesentliche benachrichtigen. Das ständige Erinnern an die Roma-Morde im Laufe des Stücks fungiert als „Einbruch des Realen"[26], was wiederum ein weiteres Charakteristikum des dokumentarischen Theaters ist.

Diese Collage entlarvt sich aus der kritisch dargestellten Sportbegeisterung und Sensationspresse des österreichischen Alltags einerseits und den Zitaten[27] von, u.a., Martin Heidegger, Ludwig Wittgenstein, Moritz Schlick, Paul Celan und Viktor Ullmann[28] andererseits, und kann als eine vom Stück Distanz erzeugende Technik betrachtet werden, die eine Reflexion über das Gesehene darstellt, und somit auch unterschiedliche Ziele

---

23 Ebd., S. 15.

24 E. Jelinek, »›Ich bin im Grunde ständig tobsüchtig über die Verharmlosung‹. Elfriede Jelinek im Gespräch mit Stefanie Carp«, in: Theater der Zeit Mai / Juni 1996.

25 E. Jelinek, *Stecken, Stab und Stangl*, S. 17.

26 K. Keim, *Der Einbruch der Realität ins Spiel*, in: Reality strikes back II. Tod der Repräsentation. Die Zukunft der Vorstellungskraft in einer globalisierten Welt, Raddatz, Frank M./Tiedemann, Kathrin (Hrsg.), Theater der Zeit Recherchen 70, Berlin 2010.

27 Zur Intertextualität des Stücks, vgl. B. Mariacher, *Die Sprache als"Werkstück"* Überlegungen zu Elfriede Jelineks poetologischem Konzept am Beispiel des Theaterstücks Stecken, Stab und Stangl (1996), in: Textpraxis # 6 (1.2013) Digitales Journal für Philologie https://www.textpraxis.net/barbara-mariacher-die-sprache-als-werkstueck, (Zugriff am 13.02.2024).

28 Viktor Ullman, jüdischer Komponist, † 1944 in Auschwitz.

erreicht. Zum Einen „entlarvt die Jelinek in ihrem wilden Wortschwall die Rituale der Verhöhnung“[29] und zum Anderen ergibt

> [d]as polyphone Ganze [...] ein artifizielles Heimatstück, eine komplizierte Befindlichkeits-Collage über eine Nation, die ihre Verkettung mit dem deutschen Nationalsozialismus am liebsten verdrängt – ebenso wie ihre Fremdenfeindlichkeit oder den Rechtsradikalismus. Lautestes Leitmotiv im Stimmengewirr ist der altbekannte Satz: ‚Einmal muß eben Schluß sein.‘„[30]

Ihr Drama sollte auch die „verkommene Art von Öffentlichkeit“[31] in Österreich thematisieren:

> Ich klage darin die extreme Monopolisierung der Presse an. Hier gibt es eine populistisch geprägte Konzentrierung, unterstützt von Parteien des rechten Randes. Dadurch entsteht ein starker populistischer Druck, dem ich mich als Zielscheibe entziehen will.[32]

Wie auch üblich beim dokumentarischen Theater bei Erwin Piscator, Betrolt Brecht, Peter Weiss, Milo Rau und anderen, ist auch dieses als ein politisches Stück[33] zu verorten.

Das Postdramatische am Stück

Das postdramatische Theater ist nach Hans-Thies Lehmann

> ein Theater, das sich veranlaßt sieht, jenseits des Dramas zu operieren, in einer Zeit ‚nach‘ der Geltung des Paradigmas Drama im Theater.[...] Nach dem Drama heißt [...] die Glieder oder Äste des dramatischen Organismus sind, wenn auch als abgestorbenes Material, noch anwesend und bilden den Raum einer im doppelten Sinn ‘aufbrechenden’ Erinnerung.[34]

Im postdramatischen Theater liegt der Fokus jenseits der Handlung und im Mittelpunkt stehen oft die Zeremonie, das Ritual oder die Landschaft. Nach Lehman ist dies ein Theater, das sich der Synthese und Interpretation entzieht, und stattdessen lose Traumbilder

---

29 J. Kronsbein, *Tückischer Boden. Österreichs Skandal-Autorin Elfriede Jelinek läßt ihr neues Stück im fernen Hamburg uraufführen – »aus Feigheit« vor ihren Landsleuten.* In: Der Spiegel 16/1996, 14.04.1996 https://www.spiegel.de/kultur/tueckischer-boden-a-03114572-0002-0001-0000-000008910642 (Zugriff am 20.02.2024).

30 J. Kronsbein, *Tückischer Boden,* o.S.

31 o.A. *Hörspiel vor Premiere. Stecken, Stab und Stangl,* o.S.

32 Ebd.

33 Ebd.

34 H.-Th. Lehmann, *Postdramatisches Theater,* Verlag der Autoren, Frankfurt am Main 1999, S. 31.

mithilfe von Synästhesie darstellt. Unter dem Schlusswort Text im dramatischen Theater ist der Schwerpunkt im postdramatischen auf die Performance gelegt, die durch Parataxis, Nicht-Hierarchie, Simultaneität, Spiel mit Dichte der Zeichen wie auch mit Wärme und Kälte, Überfülle, Musikalisierung, Körperlichkeit und Überfülle gekennzeichnet ist.[35]

Nach Lehmann ist die Darstellung der Zustände[36], wie in der Malerei, ein Merkmal des postdramatischen Theaters, was gleichzeitig eine szenische Dynamik erreicht. Es entsteht im Stück eine Häkellandschaft und eine mit rosa Häkelwaren bedeckte Häkelschlange, die alles verschluckt und unter sich versteckt: „Die Häkelschlange beginnt sich aufzutrennen, darunter sind die Leute nackt, rosa auf rosa, aber ohne Voyeurismus herauszufordern! [...] Die Häkelschlange kämpft immer heftiger gegeneinander."[37] Dadurch wird das sichtbare Bühnengeschehen mit einer zweiten Ebene verbunden, die des eigentlichen Themas im Stück, die als Einbruch des Realen durch die Auferstehung der Ermordeten, immer wieder vorkommt.

Ein weiteres Merkmal des postdramatischen Theaters ist die Aneinanderreihung von gleichwertigen Elementen unter denen keine klare Hierarchie herrscht, bzw. Parataxis. In diesem Falle sind diese eben die Elemente des Dokumentarischen, des Klassischen und des Postdramatischen, wodurch Chaos und Desorientierung beim Zuschauer erreicht wird. Dies erzeugt eine Simultaneität von Zeichen, wobei sich die zwei Realitäten ergänzen: das Bühnengeschehen – das Maskieren und Häkeln und Überziehen mit rosa Häkelwaren – und die geschichtliche Begebenheit, auf der das Stück basiert. Die Funktion dieses Verfahrens ist, die fragmentierte Natur der Wahrnehmung darzustellen und das Publikum auf die beschränkte Wahrnehmung aufmerksam zu machen. Das Inszenierte wird mit menschlichen Körpern, die eine sinnlich intensivierte Wahrnehmbarkeit ermöglichen, zur Kunst im Raum.

Neben der Simultaneität des Gesprochenen und des Visuellen, ist die Simultaneität in der Figurenkonstellation auch sichtbar: Als *dramatis personae* erscheinen Einer, egal wer, ein Anderer, ein Mann / Fleischer / Mann/ Stab, Margit S. / Frau, ein Kunde und ein anderer Kunde, eine Andere, eine Wartende, eine Frau, die Bunny-Frau als Figuren ohne ausgearbeitete individuelle Charakterisierung, die von denselben Schauspielerinnen und Schauspielern gespielt werden können.

Ein weiteres Zeichen des postdramatischen Theaters ist das Spielen mit den Zeitebenen. Das Evozieren und teilweise auch Darstellen der Vergangenheit in einem Drama, das üblicherweise absolut ist[38] erzeugt eine Diskrepanz zwischen der Zeit des Performance-Texts und der gezeigten historischen Zeit. Das Evozieren unterschiedlicher Zeitebenen wird durch den Rückgriff auf die Vergangenheit realisiert, die sich in der Gegenwart wieder erkennen lässt: die österreichischen rechtspopulistischen Medien und Politiker setzen den durch Holocaust schon einmal ausgebrochenen enormen Fremdenhass fort: „Warum also hätten sich die Nazis bei der Ausrottung der jüdischen Häftlinge die Komplikation

35 H.-Th. Lehmann, *Postdramatisches Theater,* S. 146.
36 Ebd., S. 114.
37 E. Jelinek, *Stecken, Stab und Stangl,* S. 60.
38 P. Szondi, *Theorie des modernen Dramas,* Suhrkamp, Frankfurt am Main 1965.

antun sollen, alle Juden zu vergasen – wenn es doch so leicht war, sie auf andere, einfachere Weise umzubringen!"[39] Dies wiederholt sich auch im Falle der Ermordung der vier Oberwarter Roma, wodurch der anscheinend in Österreich immer noch präsente Faschismus perpetuiert wird: „Das heißt, es war vernünftig, so viele Leute umzubringen, und zwar gleich so maßlos viele, und jetzt kommen sogar noch vier zu den anderen dazu"[40].

Der Untertitel *Eine Handarbeit* solle deutlich machen, dass „sich jeder in Heimarbeit am Bildschirm seine Wirklichkeit schafft,"[41] und dabei hebt Jelinek hervor, dass „individuelles Handeln [...] schon längst Illusion geworden"[42] ist. Diese rosa gehäkelte Handarbeit repräsentiert einerseits eine künstliche und vermittelte Vernetzung statt Realität und andererseits die naive Aufdeckung der nackten Realität, die unter der rosa Farbe Blut, Mord und zerstörtes Fleisch versteckt.

Die Diskrepanz zwischen dem Gezeigten und dem Gesagten auf der Bühne kommt oft zum Vorschein, z. B. auch wo der Fleischer die anderen Gestalten auf der Bühne schlägt und ihnen gleichzeitig Vorwürfe macht, dass dieselben Gestalten das Leben mit dem Tod gleichgesetzt haben:

> DER FLEISCHER *kommt hinter der Theke hervor und schlägt mit einem Paket Häkelwürsten zornig auf die Häkelschlange ein*: Sie haben dem Tod seinen Geltungsbereich über die Lebendigen genommen! Sie haben nämlich den Tod selbst genichtet, zu einem empfindungslosen Nichts. Indem so viele getötet worden sind, ist es unmöglich geworden, die Lebenden im Gegensatz zu den Toten überhaupt noch zu definieren. Und was für einen Sinn hat jetzt unserer todesentleertes Dasein? [...] *Der Fleischer kehrt alles zusammen, Schauspieler, Handarbeiten, Plüschtiere, Häkelgarn.*[43]

Durch diesen Widerspruch der gezeigten Handlung und der Aussagen des Fleischers kommt die Ambivalenz als ein Bestandteil der Ironie klar durch, was auch eine beim Publikum Distanz schaffende Technik ist, mit dem Ziel einen zeitübergreifenden Spiegel vor das Gesicht zu stellen.

Der Spielort ist die Metzgerei, die als Zeichen für die zeitübergreifende Zerstörung des Lebens ist, und das Fleisch ist des Fleischers Propaganda, welche die Kunden aufessen. Ferner ist die Vortragsweise oft derart, dass man das Gefühl hat, eine Sportsendung gemischt mit Nachrichten und einer Live-Fernsehen-Shopping-Sendung zu sehen, was daraus eine oberflächliche Unterhaltung bzw. eine Show anbietet und die Morde komplett verharmlost: „Einmal muß Schluß sein, meine lieben Verstorbenen! Wir haben auch

39 E. Jelinek, *Stecken, Stab und Stangl*, S. 44.

40 Ebd., S. 42.

41 o. A. *Hörspiel vor Premiere. Stecken, Stab und Stangl*, o. S.

42 T. Ernst, N. Bloch, *‚Unter dem Bilderschrott hervorkriechen'. Elfriede Jelinek im Gespräch über das Verhältnis von Schrift und Bild, parodierte Selbstgerechtigkeit und die Waffe, die den Schreiber erschießt, in: Stück für Stück 6/2006, S. 2,3*, https://thomasernst.net/Ernst-Jelinek(SfS6-2006).pdf (Zugriff am 20.02.2024).

43 E. Jelinek, *Stecken, Stab und Stangl*, S. 68.

Feuer im Angebot. Wählen Sie unter fünf verschiedenen Brandbeschleunigern! […] Winkewinke ins Spital […]"[44] Ein weiteres Beispiel zeigt dies noch deutlicher:

> Unsere Kameras, die Kameras des ORF, […] die auf diese Toten gerichtet wurden […] Und zwar sind diese Kameras, in einem abwechslungsreichen Muster, einmal auf die Särge gerichtet und dann wieder auf besagten Vor-äh, Vorausläufer auf seinem neusten Snowboard […]. [45]

Der Mord, statt eine durch objektive Berichterstattung urgente und schockierende Nachricht zu sein, wird zu einem billigen Spektakel und zur Sensation reduziert: „Eintrittskarten für die Besichtigung der Toten"[46] werden gekauft und „bitte nicht drängen"[47].

Durch das direkte Ansprechen des Publikums schafft Jelinek auch ein Metadrama. Das Einbeziehen des Publikums in die Handlung durch die Aussagen der Schauspielerinnen und Schauspieler führt zur Desillusionierung als einem weiteren postdramatischen Element:

> FRAU: […] diese vier Herren, bitte, kommen Sie einen Augenblick herauf zu mir, meine Herren Verstorbenen, damit unsere Zuschauer sehen, ob sie bewegt sind. Könnten Sie sich bitteschön wieder ungefähr sternförmig dorthin legen, damit unsere Zuschauerinnen und Zuschauer einen Begriff davon bekommen?[48]

Die Desillusionierung im Sinne des Metatheaters wird weiter dadurch erreicht, dass der Fleischer nicht nur das Publikum, sondern sogar die Autorin selbst anspricht: „Bitte, ich zum Beispiel kann Ihr Verhalten nicht ganz verstehen, Frau Autorin, Sie doppeltkohlensaure Gletscherspalte, dass Sie mir dauernd sagen, ich sei an etwas schuld, das ich persönlich überhaupt nur vom Hörensagen kenne."[49]

Schlussfolgerung

Es herrschen im Stück die Freiheit an Hierarchie von Elementen und Freiheit vom Zwang zur Vollendung, was durch Polyvalenz von Themen und Kritik realisiert wird. Die problematische Vergangenheitsbewältigung, Kapitalismus und Massenkonsum, Humanitätsverlust und Entmenschlichung werden durch Einführung von postdramatischen Elementen hervorgehoben. Statt einer Synthese des im Vordergrund bearbeiteten Themas – des Mordes an vier Oberwarter Roma – fällt die Synthesis aus. Wegen der Simul-

44 Ebd., S. 51.
45 Ebd., S. 38.
46 Ebd., S. 36.
47 Ebd.
48 Ebd., S. 23f.
49 Ebd., S. 48.

taneität der Zeitebenen, der Figuren, des visuell Dargestellten und Ausgesprochenen, der Spielart und des Spielortes, der Doppeldeutigkeit der Sprache, wird „Synthesis [...] explizit bekämpft“[50]. Der anscheinend noch immer präsente Nationalismus und Rassismus werden zu tragischen Fehlern des Volks und führen zur katastrophalen Vollendung des einem Trauerspiel ähnlichen Geschichtsdramas. Die Angst vor dem Anderen und Andersartigen, Fremdenhass wie auch die Verharmlosung davon seitens der Medien und rechtsorientierten Politiker werden durch das Dokumentarische im Stück angesprochen. Durch diese Viel(ge)schichtigkeit eröffnet das Stück die Frage der Gattungseinordnung: es ist gleichzeitig Tragöde, bzw. Trauerspiel, Geschichtsdrama, dokumentarisches und postdramatisches Stück (darüber hinaus auch Metatheater).

Literatur

Benedik, Stefan, Kugler, Agnes, *Vor 25 Jahren: Das schwerste Attentat der 2. Republik*, https://hdgoe.at/attentat_oberwart [Zugriff am 30.01.2024].

Benjamin, Walter, *Gesammelte Schriften,* Band 1.1., Suhrkamp, Frankfurt am Main 2002.

Benjamin, Walter, *Gesammelte Schriften,* Band 2.1., hrsg. v. Rolf Tiedemann und Hermann Schweppenhäuser. Suhrkamp, Frankfurt am Main 2002.

Breuer, Ingo, *Das Geschichtsdrama nach dem Ende des Geschichtsdramas*, in: Zagreber germanistische Beiträge: Jahrbuch fuer Literatur- und Sprachwissenschaft Jg. 17 (2008); S. 79–91.

Ernst, Thomas, Bloch, Natalie, *‚Unter dem Bilderschrott hervorkriechen‘‘ Elfriede Jelinek im Gespräch über das Verhältnis von Schrift und Bild, parodierte Selbstgerechtigkeit und die Waffe, die den Schreiber erschießt*, in: Stück für Stück 6/2006, S. 2,3 https://thomasernst.net/Ernst-Jelinek(SfS6-2006).pdf [Zugriff am 22.02.2024].

Janz, Marlies, *Das Verschwinden des Autors. Die Celan-Zitate in Elfriede Jelineks Stück ‚Stecken, Stab und Stangl‘*, in: Celan-Jahrbuch 7 (1997 /98). Heidelberg 1999, S. 279–292.

Jelinek, Elfriede, *„Ich bin im Grunde ständig tobsüchtig über die Verharmlosung“. Elfriede Jelinek im Gespräch mit Stefanie Carp*, in: Theater der Zeit Mai / Juni 1996. https://original.elfriedejelinek.com/fstab.html [Zugriff am 20.02.2024].

Jelinek, Elfriede, *Stecken, Stab und Stangl; Raststätte; Wolken. Heim: neue Theaterstücke: mit einem Text zum Theater*, Rowohlt Taschenbuch Verlag, Reinbek bei Hamburg 2004.

Kallin, Britta, *The Representation of Roma in Elfriede Jelinek's "Stecken, Stab und Stangl"*, Colloquia Germanica, *Vol. 37, No. 2* (2004), S. 173–193.

Kaufmann, Walter, *Tragödie und Philosophie.* J.C.B. Mohr (Paul Siebeck), Tübingen 1980.

Keim, Katharina, *Der Einbruch der Realität ins Spiel* ,in: Raddatz, Frank M., Tiedemann, Kathrin (Hrsg.), Reality strikes back II. Tod der Repräsentation. Die Zukunft der

50 H.-Th. Lehmann, *Postdramatisches Theater,* S. 140.

Vorstellungskraft in einer globalisierten Welt, Theater der Zeit Recherchen 70, Berlin 2010, S. 127–138.

Kronsbein, Joachim, *Tückischer Boden. Österreichs Skandal-Autorin Elfriede Jelinek läßt ihr neues Stück im fernen Hamburg uraufführen – „aus Feigheit" vor ihren Landsleuten*, in: Der Spiegel 16/1996, 14.04.1996 https://www.spiegel.de/kultur/tueckischer-boden-a-03114572-0002-0001-0000-000008910642 [Zugriff am 20.02.2024].

Lehmann, Hans-Thies, *Postdramatisches Theater*, Verlag der Autoren, Frankfurt am Main 1999.

Mariacher, Barbara, *Die Sprache als"Werkstück"* Überlegungen zu Elfriede Jelineks poetologischem Konzept am Beispiel des Theaterstücks Stecken, Stab und Stangl (1996), in: Textpraxis # 6 (1.2013) Digitales Journal für Philologie https://www.textpraxis.net/barbara-mariacher-die-sprache-als-werkstueck [Zugriff am 13.02.2024].

Möseneder, Martina, *Sprache in Theater Elfriede Jelineks. Eine linguostilistische Untersuchung der Texte „Burgtheater", „Stecken, Stab und Stangl" und „Das Werk"*, Magisterarbeit, Salzburg 2007.

o. A., Hörspiel vor Premiere. Stecken, Stab und Stangl https://oe1.orf.at/artikel/210635/Stecken-Stab-und-Stangl [Zugriff am 22.02.2024].

o. A., *Sprachmunition, abgefeiert*, https://www.derstandard.at/story/2250796/sprachmunition-abgefeiert [Zugriff am 30.01.2024].

Schmidt, Christina, *›Sprechen sein.‹ Elfriede Jelineks Theater der Sprachflächen*, in: Sprache im technischen Zeitalter 38 (2000), S. 65–74.

Szondi, Peter, *Theorie des modernen Dramas 1880–1950*, Suhrkamp, Frankfurt am Main 1965.

Das Motiv der Brandkatastrophe im Drama *In den Alpen* von Elfriede Jelinek als Instrument der Kritikäußerung*

Marijana Mandić
Sveučilište Josipa Jurja Strossmayera u Osijeku

Motive of the fire disaster in the play "In den Alpen" by Elfriede Jelinek as an instrument for expressing criticism

This article examines the post-documentary representation of the fire accident in the funicular tunnel in Kaprun in 2000 in Elfriede Jelinek's play *In the Alps*. In the play Jelinek aesthetically recreates setting based on real event, which she uses as a motive to express criticism towards the media, capitalism, and the superficiality of society. At the same time, she questions, ironizes and undermines the real, thus achieving hyperrealism. The reader is addressed on multiple occasions in the drama and encouraged to think critically about the content read.

Keywords: real, fiction, irony, crisis

Einleitung

Durch die Konfrontation des Lesers mit dysfunktionalen Elementen innerhalb der Gesellschaft bereitet das Drama den Weg für die Entwicklung des kritischen Denkens über gesellschaftliche Probleme sowie für die Katharsis der Vernunft, im Brecht'schen Sinne, wobei das Publikum, anstatt sich mit dem Helden zu identifizieren und die aristotelische Katharsis der Gefühle zu erleben, aufgefordert wird, zu lernen, über die Umstände, in denen der Held existiert, erstaunt zu sein.[1] Durch die Anwendung verschiedener dramatischen Verfahren wie Ironie, Satire, Intertextualität wird das Publikum zur Distanzierung und kritischen Auseinandersetzung mit den Inhalten angeregt. Es gibt viele Beispiele zeitgenössischer Dramen, die sich mit sozialen Missständen befassen, wie z. B. Dea Lohers Dramen *Berliner Geschichte* (2000), *Das Leben auf der Praca Roosevelt* (2004), *Land ohne Worte* (2007), oder Philipp Löhles *Die Überflüssigen* (2010) und *Wir sind keine Barbaren!* (2014) bei denen die öffentlichen Krisen wie Umweltbedrohungen und politische

* Dieser Beitrag entstand im Rahmen des Forschungsprojekts UIP-2020-02-3695 *Analyse von Systemen in Krisen und vom neuen Bewusstsein in der Literatur des 21. Jahrhunderts*, das vom Kroatischen Wissenschaftsfonds finanziell unterstützt wird.

1 W. Benjamin, *Understanding Brecht*, übers. v. A. Bostock, Verso, London, New York 1998, S. 18.

Konflikte im Fokus sind, oder Dramen von Roland Schimmelpfennig *Vorher/Nachher* (2002), *Die Frau von früher* (2004), *Besuch bei dem Vater* (2008), und von Lukas Bärfuss *Vier Bilder der Liebe* und *Malaga*, die sich vor allem mit der Krise im privaten Bereich befassen. Die zeitgenössischen Dramatikerinnen und Dramatiker scheinen sich ständig mit den aktuellen Krisen, die die heutige Gesellschaft prägen, auseinanderzusetzen. Nicht selten spielen die Themen und Motive ihrer literarischen Werke auf reale Ereignisse an, wie das bei Marius von Mayenburg in seinem Stück *Haarmann* (2001), das sich auf die realen Verbrechen der Massenmörder Fritz Haarmann bezieht, oder bei Rainald Goetz im Stück *Elfter September 2010* (2010), das den Anschlag auf das World Trade Center im Jahr 2001, Abu Ghraib und andere Krisen der Werte thematisiert, zu sehen ist.

Mit den Missständen der heutigen Gesellschaft befasst sich auch Elfriede Jelinek, eine der erfolgreichsten zeitgenössischen österreichischen Schriftstellerinnen und Schriftsteller, die in ihrem Stück *In den Alpen*, das erstmals 2002 veröffentlicht wurde, den Bezug auf einen realen Vorfall nimmt – die Katastrophe von Kaprun im November 2000, die sich am 11. November 2000 im Skigebiet Kaprun in Österreich ereignete und bei der 155 Menschen ums Leben kamen. Basierend auf den (post)dokumentarischen Arbeiten von Inke Arns, Michael Bachmann und Aline Vennemann soll in dieser Arbeit untersucht werden, inwieweit das Fiktive mit dem Realen verflochten ist und welche Funktion die Umgestaltung des Realen im Drama hat. Es wird davon ausgegangen, dass sich das Motiv der Brandkatastrophe auf ein reales Ereignis bezieht, das Jelinek im Drama verzerrt und umformt, so einen Hyperrealismus erreicht und Kritik an der Gesellschaft zum Ausdruck bringt.

(Post-)Dokumentarische Bearbeitung des Realen

Bisherige Forschungen[2] bestätigen größtenteils Elfriede Jelineks innovative Sprache und ihren ästhetischen Stil und ordnen sie unter den postdramatischen Dramatikerinnen ein, wobei sie auch ihre Umsetzung des dokumentarischen Stils erkennen. Als dokumentarisches Theater wird ein Theater bezeichnet, dessen Handlungskonzept auf der Anwendung dokumentarischer Techniken beruht, mit der Absicht einen engen Bezug zur Realität herzustellen und das Publikum mit gesellschaftlichen Problemen zu konfrontieren.[3] Die „Diffusion des Dokumentarischen“ erfolgt auch mit Hilfe des Reenactment, das den dokumentarischen Charakter der Aufführung mit Hilfe authentischer Materialien (Bil-

2 Siehe: Koku G. Nonoa bemerkt in seinem Artikel „Elfriede Jelineks *Die Schutzbefohlenen* als Teil einer dynamischen Werkkategorie“, dass Jelinek mithilfe ihrer literarischen Strategien der Intertextualität, der ständigen Variation von Perspektive und Wahrnehmung sowie der Polyphonie ideologiekritisch ist. Auch Lea Müller-Dannhausen (2011) beschäftigt sich mit Jelineks intertextueller Poetik am Beispiel von „wir sind lockvögel baby!“, während sich Uta Degner (2022) in der Monographie „Eine ‚unmögliche‘ Ästhetik – Elfriede Jelinek im literarischen Feld“ mit der ästhetischen Innovation von Elfriede Jelinek meist am Beispiel von Prosatexten beschäftigt.

3 M. Bachmann, *Dokumentartheater/ Dokumentardrama*, in: *Handbuch Drama. Theorie, Analyse, Geschichte*, hrsg. v. P. W. Marx, Verlag J. B. Metzler, Stuttgart, Weimar 2012, S. 305.

der, Tonaufnahmen, Filme usw.) realisiert.[4] Auf der Textebene werden im Drama *In den Alpen* „Zitaten aus Originaltexten des frühen Alpinismus“[5] sowie Fakten zur Brandkatastrophe in Kaprun aus dem Jahr 2000 wie die Opferzahl, der Ort, Unfallverlauf und andere Informationen integriert, die das Lesepublikum, das mit dem Unfall bereits vertraut ist, als real erkennen kann.

Nach Inke Arns künstlerische Reenactments unterscheiden sich von historischen dadurch, dass die Ereignisse, die Gegenstand der Reproduktion sind, auch für die Gegenwart wichtig sind.[6] Sie weist darauf hin, dass dies oft traumatische Ereignisse sind, die Teil des kollektiven Gedächtnisses geworden sind.[7] Robert Walter-Jochum behauptet, dass durch das Reenactment eine Reideologisierung als Folge entstehen kann, wobei „der Blick auf das Material“ schärfer gemacht wird, um dessen „ideologischen Wirkung“ abzumildern.[8] Reenactment kann somit als ein Mittel zur Förderung des politischen Handelns betrachtet werden, das durch affektive Faktoren den Aktivismus beim Publikum entwickelt.[9] Charakteristisch für die künstlerische Rekonstruktion des Geschichtlichen ist, nach Arns, die Abkehr von der Aufführung, bzw. das Aufheben einer Sicherheitsdistanz, womit das Publikum indirekt in die Aufführung einbezogen wird:

> The re-enactment transforms representation into embodiment, distanced indirect involvement into — sometimes unpleasant — direct involvement, and through this turns the passive reader or observer into an active witness or participant. The witnesses or participants replace their existing collective knowledge of the past with direct and often also physical (living, in person) experience of history.[10]

Eine solche Erfahrung der Geschichte ermöglicht Mitgefühl des Publikums mit den Teilnehmern an vergangenen Ereignissen. Die Rekonstruktion erfolgt zu aktuellen und für das Publikum bekannten historischen Ereignissen, was auch bei Elfriede Jelineks Drama *In den Alpen* der Fall ist, das auf einer wahren Begebenheit, auf dem tatsächlich stattgefundenen Brandunfall in der Standseilbahn zum Kitzsteinhorn basiert.

Aline Vennemann bemerkt in ihrer Studie „Zwischen Postdramatik und Postdokumentarismus“ ebenfalls den dokumentarischen Theatercharakter von Jelineks Stücken,

---

4 Ebd., S. 305.

5 E. Jelinek, *In den Alpen*, Berlin Verlag, Berlin 2004, S. 253.

6 I. Arns, *History Will Repeat Itself. Strategies of Re-enactment in Contemporary (Media) Art and Performance*, in: *History Will Repeat Itself. Strategies of re-enactment in contemporary (media) art and performance*, hrsg. v. I. Arns und G. Horn, Revolver – Archiv für aktuelle Kunst, Frankfurt am Main 2007, S. 2.

7 Ebd.

8 R. Walter-Jochum, *(Ent-)Schärfungen: Terrorideologien als Material von Reenactments bei Romuald Karmakar und Milo Rau*, in: *Das Politische in der Literatur der Gegenwart*, hrsg. v. S. Neuhaus, und I. Nover, Walter de Gruyter, Berlin/Boston 2019, S. 257f.

9 Ebd., S. 258.

10 I. Arns, *History Will Repeat Itself. Strategies of Re-enactment in Contemporary (Media) Art and Performance*, S. 8.

stellt aber auch fest, dass Jelinek die Überlegungen von Peter Weiss weiterführt, „indem sie nicht nur die Objektivität selbst der angegebenen Quellen infrage stell[t], sondern auch die vorgegebene Distanz zu den angeführten Belegen“[11] und schlägt deshalb für Jelineks Theater die Verwendung des Begriffs ‚postdokumentarisches Theater‘ vor:

> Jelinek versucht [im Laufe der Fiktion] [...], die Wirklichkeit bis zur Kenntlichkeit zu entstellen [...] Das Theater von Jelinek [...] *über*setzt in diesem Sinn Realitäten, ohne ihnen den Filter der Glaubwürdigkeit aufzuerlegen. Ganz im Gegenteil: Übertreibung und Entstellung werden Mittel der Offenlegung des eigentlichen Wahrheitsgehaltes. In diesem Sinn nehmen ihre Werke weniger an der zu Beginn postulierten Rückkehr des Dramatischen teil, als dass sie eine eigene überwirkliche, postdokumentarische Theaterform entwickeln [...] Ähnlich verleiht Elfriede Jelineks [...] postdokumentarische Postdramatik dem Medium Theater eine kritisch-mnemonische Funktion, die sie jedoch zugleich unterläuft und infrage stellt.[12]

Am Beispiel des Theaterstücks *Rechnitz (Der Würgeengel)* stellt Vennemann nämlich fest, dass sich Jelinek an „die dokumentarische Tradition“ anlehnt, von der sie sich durch den Text distanziert, und die sie durch „Ironie, Übertreibung oder Wiederholung“[13] modifiziert. Auf diese Weise entsteht ein Oszillieren zwischen Authentizität und ‚Hyperrealismus‘, der außerhalb der Realität liegt, diese transzendiert, andererseits aber dennoch eine starke Verbindung zu ihr aufrechterhält.[14]

Wie in den folgenden Kapiteln erläutert wird, ist im Drama *In den Alpen* der Bezug zum tatsächlichen Ereignis, dem Unfall in Kaprun, erkennbar, der auf historischen Daten basiert. Diese Daten sind aber eher in einer postdokumentarischen Weise in das Drama eingearbeitet, wobei ihre Glaubwürdigkeit in Frage gestellt und untergraben wird.

Referenz auf das Reale

Inhaltlich stoßen im Drama *In den Alpen* die Welten der Toten und der Lebenden an der Talstation der Standseilbahn zusammen, wobei die Lebenden in diesem Raum fremd sind, und die Toten die Dominanz sowie die Macht der Sprache übernehmen.[15] Durch die Zeugenaussagen der Figuren kommen die Einzelheiten des Unfalls ans Licht, sowie die Probleme, die die Toten im Laufe ihres Lebens belasteten, wie z. B. die Konflikte innerhalb der Familie oder unerfüllte Träume. Alle im Brand gestorbene Figuren besitzen

---

11 A. Vennemann, *Zwischen Postdramatik und Postdokumentarismus*, in: Germanica, 2014, 54, https://doi.org/10.4000/germanica.2542, S. 34.

12 Ebd., S. 35f.

13 Ebd., S. 35.

14 Vgl. E. Jelinek und C. Lecerf, *L'Entretien*, Seuil, Paris 2007, S. 105; nach A. Vennemann, *Zwischen Postdramatik und Postdokumentarismus*, S. 35.

15 E. Jelinek, *In den Alpen*, Berlin Verlag, Berlin 2004, S. 7.

jedoch eine gemeinsame Leidenschaft für den Sport, was für Jelineks Drama nicht ungewöhnlich ist, denn in mehreren ihrer Werke, etwa in Dramen *Stecken, Stab und Stangl* (1996), *Ein Sportstück* (1998) oder *Schnee Weiß* (2018), greift sie genau das Thema Sport auf. Nach den Reflexionen der Toten über ihre Träume, Sportarten und über ihr Leben vor dem Tod findet ihre Reise ins Jenseits statt. Dabei erscheint ein Mann und verteilt ihnen die Nummern. Nach dem Aufruf seiner Nummer geht jeder Tote durch die Tür und verschwindet. Danach sind in der Dunkelheit Stimmen zu hören, die die Panik wegen des brennenden Zuges widerspiegeln. Als sich der Rauch verzieht, geben zwei Männer zwei Berichte an „private Sendestation[en]"[16], in denen sie über Sehnsucht, Unfall und die Ursachen des Brandes im Seilbahntunnel in Kaprun sprechen und damit das Drama beenden.

Das Leitmotiv der Brandkatastrophe, das bei der Gestaltung der dramatischen Handlung eine wichtige Rolle spielt, bezieht sich auf ein reales Ereignis, wie Jelinek selbst mitteilt, wenn sie behauptet:

> ‚In den Alpen' handelt von einem der schlimmsten (wenn nicht dem schlimmsten) Unfall der österreichischen Nachkriegszeit. In einer Gletscherbahn bricht [...] ein Brand aus. Es ersticken und verbrennen innerhalb kürzester Zeit 155 Menschen, die zum Schifahren aufs Kitzsteinhorn und zu dessen „ewigem" Gletscherfirn aufgebrochen waren.[17]

Faktisch brach am 11. November 2000 in der Seilbahn in Kaprun ein Feuer aus, das sich auf die gesamte Bahn ausbreitete. Nur zwölf Mitfahrender der Standseilbahn seien erfolgreich geflohen, während andere Mitfahrender zusammen mit noch zwei Menschen „im entgegenkommenden Zug und drei in der Bergstation der Gletscherbahn"[18] – insgesamt 155 Leute – ihr Leben verloren haben. Die Türen waren wegen der Sicherheit geschlossen, so dass nur diejenigen Passagiere eine Chance zu überleben hatten, die zum nächsten Tunnelausgang rannten, nachdem mehrere Passagiere bei einem Fluchtversuch Plexiglasscheiben eingeschlagen hatten.[19] Die Unfallopfer stammen aus Österreich, Deutschland, Japan, Amerika und der Tschechischen Republik.[20] Es wird vermutet, dass Hydrauliköl aus einem Rohr auf eine im leeren hinteren Fahrerhaus installierte Heizung tropfte und das Feuerausbrechen verursachte, das sich aufgrund der Kaminwirkung im kleinen Tunnel schnell von diesem Abteil durch das ganze Zug und unter den Fahrgästen ausbreitete.[21] Als Brandursache gibt Jelinek in der Nachbemerkung das Folgende an:

---

16 Ebd., S. 61.

17 Ebd., S. 253.

18 C. Schwab und P.-P. Hahnl, *20 Jahre Kaprun-Unglück: Ein langer Weg zurück*, https://salzburg.orf.at/stories/3075130/ (Zugriff am 27.03.2024).

19 Vgl. ebd.; o. A., *TODESFALLE TUNNEL*, https://www.focus.de/politik/ausland/todesfalle-tunnel-oesterreich_id_1945516.html (Zugriff am 28.03.2024).

20 Vgl. C. Schwab und P.-P. Hahnl, *20 Jahre Kaprun-Unglück: Ein langer Weg zurück*, https://salzburg.orf.at/stories/3075130/ (Zugriff am 27.03.2024).

21 Ebd.

> In einer Gletscherbahn bricht aufgrund von Indolenz und Unfähigkeit und Gier nach Profitmaximierung im Fremdenverkehr (nachträglicher Umbau der Bahn in ein „schnittigeres" Gefährt, dem modernen Tourismus entsprechend, aus leicht brennbarem und Gifte erzeugendem Plexiglas, Einbau eines billigen Heizlüfters, nachträgliche Isolierung mit Nadelholzbrettern etc.) ein Brand aus.[22]

Auf einige dieser realen Tatsachen bezieht sich Jelinek in ihrem Dramatext. Beispielsweise weist sie in ihrer Fiktion auf die Fakten über die Zahl der Todesfälle: „Wir geben Ihnen 155 Opfer auf einmal!"[23], über die Verwendung des Plexiglases, das leicht entflammbar ist: „Nicht schlecht, das Plexiglas. [...] Man hat ihn aus Plastik gemacht, damit man ihn besser formen kann, und natürlich auch, damit er besser brennt"[24] oder auch auf die Annahmen über die Unfallursachen und den Verlauf der Brandausbreitung hin:

> A: Danke. Die bisherigen Untersuchungen, die ausschließlich im Tunnel erfolgt sind, haben ergeben, daß der Gletscherdrache und die Kitzsteingams in jedem Fall aufgrund eines technischen Gebrechens zur tödlichen Falle geworden sein dürften. Dabei kommen vor allem drei Bereiche in Frage: die Bremsen, das Radlager sowie die Heizung. Ein Defekt eines dieser Systeme, so meine These, hat den Brand in der unbesetzten Führerkabine des bergwärts fahrenden Zuges ausgelöst und sich binnen weniger Minuten zum Inferno entwickelt.[25]

Da das Drama *In den Alpen* auf wahren Fakten über die Katastrophe vom 11. November 2000 in Kaprun basiert, geht es im Kern um den zwischen historiographisch und dokumentarisch oszillierenden Realitätsbezug des Theaters. Das tragische Ereignis in Kaprun, über das in Wirklichkeit intensiv in den Medien berichtet wurde, ist mittlerweile Teil des kollektiven Gedächtnisses[26] geworden. So können sowohl die österreichischen Leserinnen und Leser als auch diejenige, die diese Nachricht in der Realität verfolgen haben, die in Jelineks Fiktion dargestellten Fakten wie den Ort, die Zahl der Opfer, die mögliche Ursache erkennen. In diesem Moment wird die dramatische Illusion mit der Realität unterbrochen. Die Darstellungsebene des Motivs der Brandkatastrophe von Kaprun erscheint im Drama als Einbruch des Realen.

Unter dem Einbruch des Realen sind die Teile des Dramas, die „zwischen authentisch und fiktiv [oszillieren]", d.h. bei denen „[d]ie Grenzen zwischen Fiktion und Realität verschwimmen"[27] zu verstehen. Jelinek setzt außerdem die Fakten und überprüfbaren

22 E. Jelinek, *In den Alpen*, S. 253.

23 Ebd., S. 9f.

24 Ebd., S. 38.

25 Ebd., S. 62.

26 Vgl. M. Halbwachs, *On Collective Memory*, übers. v. L. A. Coser, The University of Chicago Press, Chicago, London 1992.

27 A. Gimber, *Authentizitätsinszenierungen bei Milo Rau. Am Beispiel von zwei Stücken*, in: *Fakten und Fiktionen im Zwischenraum. Autoästhetische Praktiken im 21. Jahrhundert*, hrsg. v. P. Cifre Wibrow, A. Gimber, T. Tholen, Ediciones Universidad de Salamanca, Salamanca 2020, S. 84.

Daten in ein gleichwertiges Verhältnis zu Vorurteilen, Gesprächen und Einstellungen der Toten, Ereignissen im Jenseits, also mit fiktiven Inhalten, die zur Distanz ermutigen und die Glaubwürdigkeit von Fakten in Frage stellen. Es entsteht eine weitere Realitätsebene, die Hyperrealität.

Darüber hinaus werden Elemente, die auf reale Begebenheiten verweisen, von Jelinek ästhetisch verarbeitet, wobei Kritik ausgedrückt wird, wie sie selbst sagt:

> Alles, was in der Gesellschaft sozusagen am Kochen ist, muss durch das schmale Ventil meiner künstlerischen Verarbeitung der Ereignisse hindurch und wies dort zu einer Art Quintessenz verdichtet. Ich schreibe ja exemplarisch, benutze diese Ereignisse, wie Sie sagen, für meine allgemeine Zivilisationskritik, auch politische Kritik, mich interessiert immer das Allgemeine, mich interessieren die Mechanismen, die wirksam werden, nicht das individuelle Schicksal.[28]

Jelinek bedient sich im Drama *In den Alpen* häufig der Ironie, und das ironische Spiel mit den Fakten und Fiktion trägt der Übertreibung zur Erzielung größerer Schockwirkung bei. So eine Übertreibung ist in den sensationellen, aber auch ironischen Kommentaren gegenüber Medien erkennbar:

> Bald werden sie mit mir Werbung betreiben, die Pensions- und Hotelbesitzer hier. Zahlen Sie gleich, sterben Sie später, aber dafür in neuer Strecken-Rekordzeit! Ja, die Chance zu sterben hat jeder! Vielleicht sind das nächste Mal Sie dabei! Diesmal sind aber schon wir die Strecke. Hier liegen Sie richtig. Wir liegen gut im Rennen. Wir geben Ihnen 155 Opfer auf einmal! Bei dem, was Sie gezahlt haben, hätten Sie eh nicht über 200 Stück erwarten können.[29]

Der Unfall und sportliche Aktivitäten werden aufsehenerregend, wie eine Werbung präsentiert. Ironie gibt dem Lesepublikum die Möglichkeit, sich vom Ereignis zu distanzieren, es zu überdenken, aber auch nicht nur vergangene Tragödien, sondern auch sein aktuelles Umfeld zu hinterfragen, das voller Werbung, Reklame und anderer Marketingmanipulationen ist. Mit ihrem postdramatischen Umgang mit der Kaprun-Geschichte entlarvt Jelinek die Verlogenheit der Werbung, der Gesellschaft und die allgemeine Profitorientierung. Wenn nämlich falsche Werbung zu einer Katastrophe führt, wird diese Katastrophe zu einem Profit für die Medien:

> Jeder will auf einmal etwas an mir hinterlassen, und wäre es eine Kerze oder mein aufgerufener Name. Eine faule Ausflucht ist das, wo sie sich abladen, vorhin haben sie es schon wieder im Fernsehn gezeigt. So ein Ereignis ereignet sich schließlich

28 V. Corsten, *Ansichten einer Schwierigen: Elfriede Jelinek über ihr neues Stück „In den Alpen", Heimatlosigkeit und den Spaß als Katastrophe – Interview*, https://www.welt.de/print-wams/article607387/Ich-glaube-nicht-an-Gott-und-schreibe-dauernd-ueber-ihn.html (Zugriff am 27.03.2024).

29 E. Jelinek, *In den Alpen*, S. 9f.

> nicht oft, das ist beste Werbung, zur Hauptsendezeit. Live-Einschaltungen, wie kleine Grasflecken zwischen den Felsen der Familienserien und Talkshows: der Fluchtraum, nein, der Abschwingraum hinter dem Ziel, das ich nun nie mehr erreichen werde.[30]

Die Figur des Kindes, die bemerkt, wie Unfälle die Aufmerksamkeit der Medien auf sich ziehen, bemerkt auch, dass die Medien nicht nur zu spät reagieren, sondern die Katastrophe zu ihrem eigenen Vorteil nutzen, um Zuschauer anzulocken. Alles scheint wichtiger zu sein als das wirkliche Wohlergehen des Menschen und eine rechtzeitige Warnung. Ungeachtet der Tatsache, dass in den Alpen viele Sportler ihr Leben verloren haben, lernt das fiktive Gesellschaft im Drama, wie das folgende Zitat zeigt, nicht aus einer Katastrophe und die Freizeitindustrie wird weiterbestehen:

> Helfer: Wir gehen nächsten Freitag zuverlässig in die Messe für euch im Salzburger Dom, es werden Bundespräsident, Bundeskanzler und andere Männer und Frauen erscheinen, die beinahe in die Kameras schluchzen, indem sie nicht zu wissen vorgeben, daß es Kameras sind, vor denen sie da so furchtbar weinen. Die Alpen werden zurückscheinen im Vormittagslicht und uns wie immer zu sich heranlocken, diesmal zum Schleuderpreis, weil nur wenige derzeit dort hinfahren, doch umso mehr werden später kommen, aus Neugier oder Sensationslust. Die Alpen werden also ihre Wanderungen anbieten, eisgewordene Sturzfluten, alles wie immer.[31]

Nach der Katastrophe wird nichts unternommen, um die zukünftige zu verhindern. Die Branche wird kurzzeitig einen Rückgang der Besucherzahlen in den Alpen erleben, aber irgendwann, wenn die Katastrophe vergessen wird, wird sich alles wieder normalisieren. Selbst die Toten im Drama geben kein Eindruck, dass sie aus dem erlebten Unfall etwas gelernt haben. Jelinek entwirft die Haltung der Figuren zum Tod als Verlust, aber nur, weil ihre sportliche Karriere unterbrochen ist und sie keinen Spaß mehr an sportlichen Aktivitäten haben können. Die Prioritäten des Menschen sind gestört, sodass Profit und Ruhm Vorrang vor Sicherheit haben, was Jelinek folglich kommentiert: „Aber hier wird eben: verborgen. Indem man es zeigt, scheinbar allen und jedem zeigt, was wir sind und haben, wird umso verborgener, was wir getan haben und tun".[32] Der Einbruch des Realen in dieser Fiktion erinnert das Lesepublikum daher an die Ereignisse, die stattgefunden haben und nicht ausreichend durchgedacht und schließlich gelöst sind.

---

30 Ebd., S. 10f.
31 Ebd., S. 20.
32 Ebd., S. 256.

Schock und Appell als Anreiz für kritisches Denken

Ästhetisch ist das Thema des katastrophalen Feuers und den Ereignissen danach im Drama durch die Ironie, Übertreibung und den Einbruch des Realen, aber auch durch die postdramatische Technik der Darstellung des devianten Körpers geprägt. Beim (Lese)Publikum kann die Tatsache, dass die auf reale Ereignisse alludierende Handlung oft aus der Perspektive der Opfer dargestellt wird sowie Beschreibungen ihrer entstellten bzw. vom Normalen und Gesunden abweichenden Körper enthält, einen zusätzlichen Eindruck hinterlassen, darunter „‚unmoralische' Faszination, Unbehagen oder Angst".[33] Die Anwesenheit des devianten Körpers erscheint mehrmals im Drama durch die Monologe der Unfalltoten und Anweisungen des Helfers:

> Bitte, leg diesen verschmorten Faden, der einmal dein Bein war, etwas beiseite. Ich will nicht unbedingt drauftreten. Das zerfällt ja bei bloßer Berührung. Wir tun unser Möglichstes, aber helfen könntest du uns schon. Immerhin wird uns monatelang psychologische Hilfe gezahlt werden.[34]

Beschrieben sind zerstückelte Körperteile, Knochenbrüche, aber auch Leichen, die durch den Brand zu einer zusammengeschmolzenen Masse geworden sind. Die Funktion der Darstellung eines zerstörten, gebrochenen Körpers besteht darin, Empörung und Schock zu erzeugen. Diese können auch dadurch erreicht werden, dass die Reaktion auf im Drama beschriebenen Körperverletzungen und den Unfall selbst von üblichen Erwartungen abweicht, und statt Mitleid Gleichgültigkeit und Kälte vorkommen:

> Ich bin jetzt gerührt, weil so viele tot sind, mein derzeitiger Gesichtsausdruck ist dazu unpassend, macht nichts, Sie sehen ihn ja nicht. Sie sind ein gebildetes Gebilde, Sie wollen mit mir nicht teilen, Sie wollen Ihren Eindruck allein für sich behalten. Ich leihe meinen wenigstens her. Sie wollen sich in Sterbende einfühlen, aber das sind ja nur 155 Stück! Da bleibt doch nicht einmal ein Knöchelchen für jeden von Ihnen, da bleibt uns ja gar nicht anders übrig.[35]

Wo Wärme und Mitgefühl erwartet werden, tritt die Kälte auf, eine Art zur Distanz dienenden Gefühlslosigkeit, die typisch für das postdramatische Theater(text) ist. Der Unfall löst keine moralische Empörung unter Figuren im Drama aus, sondern drückt vielmehr Gleichgültigkeit gegenüber den 155 Verstorbenen aus und zeigt ironischerweise, dass die Zahl der Toten zu gering ist, als dass irgendjemand mit ihnen mitfühlen könnte.

Darüber hinaus wendet sich Jelinek im Drama direkt an das Lesepublikum und gestaltet Fragmente ihres dramatischen Textes als einen Appell an das Lesepublikum, was in

---

33 H.-T. Lehmann, *Postdramatisches Theater*, Verlag der Autoren, Frankfurt am Main 2005, S. 163.

34 E. Jelinek, *In den Alpen*, S. 21.

35 Ebd., S. 59f.

folgenden Zitaten ersichtbar ist: „Kind: [...] Ja, die Chance zu sterben hat jeder! Vielleicht sind das nächste Mal Sie dabei!"[36] und:

> *Sie sind ein gebildetes Gebilde, Sie wollen mit mir nicht teilen, Sie wollen Ihren Eindruck allein für sich behalten* [...] *Sie wollen sich in Sterbende einfühlen, aber das sind ja nur 155 Stück! Da bleibt doch nicht einmal ein Knöchelchen für jeden von Ihnen, da bleibt uns ja gar nicht anders übrig.*[37]

Durch die Ansprache der Leserinnen und Leser lenkt die Autorin ihre Aufmerksamkeit darauf, dass ihr Schutz und ihre Unverwundbarkeit eine Illusion sind, indem sie aufzeigt, dass auch das Lesepublikum von Unfällen betroffen sein könnte. Damit fördert sie nicht nur das Mitgefühl für die Opfer des Unfalls in Kaprun, sondern stimuliert auch das kritische Denken. Das Lesepublikum ist aufgefordert, die von der Autorin im Text anprangerte Probleme wie Krise der Werte, d. h. Oberflächlichkeit der Medien und der Gesellschaft, Zähmung der Natur im Namen von Sport und Tourismus und Profitorientierung zu identifizieren. Gerade die Identifizierung und Bewusstmachung des Problems sind die Hauptvoraussetzungen für Engagement und Lösung der Krise. Durch die inhaltliche Verwendung und Bearbeitung einer realen Katastrophe potenziert Jelinek daher eine Katharsis der Vernunft.

Schlussbetrachtungen

Zielsetzung der vorliegenden Arbeit war die Verbundenheit zwischen dem Fiktiven und dem Realen im Drama *In den Alpen* zu erforschen und herauszufinden, welche Funktion dabei die Umgestaltung des Realen einnimmt. Wie die Untersuchung gezeigt hat, bezieht sich das Motiv der Brandkatastrophe von Kaprun auf reale Ereignisse in Kaprun im Jahr 2000, die Jelinek ästhetisch transformiert und ihre Wahrhaftigkeit durch Ironie und Einsatz des Fiktiven untergräbt. Damit erreicht Jelinek einen „Hyperrealismus", der dem Drama postdokumentarische Züge verleiht, wie Vennemann am Beispiel des Theaterstücks *Rechnitz (Der Würgeengel)* feststellt. Das Reale wird poetisch verändert, ironisiert, entstellt, um eine Schockwirkung zu erzeugen, (subtil) auf gesellschaftliche Krisen wie Werteverlust hinzuweisen, und Kritik gegenüber Befürworter der Freizeitindustrie und Medien zu äußern. Im Kontext der Brandkatastrophe und den Ereignissen danach, etwa im Verhältnis der Medien zur Brandkatastrophe, drückt das Stück auch einen Appell an die Leserinnen und Leser aus. Der Appell wirkt oft unsensibel und ist manchmal durch die Sätze formuliert, die den Werbeschlagzeilen ähneln. Durch die ästhetische Umsetzung des Realen und Eingliederung des Appells potenziert Jelinek die Katharsis der Vernunft und erfordert vom Lesepublikum, sich vom Inhalt zu distanzieren und ihn nicht nur kritisch durchzudenken, sondern auch die Krisen in seiner unmittelbaren Umgebung zu erkennen.

36 Ebd., S. 9.
37 Ebd., S. 59f.

Literatur

Arns, Inke, *History Will Repeat Itself. Strategies of Re-enactment in Contemporary (Media) Art and Performance*, in: *History Will Repeat Itself. Strategies of re-enactment in contemporary (media) art and performance*, hrsg. v. Inke Arns, und Gaby Horn, Revolver – Archiv für aktuelle Kunst, Frankfurt am Main 2007, S. 37–63.

Bachmann, Michael, *Dokumentartheater/ Dokumentardrama*. in: *Handbuch Drama. Theorie, Analyse, Geschichte*, hrsg. v. Peter W. Marx, Verlag J. B. Metzler, Stuttgart, Weimar 2012, S. 305–310.

Benjamin, Walter. *Understanding Brecht*, übers. von Anna Bostock. Verso, London, New York 1998.

Corsten, Volker, *Ansichten einer Schwierigen: Elfriede Jelinek über ihr neues Stück „In den Alpen", Heimatlosigkeit und den Spaß als Katastrophe – Interview*, https://www.welt.de/print-wams/article607387/Ich-glaube-nicht-an-Gott-und-schreibe-dauernd-ueber-ihn.html [Zugriff am 27.03.2024].

Degner, Uta, *Eine ‚unmögliche' Ästhetik – Elfriede Jelinek im literarischen Feld*, Böhlau Verlag, Wien 2022.

Gimber, Arno. *Authentizitätsinszenierungen bei Milo Rau. Am Beispiel von zwei Stücken*, in: *Fakten und Fiktionen im Zwischenraum. Autoästhetische Praktiken im 21. Jahrhundert*, hrsg. v. Patricia Cifre Wibrow, Arno Gimber, Toni Tholen, Ediciones Universidad de Salamanca, Salamanca 2020, S. 77–86.

Halbwachs, Maurice, *On Collective Memory*, übers. von Lewis A. Coser, The University of Chicago Press, Chicago and London, 1992.

Jelinek, Elfriede, *In den Alpen*. Berlin Verlag, Berlin 2004.

Lehmann, Hans-Thies, *Postdramatisches Theater*. Verlag der Autoren, Frankfurt am Main 2005.

Müller-Dannhausen, Lea, *Zwischen Pop und Politik. Elfriede Jelineks intertextuelle Poetik in wir sind lockvögel baby!*, Frank & Timme Verlag für wissenschaftliche Literatur, Berlin 2011.

Nonoa, Koku G., *Elfriede Jelineks Die Schutzbefohlenen als Teil einer dynamischen Werkkategorie: Zur literarischen Theatertradition in der Medienkultur*, in: PhiN-Beiheft 19/2020, S. 89–107.

o. A., *TODESFALLE TUNNEL*, https://www.focus.de/politik/ausland/todesfalle-tunnel-oesterreich_id_1945516.html [Zugriff am 28.03.2024].

Schwab, Carina und Hahnl, Peter-Paul, *20 Jahre Kaprun-Unglück: Ein langer Weg zurück*, https://salzburg.orf.at/stories/3075130/ [Zugriff am 27.03.2024].

Vennemann, Aline, *Zwischen Postdramatik und Postdokumentarismus*, in: Germanica, 2014, 54, S. 25–37.

Walter-Jochum, Robert, *(Ent-)Schärfungen: Terrorideologien als Material von Reenactments bei Romuald Karmakar und Milo Rau*, in: *Das Politische in der Literatur der Gegenwart*, hrsg. v. Stefan Neuhaus, und Immanuel Nover. Walter de Gruyter, Berlin u. Boston 2019, S. 255–272.

III
TAGEBÜCHER

Die gestohlene Kindheit

Literarische Zeugnisse zweier Krakauer Mädchen von Schindlers Liste

Angela Bajorek
Uniwersytet Komisji Edukacji Narodowej w Krakowie

The Stolen Childhood. Literary Testimonies of two Krakow Girls from Schindler's List

The paper discusses (auto)biographies written in Polish and German by two Jewish women from Krakow. The starting point of their stories is their stay in the Krakow ghetto. The context of the Nazi German occupation appears very similar in all the analysed texts, describing the death of relatives, extreme hunger, illness, violence, exhausting forced labour and paralysing fear. The common denominator of both authors is the term "Child of the Holocaust" and "Schindler Jews", which is justified in relation to the eyewitness accounts of the Holocaust. The text contains the experiences of Stella Müller-Madej (1930–2013) and Bronisława (Niusia) Horowitz-Karakulska (born 1932), both rescued from the Holocaust by the German manufacturer Oskar Schindler.

Keywords: lost childhood, Kraków ghetto, schindler's list, Stella Müller-Madej

Literarische Zeugnisse

Die Kindheitserfahrung des Holocaust und ihre späteren Folgen sind in der polnischen (auto)-biografischen Literatur gut präsent.[1] Abgesehen von den in diesem Zusammenhang grundlegenden Veröffentlichungen von u.a. Rutka Laskier, Hanna Krall, Roma Ligocka, Roman Polański, Mirjam Akavia, Irena Bronner, Henryk Grynberg, Jerzy Kosiński, Dawid Rubinowicz, Dawid Sierakowiak oder Bogdan Wojdowski ist seit den 1990er Jahren eine deutliche Intensivierung persönlicher Erinnerungen zu beobachten, die einen Teil des umfassenderen Trends zur Wiederherstellung der Erinnerung an den Holocaust in der polnischen Kultur bildet. Der Trend hängt auch mit der Entwicklung des Verlagsmarktes und der Gründung zahlreicher, oft kleinerer Verlage zusammen sowie mit dem wachsenden Bewusstsein der Holocaust-Überlebenden für den Lauf der Zeit, der ihnen ihre kreativen Kräfte und die Erinnerung an die Vergangenheit allmählich

---

1 Siehe dazu: A. Cieński, *Pamiętniki i autobiografie światowe*, Wrocław 1992.

nimmt. Das Bedürfnis während des Krieges Tagebücher zu schreiben (u.a. Renia Knoll, Janina Goldstein, Halina Nelken) stellt nicht nur den Willen dar, eine außergewöhnliche Zeit festzuhalten, sondern auch ein psychologisches Bedürfnis, sich im Chaos der Veränderung wiederzufinden.

Der Gegenstand der Betrachtungen des Artikels sind (Auto-)Biografien, die von zwei Krakauer Jüdinnen in polnischer und deutscher Sprache verfasst wurden. Der Ausgangspunkt ihrer Geschichten ist der Aufenthalt im Krakauer Ghetto. Ganz ähnlich erscheint in den präsentierten Texten der Kontext der Besatzungszeit, der den Tod von Angehörigen, extremen Hunger, Krankheiten, die Gewalt, eine aufzehrende Zwangsarbeit und lähmende Angst beschreibt. Der gemeinsame Nenner beider Autorinnen ist der Begriff „Kind des Holocaust"[2] und „Schindler Jews" („Schindlerjuden"), welcher in Bezug auf die Augenzeugenberichte des Holocaust gerechtfertigt ist.

Der Text beinhaltet die Erlebnisse der vor dem Holocaust durch den deutschen Fabrikanten Oskar Schindler geretteten Stella Müller-Madej (1930–2013) und Bronisława (Niusia) Horowitz-Karakulska (geb. 1932).

Im Ghetto

Gemäß der Anordnung des Gouverneurs des Distrikts Krakau, Otto Wächter, vom 3. März 1941 – bekannt gegeben unter anderem in den von den deutschen Besatzern herausgegebenen Zeitungen „Gazeta Żydowska", „Krakauer Zeitung" und „Goniec Krakowski" – wurde im Krakauer Stadtteil Podgórze ein eigener „jüdischer Wohnbezirk"[3] geschaffen. „Bis zum 20. März hatten die Menschen Zeit, nach Podgórze, einem heruntergekommenen Stadtteil jenseits der Weichsel, umzuziehen"[4], so kommentieren diesen Stichtag zwei Münchner Forscher: Andrea Löw und Martin Roth. Auf einer Fläche von 20 Hektar konzentrierten sich in Gebäuden mit etwas mehr als dreitausend Wohnräumen ca. 15–18.000 Juden aus Krakau und angrenzenden Gemeinden.[5] Mehrere Tausend Juden sollten auf einem Gebiet unterkommen, das zuvor 3.000 Menschen als Wohnraum gedient hatte.[6] Die übliche Norm für die genutzte Fläche pro jüdische Person lag bei nur 2 m² und drei Personen pro Fenster.[7] In kleinen Wohnungen lebten mehrere, fremde Fa-

2 Der Begriff bezieht sich auf Personen, die während des Zweiten Weltkrieges noch Kinder waren und als Juden während der Nazi-Okkupation verfolgt wurden. Der seit 1991 tätige „Verein der Holocaust-Kinder" in Polen bestimmt ihn genauer und erklärt, dass es sich um Personen handelt, die im September 1939 nicht älter als 13 Jahre alt waren oder während des Krieges geboren wurden.

3 Vgl. *Utworzenie osobnej dzielnicy mieszkaniowej dla Żydów w Krakowie*, „Gazeta Żydowska", Nr. 19, 07.03.1941, S. 4.

4 A. Löw, M. Roth, *Juden in Krakau unter deutscher Besatzung 1939–1945*, Göttingen 2011, S. 52.

5 P. Batorski, *Za murem w kształcie nagrobków. Likwidacja getta w Krakowie*, https://www.jhi.pl/artykuly/likwidacja-getta-w-krakowie,2758 (Zugriff am 15.07.2023).

6 K. Zimmerer, *Kronika zamordowanego świata. Żydzi w Krakowie w czasie okupacji niemieckiej*, Wydawnictwo Literackie, Kraków 2017, S. 174.

7 „Gazeta Żydowska", Nr. 20, 11.03.1941, S. 3.

milien auf engstem Raum. Deswegen waren sie nicht imstande eine homogene und solidarische Gruppe im Ghetto zu bilden.

Laut der antijüdischen Politik und sukzessiven antisemitischen Propaganda waren die jüdischen Bewohner des Ghettos verpflichtet, eine weiße Armbinde mit blauem Davidstern zu tragen[8], sie mussten Zwangsarbeit leisten und durften bald keine Straßenbahnen mehr nutzen, Geschäfte führen oder die Grünanlagen nicht mehr betreten. Ständig neue Verordnungen, Schikanen, Verfolgungen, zahlreiche Befehle, Schläge, Razzien, Plünderungen, Erniedrigungen (z. B. Abschneiden der Bärte oder Pejes) oder brutale, Ausschreitungen bildeten das tägliche, dramatische Bild des unsicheren Lebens in diesem abgeriegelten Stadtteil.

Der chaotische Zwangsumzug der jüdischen Bevölkerung nach Podgórze war für viele schmerzhaft. Niusia Horowitz erinnert sich immer noch an die Fahrt mit dem Pferdefuhrwerk mit ihren Eltern und ihrem jüngeren Bruder Ryszard[9] über die Piłsudski-Brücke, die Kazimierz mit Podgórze verbindet. In ihrer Biografie beschreibt sie Menschenmassen, beladen mit Bündeln, Hausrat und allem, was sie noch besaßen.[10] Offene Lastwagen und Möbelwagen, die mit dem ganzen Hab und Gut überladen waren, zogen in eine bisher unbekannte Umgebung. Sie bedeutete einen neuen Wohnort, eine neue Bleibe und ein neues Leben, welches viele Juden auf Befehl der deutschen Besatzer neu beginnen mussten. Laut Löw und Roth befanden sich etwa 300 bis 320 Häuser „innerhalb der Gettogrenzen, viele waren nur einstöckig und in schlechtem Zustand“[11].

Julian Aleksandrowicz, Arzt des Krakauer Ghettos beschreibt die schwierige Lage der polnischen (nichtjüdischen) Bevölkerung, die aus Podgórze zwangsausgesiedelt wurde. Mit einem 25 kg schweren Gepäck musste man nicht nur Wohnungen, sondern auch hier tätigen Unternehmen verlassen, um rund 15.000 Juden Platz zu machen.[12] Aleksandrowicz kommentiert diese unerwünschte Rochade sehr treffend: „Die Völkerwanderung hat begonnen. Die ehemaligen Einwohner ziehen aus und verfluchen die Nazis und die Juden gleichermaßen für die Mühe der Vertreibung/ Zwangsdeportation“[13].

Zunächst war das Ghetto nur durch einen Stacheldrahtzaun von der Außenwelt getrennt, später begann man, auf deutsche Anweisung eine Mauer zu errichten. Ihr Aussehen erinnert an die jüdischen Grabsteine.

In seiner Autobiographie beschreibt der polnische Regisseur und ‚Schindlerjude‘ Roman Polański den Bau der Mauer und sein Entsetzen: „Plötzlich begriff ich. Die mauer-

8 Diese Kennzeichnungspflicht gilt seit dem 1. September 1939.

9 Ryszard Horowitz (geb. am 5.Mai 1939 in Krakau) ist ein polnisch-amerikanischer Werbefotograf und Plakatkünstler. Er studierte Malerei an der Krakauer Akademie der Schönen Künste und emigrierte 1959 in die Vereinigten Staaten. Er gilt als einer der jüngsten Schindlerjuden und Auschwitzüberlebenden.

10 M. Huzarska-Szumiec, *Niusia z Listy Schindlera. Historia ocalenia*, Warszawa 2024, S. 47.

11 A. Löw, M. Roth, *Juden in Krakau unter deutscher Besatzung 1939–1945*, S. 58.

12 „Gazeta Żydowska“, Nr. 20, 11.03.1941, S. 3.

13 J. Aleksandrowicz, *Kartki z dziennika doktora Twardego*, posłowie W. Bartoszewski, Wydawnictwo Literackie, Kraków 2017, S. 31.

ten uns ein! Ich brach völlig entsetzt in Tränen aus. Dies war das erste Zeichen, daß die Deutschen es blutig erst meinten [...]"[14].

Bereits im Frühjahr 1942 begannen die Deutschen damit, einen großen Teil der Juden des Ghettos in Viehwaggons „in die von Deutschen eingerichteten Orte des Terrors"[15] zu transportieren. Die häufigsten Endstationen waren das Vernichtungslager Belzec (Bełżec), das Konzentrationslager Auschwitz und das Zwangsarbeitslager (später auch Konzentrationslager) Plaszow. Die Besatzer rechtfertigten die Deportationen mit der Überbevölkerung im Krakauer Ghetto und aus großer Angst vor der Verbreitung ansteckender Krankheiten. Die endgültige Liquidierung des Ghettos begann ein Jahr später, am 13. März 1943, unter der strategischen Aufsicht des SS-Hauptsturmführers Amon Göth. „Das Massaker und die Schrecken bei der Auflösung des Krakauer Ghettos am 13. und 14. März 1943 überlebten nur etwa achttausend Menschen"[16]. Das Ziel des Kommandanten des KZ Plaszow war es, Krakau von Juden zu ‚säubern', damit es unter seiner und der Beteiligung von SS-Männern zu einer ‚judenfreien' Stadt wird.[17] In einem Stadtführer durch die Stadt Krakau aus dem Jahre 1942 informiert der Autor die Besucher darüber in knapper Formulierung: „Die deutsche Stadtverwaltung legte inzwischen in der Vorstadt Podgorze einen neuen Wohnbezirk für die jüdische Bevölkerung der Stadt Krakau fest, so daß in Bälde Kasimierz als sauberes Wohnviertel ein neues Gesicht erhalten wird"[18]. Alle hier eingepferchten Juden erlebten in den zwei Jahren des Ghetto-Bestehens sein brutalstes Gesicht.

Stella Müller-Madej (1930–2013) als Mädchen von der Schindler-Liste, Nr. 76372[19]

An die ersten Tage des Aufenthaltes im Ghetto erinnert sich Stella Müller-Madej folgendermaßen: „Das Ghetto ist fertig, das bedeutet, daß wir nun durch eine Mauer von der übrigen Stadt getrennt sind. Es gibt Wachstuben und drei Tore, zwei in der Limanowski-Straße und eines am Zgody-Platz. Aus einem Dutzend Straßen ist eine richtige Stadt entstanden"[20].

Resigniert, ohne Widerstand und ohne Hoffnung auf Rettung schreibt Stella Müller-Madej über die Tragik des Daseins im Ghetto: „In letzter Zeit geschieht nichts Außergewöhnliches, manchmal hört man, irgendwo sei jemand erschossen oder misshandelt worden, aber das beeindruckt längst niemanden mehr"[21].

14 R. Polanski, *Roman Polanski. Autobiographie,* übers. von Günter Panske, Bern, München 1984, S. 19.

15 A. Löw, M. Roth, *Juden in Krakau unter deutscher Besatzung 1939–1945*, S. 9.

16 M. Pemper, *Der rettende Weg. Schindlers Liste – Die wahre Geschichte,* Hamburg 2005, S. 59.

17 A. Bajorek, D. Szczęśniak, *Medycy krakowskiego getta w tekstach o zagładzie,* [in:] *Lekarz w czasach zarazy. T. 1, Studia z dziejów literatury i medycyny*, hrsg. v. Ewa Baum, Edward Białek, Dariusz Lewera, Krzysztof Wronecki, Wrocław 2023, S. 154.

18 H. Kurtz, *Führer durch die Stadt Krakau*, zweite, erweiterte Auflage, Krakau 1942, S. 51.

19 Stellas Nummer auf der Schindlers Liste, in: E. Rosenberg (Hrsg.), *Ich, Oskar Schindler: Die persönlichen Aufzeichnungen, Briefe und Dokumente,* München 2000, S. 72.

20 S. Müller-Madej, *Das Mädchen von der Schindler-Liste*, S. 23.

21 Ebd, S. 41.

Mit diesen Worten charakterisiert die am 5. Februar 1930 in Krakau geborene Stella Müller-Madej den Umzug in eine kleine Wohnung ins Krakauer Ghetto. Ihr dramatisches Schicksal beschreibt sie im Buch *Das Mädchen von der Schindler-Liste. Aufzeichnungen einer KZ-Überlebenden,* wo sie als Augenzeugin den entsetzlichen Alltag im Ghetto und KZ Plaszow und Auschwitz skizziert. Laut einer Rezension der Frankfurter Allgemeinen Zeitung sollte Müller-Madejs Autobiographie neben den Aufzeichnungen der Anne Frank ihren Platz finden.[22]

Als Tochter von Zygmunt und Berta, geb. Bleiweis, kommt sie aus einer assimilierten, ehemals wohlhabenden jüdischen Familie, die durch die Zwangsumsiedlung in das Ghetto alles verloren hatte. Das Leben in der Isolation, die harte und erschöpfende Arbeit ihres Vaters in den Steinbrüchen der Firma *Liban* und die abwesende Mutter, die in einer Knopffabrik beschäftigt war, beeinflussten ihre Stimmung.

> Ich fühle mich furchtbar verlassen. Wenn die Älteren zur Arbeit gehen, bin ich allein. Ich treibe mich in den Ghettostraßen herum, wie in einer verzauberten Welt. Alles ist fremd hier, aufgeregt, laut. [...] Täglich, [...] muß ich mir eine Menge Gebote und Verbote anhören.[23]

Nach zwei Jahren der Demütigung, der Verfolgung und des Hungers im Ghetto mussten sich die Krakauer Juden auf neue, noch schlimmere Lebensbedingungen einstellen. Ähnlich wie zwischen 5 – 8.000 Personen anderer Personen wurde auch Stella mit ihrer Familie nach der Liquidierung des Ghettos im März 1943 in das noch nicht fertiggestellte KZ Plaszow auf dem Gelände der von den deutschen Besatzern zerstörten zwei jüdischen Friedhöfen gebracht, in dem zum Bau der Lagerstraße die Grabsteine verwendet wurden. Die Münchner Forscher Andrea Löw und Markus Roth beschreiben die unmenschlichen und primitiven Bedingungen im Lager: „Längst nicht alle Baracken waren errichtet, zum Teil fehlten die Dächer. Die Lagerinsassen litten daher unter äußerst schlechten Lebensbedingungen“[24]. Das Lager war vollkommen abgeriegelt und streng bewacht. Ein Fluchtversuch war lebensgefährlich. „Umgeben war es von zwei Reihen Stacheldraht, die unter Starkstrom standen [...]“[25], kommentiert Löw. Der Tag begann für die Häftlinge morgens früh um 4.30 Uhr mit dem Gang zur überfüllten Latrine, der Ausgabe einer kargen Lagerration und einem oft stundenlangen Appell, wo die vor Kälte und Angst zitternden Lagerinsassen von den Aufsehern geschlagen wurden. Stella Müller-Madej skizziert die dramatischen und endlosen Stunden beim Zählen und Melden auf dem Appellplatz:

> Ich habe jegliches Zeitgefühl verloren. Ich weiß nicht, ob wir hier einen Tag oder vielleicht schon einen Monat stehen. Wir stehen und stehen, man darf sich nicht setzten, man darf nicht in die Hocke gehen. Der Tag vergeht. Wir haben nicht einmal Wasser

22 Siehe dazu: Buchdeckel, der im Artikel zitierten Ausgabe.
23 S. Müller-Madej, *Das Mädchen von der Schindler-Liste,* S. 16.
24 A. Löw, M. Roth, *Juden in Krakau unter deutscher Besatzung 1939–1945*, S. 195.
25 Ebd., S. 201.

> zum Trinken bekommen. [...] Die Deutschen schreiten die Reihen ab. [...] Wenn sie sehen, daß sich jemand hingekauert hat, zerren sie ihn aus der Reihe, prügeln ihn auf brutalste Weise, treten ihn gegen den Kopf. In der Dunkelheit sieht man die Umrisse der Ermordeten und Gefolterten kaum, die reglos auf der Erde liegen.[26]

Aus Verzweiflung und Erschöpfung war die 13-jährige Stella am Ende ihrer Kräfte. Sie fragte ihre Mutter: „Warum bringen sie uns nicht gleich alle um, statt uns langsam zu Tode zu quälen...“[27]. Nach diesem zu laut ausgesprochenen Satz wurde sie bestialisch geschlagen. Dieser Schlag lehrte sie, stumm und ohne nachzudenken bei einem Appell dazustehen. Trotz des Bewusstseins der Dezimierung der inhaftierten Jüdinnen und Juden im KZ Plaszow spürte Stella immer noch einen starken Überlebenswillen: „Es steht schlecht um uns, aber ich will leben, auch wenn ich hungrig, erschöpft und halb erfroren bin. Ich will nicht viel – nur leben“[28].

Müller-Madej erinnert sich an die im Mai 1944 stattgefundenen, erniedrigenden Selektionen unter dem Wehgeschrei der Lagerinsassen und Kindern, die in Lastwagen aus dem KZ bei aus den Lautsprechern ertönten Kinderliedern weggebracht wurden, was die schockierten Mütter zu spät bemerkten.

> Der ganze Appellplatz heult auf, die Peitschen sausen nieder, die Hunde bellen. [...] Die Kinder schreien gellend, versuchen die Lautsprecher zu übertönen. Aus den sich langsam entfernenden Lastwagen strecken sich verzweifelt Händchen heraus. Die Frauen werfen sich auf die Erde, zerfetzen ihre Kleider, reißen sich die Haare aus, zerkratzen ihre Gesichter, einige kriechen zum Pult, wo Amon Göth sitzt.[29]

Unter Aufsicht der SS-Männer, kläffenden Hunden, Schlägen wurden tausende Menschen in andere Konzentrationslager, u.a. nach Auschwitz, deportiert. Die Spuren der Verbrechen wurden aber auch im KZ Plaszow verwischt, woran sich Müller-Madej erinnert: „Tagsüber steht der Erschießungshügel in Flammen. Sie verbrennen die Leichen, über dem Lager hängt der grauenvolle, unverwechselbare Gestank, der alles durchdringt. Kein Vogel ist zu sehen“[30]. Der unverwechselbare Geruch von Amon Göths nassen Hunden, die mit ihren Zähnen die Arterie eines Gefangenen durchbeißen, sind die brutalen und unvergesslichen Bilder, an die sich auch Niusia Horowitz erinnert.[31]

---

26 S. Müller-Madej, *Das Mädchen von der Schindler-Liste*, S. 110.
27 Ebd., S. 111.
28 Ebd., S. 114.
29 Ebd., S. 206.
30 Ebd., S. 142–143.
31 M. Huzarska-Szumiec, *Niusia z Listy Schindlera. Historia ocalenia*, Warszawa 2024, S. 41.

Niusia Horowitz (1932–) als Mädchen von der Schindler-Liste, Nr. 76307[32]

Ein ähnliches Schicksal wie Stella Müller-Madej wurde Bronislawa (Niusia) Horowitz-Karakulska, mit der sie befreundet war, zuteil. Auch Niusia überlebte den Zweiten Weltkrieg dank dem deutschen Fabrikanten Oskar Schindler, doch auch ihr hat der Krieg die „Kindheit gestohlen und ihr dafür eine völlig andere beschert [...]"[33].

Geboren wurde Bronisława Horowitz 1932 in Krakau. Als sie im September 1939 eingeschult werden sollte, brach der Krieg aus. Bis heute bedauert sie, dass ihr die Möglichkeit, zur Schule zu gehen, vorenthalten wurde. In der Biografie schildert Niusia ihre Enttäuschung, dass sie am ersten Schultag die jüdische Schule in der Brzozowa-Straße in Krakau in der Nähe ihres Elternhauses nicht besuchen konnte; die Schule wurde später von den deutschen Besatzungsbehörden geschlossen. „Ich hatte schon alles vorbereitet. Im Zimmer wartete ein Schulranzen auf mich [...] Darin befanden sich ein hölzernes Federmäppchen, ein Stift, Federn. Alles, was ich brauchte, um schreiben zu lernen. [...] Als der Krieg zu Ende war, war ich einfach Analphabetin"[34].

Die Familie Horowitz floh zuerst in den Osten, aber nach der Besetzung Ostpolens durch sowjetische Truppen am 17. September 1939 kehrten sie nach Krakau zurück. Ab März 1941 befand sich Niusia mit ihrer Familie im Krakauer Ghetto.

Das neunjährige Mädchen hatte keinerlei Vorstellungen von seinem künftigen Leben im Ghetto. Doch es bekam mit, was seine Mutter über den neuen Wohnort dachte: „Podgórze wird für uns sicher nur eine Zwischenstation sein, bevor man uns ..."[35]. Im Ghetto fühlte sich die Familie isoliert und eingekesselt. Der Stacheldraht und die hohen Mauern schotteten sie von der Außenwelt ab.[36] Kontakte zu früheren Bekannten außerhalb des Ghettos wurden verboten. Die Juden empfanden diesen traumatischen Zustand als Ostrazismus und eine Art der Versklavung. Niusia verstand noch nicht, warum ihre Nächsten voller Verzweiflung „den Kopf schütteln oder ihnen Tränen über die Wangen liefen"[37]. Die gespannte Atmosphäre kommentiert sie folgendermaßen: „Die Menschen liefen mit gesenktem Kopf herum, überall hingen faschistische Fahnen und diese schrecklichen Megaphone, durch die Botschaften übertragen wurden"[38].

Das Leben in der Isolation, in Angst vor Deportation, Krankheiten und Ermordung dauerte fast zwei Jahre lang. Der Tod im Ghetto war allgegenwärtig und sichtbar. Den Erinnerungen von Niusia Horowitz ist auch zu entnehmen, dass das Leben mit den tägli-

---

32 Niusias Nummer auf der Schindlers Liste, in: E. Rosenberg (Hrsg.), *Ich, Oskar Schindler: Die persönlichen Aufzeichnungen, Briefe und Dokumente,* München 2000, S. 71.

33 R. Engelmann, *Doch meine Seele hat Narben. Wie Niusia Horowitz dank Oskar Schindler den Holocaust überlebte,* München 2022, S. 9.

34 M. Huzarska-Szumiec, *Niusia z Listy Schindlera. Historia ocalenia*, Warszawa 2024, übers. v. A.B., S. 44.

35 Ebd., S. 60.

36 R. Engelmann, *Doch meine Seele hat Narben,* S. 68.

37 Ebd.

38 M. Huzarska-Szumiec, *Niusia z Listy Schindlera. Historia ocalenia*, Warszawa 2024, übers. v. A.B., S. 45.

chen Repressalien, dem Hunger und Tod extrem schwierig war. Doch der Überlebenswille vieler junger Leute, „die ihr Leben noch vor sich zu haben glaubten", war so groß, dass sie nicht aufgeben wollten. Sie haben sich noch einen Rest Hoffnung bewahrt.[39]

Ein großes Thema in den Erinnerungen der zwei Krakauerinnen ist der im Ghetto herrschende Hunger. Die Hungerrationen machten jeden Tag im Ghetto zum Überlebenskampf. Die Lebensmittelrationen waren ungerecht verteilt. Die Deutschen erhielten 2000, Polen 1000 und Juden lediglich 200 Kalorien pro Tag.

> Die Lebensmittelrationen für Juden waren viel zu klein, um die Bewohner des Ghettos zu ernähren. Die deutschen Behörden verhängten drastische Strafen gegen Schmuggler von Nahrungsmitteln, darunter öffentliche und nichtöffentliche Exekutionen. Hunger, Krankheiten und Seuchen im Ghetto nahmen ständig zu.[40]

Niusia Horowitz erinnert sich daran, dass die ganze Familie Hunger litt, obwohl ihre Eltern sich immer bemühten, das Essen – auch illegal – aufzutreiben. Meistens konnten sie keine Lebensmittel organisieren, daher blieben sie Tag und Nacht hungrig: „Meist kehrten sie hungrig in die Wohnung zurück, hungrig legten sie sich auf den blanken Fußboden und versuchten zu schlafen ..."[41].

Nach der Liquidierung des Ghettos im März 1943 wurde sie in das Zwangsarbeitslager Plaszow geschickt, wo sie als kleines Mädchen in einer Bürstenfabrik arbeiten musste. Schließlich wurden sie und ihre Eltern von Oskar Schindler in der Krakauer Fabrik für Metallerzeugnisse und Emailwaren angestellt. Für seine jüdischen Arbeiter diente das spezielle Außenlager als eine gewisse Schutzzone. Niusias Mutter Regina gelang es, zusammen mit ihrer Tochter in Schindlers Fabrik nach Krakau abkommandiert zu werden. Dort polierte die Mutter die Patronenhülsen, und Niusia musste gar nicht arbeiten. Gegen Ende 1944 mussten das KZ Plaszow und alle seine Außenlager angesichts des russischen Vormarsches evakuiert werden. Regelmäßig fanden Deportationen in das KZ Auschwitz-Birkenau statt. So wurden am 14. Mai 1944 etwa 1.500 Lagerinsassen, vor allem Kinder, Alte und Kranke, zur Vernichtung nach Auschwitz abtransportiert. Schindler beschloss, seine Fabrik in die Nähe seiner Geburtsstadt im mährischen Zwittau zu verlagern.

Alle Arbeiterinnen und Arbeiter seiner Krakauer Fabrik, einschließlich ihrer Familienangehörigen, wollte er dank seiner Liste in ein neu erworbenes Fabrikgebäude nach Brünnlitz mitnehmen.

Obwohl Niusia Horowitz ähnlich wie Stella Müller-Madej auf der Liste standen, wurden sie bei dem Frauentransport 1944 zusammen mit einigen Familienangehörigen irrtümlich in das KZ Auschwitz deportiert. Stella Müller-Madej erinnert sich traumatisch an dieses Ereignis: „Keine der Frauen wollte aus den Waggons aussteigen. Kapos und

39 R. Engelmann, *Doch meine Seele hat Narben*, S. 75.

40 Das Alltagsleben in den Ghettos, https://www.yadvashem.org/de/holocaust/about/ghettos/daily-life.html (Zugriff am 19.07.2023).

41 R. Engelmann, *Doch meine Seele hat Narben*, S. 74.

SS-Männer mussten sie mit Schlagstöcken rausprügeln“[42]. Alle wurden aufgefordert sich auszuziehen, ihre Haare wurden abgeschnitten. Die Aufseherinnen trieben die Frauen in den als „Brause“ bezeichneten Raum, wo sie voller Angst auf das Wasser warteten. Es kam danach eine schreckliche Zeit, geprägt von Appellen, Hunger, Schlägereien, Schlafen in Baracken, Selektionen und Erniedrigungen. Das Leben der 13-jährigen Niusia, die für die Gaskammer selektiert wurde, rettete ihre Mutter, die einen Brillanten unter ihrer Zunge versteckte und ihn einer SS-Aufseherin gab. Es gelang Schindler schließlich, nach entsprechenden Bestechungen der SS-Funktionäre, die Krakauer Jüdinnen seiner Fabrik aus Auschwitz nach Brünnlitz verlegen zu lassen. Unter ihnen befanden sich auch Niusia und ihre Mutter. Dank den zwei nüchternen Namenseinträgen auf einer Liste wurden sie ebenso wie Stella Müller-Madej gerettet. „In der Chronik des Vernichtungslagers ist dies der einzige dokumentierte Fall, bei dem eine so große Gruppe von Menschen mit dem Leben davonkam, während die Gaskammern noch in Betrieb waren“[43].

Nach drei langen Wochen wurden die insgesamt 300 ausgehungerten Frauen aus Plaszow in das Arbeitslager Brünnlitz überwiesen, wo sie Schindler persönlich empfing und ihnen ärztliche Versorgung, frische Kleidung und sattes Essen bereitstellte. Es wurden die Arbeitsplätze zugeteilt: Niusia sollte an einer Schleifmaschine arbeiten und die Buchsen mit ihren schmalen Kinderhänden reinigen. In der Fabrikhalle war es kalt, sie fror wie viele andere Arbeiterinnen. Bald bekam sie „Blasen an den Händen, die bei jedem neuen Arbeitsgang schmerzten“[44]. Behilflich war bei der Entzündung nicht nur Frau Dr. Löw, sondern auch Emilie Schindler, die sich um Niusias Hände kümmerte und sie mit einer Salbe einrieb. Ihre Dankbarkeit konnte sie bald zu Schindlers Geburtstag am 28. April ausdrücken. Sie überreiche ihm eine Torte, die die Arbeiter aus Brot backten, und sagte zu ihm: „Herr Schindler, wir wünschen Ihnen das Beste zum Geburtstag![45]“ Der vom Glückwunsch gerührte Schindler umarmte Niusia und küsste sie auf die Stirn. Dieses spontane Verhalten des Geburtstagskindes wurde von den fassungslosen SS-Männern als Rassenschande betrachtet, für die er ins Gefängnis gesperrt wurde. Im Mai 1945 kam die Rote Armee, und Oskar Schindler verließ mit einem in fünf Sprachen verfassten Brief, unterschrieben von allen Gefangenen, seine Fabrik. Zum Abschied bekam er im Namen aller einen goldenen Ring, der aus einem Goldzahn gefertigt wurde. Sie gravierten auf Hebräisch folgendes Motto ein: „Wer ein Leben rettet, rettet die ganze Welt“[46].

Nach dem Kriegsende kehrte die 13-jährige Niusia mit einigen ihrer Familienangehörigen in ihre Heimatstadt Krakau zurück, wo sie nach dem Abitur als Kosmetikerin arbeitete. Ihr Vater überlebte das KZ Mauthausen. Nach der Rückkehr war sie jedoch psychisch und physisch erschöpft und wog nach der Entlassung aus dem Lager vierund-

---

42 Ebd., S. 167.

43 Oskar und Emilie Schindler, https://www.yadvashem.org/de/righteous/stories/schindler.html (Zugriff am 28.12.2023).

44 R. Engelmann, *Doch meine Seele hat Narben,* S. 191.

45 Ebd., S. 205.

46 Ebd., S. 211.

zwanzig Kilo.[47] Über die dunklen Erinnerungen und das Erlebte hat sie 40 Jahre lang geschwiegen und wollte über das Unrecht, das ihr angetan wurde, nichts erzählen. Erst durch Steven Spielbergs Film *Schindlers Liste*, der 1993 in die Kinos kam, und an dessen Drehbuch sie als Zeitzeugin und Beraterin mitgewirkt hatte, begann sie über ihre verdrängten, bisher tabuisierten Kriegserlebnisse zu sprechen. Niusias Erinnerungen an die Besatzungszeit schrieb Reiner Engelmann in dem Buch *Doch meine Seele hat Narben* (2022) nieder. Das erschütternde Buch, in dem sie den Krieg mit den Augen eines Kindes beobachtet, ist ein „eindringliches Plädoyer gegen das Vergessen“[48]. Engelmann notiert im letzten Abschnitt des Buches Niusias Geständnis und ihre Botschaft, die sie als Zeitzeugin vermitteln möchte: „Ich erzähle euch das [...], damit ihr wisst, was passieren kann, wenn solch furchtbare Menschen Macht bekommen. [...] ‚Rein äußerlich sieht man mir nicht an, was ich als Kind durchmachen musste, [...] doch meine Seele hat Narben‘“[49].

Oskar Schindler

Mit der Geschichte des Lagers Plaszow und seines brutalen Kommandanten Amon Göth ist die Geschichte von Oskar Schindler (1908–1974), „dem Steven Spielberg Anfang der neunziger Jahre mit *Schindlers Liste* ein weltweit gefeiertes filmisches Denkmal gesetzt hat“[50], verbunden. Kurz nach Ausbruch des Krieges im September 1939 tauchte der damals Einunddreißigjährige im besetzten Krakau auf und übernahm eine heruntergewirtschaftete Emailwarenfabrik, die ursprünglich einem Juden gehört hatte.[51] Dank illegalen Geschäften, geschickten Schachzügen, Bestechungen, Verhandlungen, List und erworbenen, vielfältigen Beziehungen zu wichtigen SS-Funktionären gelang es ihm, jüdische Arbeitskräfte einzustellen, ihre Rettung vor der Deportation in Konzentrationslager zu finanzieren und sie dadurch schließlich zu verhindern. Sein Weg vom Geschäftsmann zum Lebensretter war aber lang und mühsam.

Der Geschäftsmann, den sie zum ersten Mal im Lager in Göths Begleitung sah, charakterisiert Niusia folgendermaßen: „Der Mann war groß, gut gekleidet, flirtete schnell mit den anwesenden Frauen, hatte stets ein Glas Cognac in der Hand und sprach mit Amon Göth so, als seien sie enge Freunde“[52]. Hinter dieser Pseudo-Freundschaft und -Vertrautheit steckte etwas ganz Anderes. Obwohl Schindler ein Genussmensch und Spieler war, der mit den hochrangigen SS-Offizieren auf freundschaftlichem Fuß stand, behandelte er seine jüdischen Mitarbeiter im Unterschied zu den anderen menschenwürdig.[53] Des-

---

47 M. Huzarska-Szumiec, *Niusia z Listy Schindlera. Historia ocalenia*, Warszawa 2024, S. 22.
48 R. Engelmann, *Doch meine Seele hat Narben,* Buchumschlagsende.
49 Ebd., S. 238.
50 A. Löw, M. Roth, *Juden in Krakau unter deutscher Besatzung 1939–1945*, S. 210.
51 Oskar und Emilie Schindler, https://www.yadvashem.org/de/righteous/stories/schindler.html (Zugriff am 28.12.2023).
52 R. Engelmann, *Doch meine Seele hat Narben*, S. 146.
53 Oskar und Emilie Schindler, https://www.yadvashem.org/de/righteous/stories/schindler.html (Zugriff am 28.12.2023).

wegen bemühten sich viele Häftlinge aus Plaszow, in Schindlers Emailwarenfabrik einen Arbeitsplatz zu bekommen, wo es angeblich humane und erträgliche Arbeitsbedingungen, ohne Misshandlung, und nahrhaftes Essen gab. Der unternehmungslustige Besitzer kannte die Mittel, mit denen man Göth überzeugen konnte, die als kriegswichtig eingestuften Juden zu beschäftigen. „Nicht nur mit erstklassigem französischem Cognac bekam er zusätzliche Arbeitskräfte, er köderte ihn auch mit großen Geldbeträgen, Brillanten und wertvollen Kunstgegenständen“[54]. Bald gelang es Schindler mit dem Bau der Baracken auf dem Gelände der Emalia in Zabłocie zu beginnen.

Schindler wurde in seinen Schwarzmarktgeschäften und Rettungsaktionen u. a. von Itzhak Stern, seinem Buchhalter, und dem aus Krakau stammenden Mieczysław Pemper (genannt Mietek) unterstützt. Pemper, ein jüdischer Häftling, der über 500 Tage als der persönliche Stenograf von Göth arbeitete, beschreibt im zitierten Buch *Der rettende Weg* Schindlers Rolle bei seinen jüdischen Häftlingen:

> Sein moralischer Wandel vollzog sich nicht plötzlich, von heute auf morgen. Vielmehr wuchs Schindler Schritt für Schritt in diese neue Rolle hinein. Er kam mit Sicherheit nicht als Lebensretter, sondern als Geschäftsmann nach Krakau. Als er aber sah, was sich in Polen abspielte und wie die Besatzer uns Juden behandelten, beschloß er, etwas zu tun. Von vormals billigen Arbeitskräften wurden wir im Laufe der Jahre zu Menschen, um die er sich sorgte.[55]

Itzhak Stern und Mietek Pemper waren u. a. am Zustandekommen einer der lebensrettenden Listen beteiligt, die mehr als 1.000 Juden vor Auschwitz bewahrte. Pemper ließ Oskar Schindler wichtige Informationen über die Zustände in Plaszow zukommen, diese wurden dann an jüdische Organisationen ins Ausland weitergeleitet.

Schindler war ein Hoffnungsschimmer, der mehrere Familien zusammen mit etwa tausend anderen jüdischen Häftlingen für seine Fabrik in Böhmen angefordert hat. 700 Männer gelangten über Groß Rosen nach Brünnlitz, aber 300 Frauen von *Schindlers Liste* wurden aufgrund eines Fehlers im Oktober 1944 nach Auschwitz deportiert, weil es im KZ Groß Rosen kein Frauenlager gab. In einem Güterzug transportiert, erreichten Schindlers überraschte und – ihnen selbst zufolge – betrogenen Arbeiterinnen die falsche Endstation. In Auschwitz wurde die ganze Gruppe auseinandergerissen und auf verschiedene Baracken verteilt. Das Entsetzen der Frauen und ihren großen Zweifel beschreibt die damals völlig desorientierte Müller-Madej folgendermaßen: „Im Rhythmus der Räder pochen und pochen und pochen die Fragen in meinem Kopf. Direkt ins Gas? Vielleicht noch nicht? Mama hatte Recht gehabt: Wir waren von dem großartigen Judenfreund, dem Nazi Oskar Schindler, grausam betrogen worden“[56]. Nach demütigender Aufnahmeprozedur und qualvollen Tagen mussten die Aufseherinnen in Auschwitz „die Schindler-Frauen aus den vielen Baracken auf dem riesigen Lagergelände einzeln aussortieren. [...]

54 R. Engelmann, *Doch meine Seele hat Narben*, S. 148.

55 M. Pemper, *Der rettende Weg. Schindlers Liste – Die wahre Geschichte*, Hamburg 2005, S. 173.

56 Ebd, S. 172 u. 179.

Für den Abtransport nach Brünnlitz wurden die Frauen tatsächlich namentlich aufgerufen, was sonst nie geschah, denn in Auschwitz zählte nur die Nummer“[57], kommentiert Pemper diesen Fall. Nach Schindlers Intervention, Engagement und seiner beherzten Hartnäckigkeit gelang es ihm, dass die Frauen doch noch nach Brünnlitz[58] im Sudetenland transportiert wurden. In ihren Memoiren beschreibt Emilie Schindler (1907–2001), Schindlers Ehefrau, die Szene der Ankunft des Zuges wie folgt:

> Der Zug mit den dreihundert Frauen traf jedenfalls ein paar Tage später auf dem Fabrikgelände in Brünnlitz ein und sorgte für großen Aufruhr, Freudeschreie – und Tränen, aber auch Gelächter. Wir waren entsetzt über den erbärmlichen Zustand der Frauen, sie waren vollkommen unterernährt und bis auf die Knochen abgemagert.[59]

In einem Interview erinnert sich Stella Müller-Madej in ähnlicher Weise an diese Szene:

> Wir stanken unheimlich, denn es gab noch nicht einmal einen Eimer. Was der arme Oskar Schindler riechen musste, muss entsetzlich gewesen sein. Die Frauen, die ihn bereits aus der Emalia kannten, bekamen bei seinem Anblick hysterische Anfälle. Er lächelte subtil, und dort, wo in der Nähe keiner von den Deutschen war, gelang es ihm, uns zuzuflüstern, dass wir jetzt in Sicherheit wären. Von diesem Augenblick an glaubte ich an Oskar Schindler, an seinen wahren Willen, uns zu retten.[60]

Stella gibt eine kurze Ansprache von Schindler kurz nach ihrer Ankunft, wo sich alle in einer großen Halle versammelten, wie folgt wieder:

> Ich weiß, ihr seid durch die Hölle gegangen, bevor ihr hier angelangt seid, euer Aussehen sagt alles. [...] Es bestand keine große Hoffnung, daß es gelingen würde, euch hierher zu holen. Doch das ist Vergangenheit. Ich zähle auf eure Disziplin, euren Ordnungssinn, ich denke, daß das Schlimmste überwunden ist.[...] Kranke und solche, die verarztet werden müssen, gehen gleich mit den Ärztinnen mit.[61]

Nach einer bestimmten Zeit wurden alle Pflichten in der Fabrik verteilt. Für die immer kompliziertere Versorgung und administrative Angelegenheiten war Oskar Schindler zuständig, seine Frau Emilie sorgte für Medikamente gegen den sich ausbreitenden Skorbut.

---

57 M. Pemper, *Der rettende Weg*, S. 206.

58 Brünnlitz war ein Außenlager des KZ Groß Rosen, wo alle Männer von Schindlers Liste zuerst registriert werden sollten. Später erreichten die 700 Männer Schindlers neue Fabrik.

59 E. Rosenberg (Hrsg.), *Ich, Emilie Schindler. Erinnerungen einer Unbeugsamen*, München 2001, S. 115.

60 Aussage von Stella Müller-Madej aus einem Fernsehinterview, in: Spiegel-TV-Dokumentation, VOX 2003.

61 S. Müller-Madej, *Das Mädchen von der Schindler-Liste*, S. 225.

Im Mai 1945 waren die SS-Männer verschwunden, wenig später kamen sowjetische Soldaten. Für viele jüdische Familien war damit die Zeit der Verfolgung zu Ende gegangen.

Familie Müller gelangte nach langen Diskussionen darüber, ob sie überhaupt nach Krakau zurückkehren solle, schließlich kam sie mit einem Zug nach Krakau zurück. 1959 ging Stella in die USA, wo sie beim Bruder ihres Vaters, Norbert Müller, lebte und drei Jahre lang arbeitete, um ihrer Familie in Polen zu helfen. Viele Jahre lang musste sie eine in Auschwitz erlittene Verletzung der Wirbelsäule behandeln lassen. Sie kehrte nach Polen zurück, wo sie ein Gästehaus in Podhale führte und für den Rest ihres Lebens in Krakau lebte, wo sie im Jahre 2013 im Alter von 83 Jahren gestorben ist.

Ihr autobiographisches Buch, welches in neun Sprachen übersetzt wurde, stellt das Leben eines Kindes in der Zeit der Gewalt, der Menschenverachtung und des Todes dar. Die Autorin veranschaulicht darin, wie ihre anfangs unbeschwerte Kindheit unterbrochen wird und ein schwieriges Aufwachsen im Schatten des Krieges und des Todes beginnt.

Zusammenfassung

Insgesamt 1.200 ‚Schindlerjuden', Frauen, Männer und Kinder, überlebten dank Oskar Schindlers Liste das Lager in Plaszow. Wie viele andere Holocaustüberlebende gründeten sie Familien, haben Kinder oder Enkelkinder. Verstreut in aller Welt begannen sie ein neues Leben (in den USA, in Polen, Israel, Australien, manche, wie Mietek Pemper, sogar in Deutschland) – und meldeten sich nicht selten nach langem Schweigen zu Wort, kritisch, bekräftigend, offen, schmerzgeschüttelt. „Sie gehörten zum ‚Rest der Geretteten', den ‚Sh'erit ha-Pletah', wie sich die wenigen jüdischen Überlebenden des Holocaust nach dem Krieg nannten"[62]. Die im Artikel dargestellten Texte der Zeitzeuginnen sind ein literarisches Holocaust-Mahnmal, das nie in Vergessenheit geraten darf.

Zwei Jüdinnen aus dem Krakauer Ghetto – Stella und Niusia – sind kindliche und jugendliche Zeitzeuginnen, die Ausgrenzung, Verfolgung und schließlich Gefangenschaft in einem vom Rest der Stadt isolierten Ghetto erfahren haben. Sowohl Stella als auch Niusia befanden sie sich unter den geretteten ‚Schindler-Juden'. Niusia ist heutzutage die letzte Überlebende dieser Gruppe. Jede von ihnen steht stellvertretend für eines von Millionen anderen Kindern, die von der brutalen und unmenschlichen Erwachsenenwelt ihrer Freiheit und Kindheit beraubt wurden. Unfassbar für sie ist das Bewusstsein, die besten Jahre ihres Lebens verloren zu haben. Für die Protagonistinnen ist es die ‚Zeit des Umbruchs', die das Leben der Mädchen bestimmt und einen guten Einstieg ins Erwachsenenalter verhindert hat.[63] Das Thema der schwierigen Kindheit oder ‚verschobenen' Pubertät in der biografischen Prosa kommentiert Bogumiła Kaniewska: „Die Begegnung

62 R. Finder, *Ich überlebte. Ein Mädchen auf Schindlers Liste*, Zitat aus: Vorwort von Mirjam Zadoff, München 2022, S. 11.

63 Krystyna Jakowska schreibt in ihrem Artikel sogar von einer Initiation, die durch den Krieg verhindert wurde. Siehe dazu: K. Jakowska: *Inicjacja niedokonana w polskiej literaturze Holocaustu*, in: *Z problemów prozy. Powieść inicjacyjna*, Toruń 2003, S. 445–455.

mit der Geschichte verstümmelt, verändert, bestimmt die zukünftige Lebensform, wird zu einer Quelle der Angst und Besessenheit. Daraus entsteht das Bedürfnis zu sprechen, Erfahrungen zu wiederholen“[64].

Obwohl die Krakauer Autorinnen in den vorgestellten literarischen Texten auf unterschiedliche Genres und Erzählformen zurückgreifen, beziehen sie sich beide auf ihre eigenen Kindheitserlebnisse und ihre kindliche bzw. jugendliche Sichtweise. Die beiden Krakauer ‚Schindlerjüdinnen' verbinden nicht nur traumatische Erlebnisse im Ghetto, im Lager Plaszow und im KZ Auschwitz, sondern auch ein wichtiger Mensch, nämlich Oskar Schindler, der sie nicht nur heldenhaft am Leben gehalten hat, sondern ihr Leben gerettet hat. Dafür erkannte ihn Yad Vashem am 18. Juli 1967 als ‚Gerechter unter den Völkern' an.[65]

Stella Müller-Madej kann nicht nachvollziehen, wie es möglich ist, dass ein Mensch dem anderen, dabei auch einem unschuldigen Kind, so viel Leid bereiten konnte. Sie äußert ihre Kritik ganz laut- und tränenlos und stellt eine rhetorische Frage, in der die Autorin an der menschlichen Empathie zweifelt:

> Ich frage mich, ob diese Menschen [...] wohl Familie haben. Besitzen sie die Fähigkeit zu leiden, zu lieben, sich zu fürchten? [...] Ich kann diesen schrecklichen Hass auf uns alle, die wir eingesperrt und wehrlos sind, nicht verstehen. Stets habe ich den Jungen mit der Kleinen in den Armen vor Augen.[66]

Obwohl die Rote Armee nach Brünnlitz kam und eine Feldküche aufbaute, war Stella nicht einmal im Stande, sich über das Essen zu freuen und endlich das Sättigungsgefühl zu genießen.

> Zu meiner Verwunderung hatte ich keinen besonderen großen Appetit. Monate-, jahrelang hatte ich gedacht, essen zu müssen, bis mir der Bauch platzte, wenn ich frei wäre. Nun war es anders. Ich hatte geglaubt, verrückt zu werden vor Freude. Auch das war nicht so. Die Freude war mir abhanden genommen.[67]

In einem Artikel im „Spiegel" sagte sie bitter: „In Gesellschaft erzähle ich Witze, lache, spreche, aber das ist nur die eine Hälfte von mir. In der anderen lebt die Vergangenheit“[68].

Niusia Horowitz-Karakulska konnte ihre ersten Lebensjahre im Ghetto, Arbeits- und Konzentrationslager nicht nachvollziehen. Das Erlebte war für sie kaum zu ertragen und so schmerzlich, dass es auf sie schwer traumatisierend wirkte. Es bereitete ihr „Angst, große

---

64 B. Kaniewska, *Historia i egzystencja. Współczesne biografie wobec wzorca powieści rozwojowej*, in: K. Meller, K. Trybuś (Hrsg.), *O historyczności*, übers. v. A.B., Poznań 2006, S. 350.

65 Oskar und Emilie Schindler, https://www.yadvashem.org/de/righteous/stories/schindler.html (Zugriff am 28.12.2023).

66 S. Müller-Madej, *Das Mädchen von der Schindler-Liste*, S. 147.

67 Ebd., S. 261.

68 *Stella Müller*, Spiegel, Nr. 11/1994, https://www.spiegel.de/kultur/stella-mueller-a-c00f1a0b-0002-0001-0000-000013684016?context=issue (Zugriff am 28.12.2023).

Angst, die sie nachts bis in ihre Träume verfolgte"[69]. Anstatt Geborgenheit zu erfahren und die Schule zu besuchen, lebte sie in ständiger Unsicherheit, „entweder zu verhungern oder ermordet zu werden. Nie fand sie in all diesen Jahren Ruhe oder Geborgenheit in der Familie, weil die so nicht mehr existierte [...]"[70]. Trotz der glücklichen Ehe mit dem Arzt Tadeusz Karakulski behauptet sie, dass ihre seelischen Wunden noch nicht vernarbt seien.

Die herrschenden Gefühle in den präsentierten Kindheitserinnerungen an den Holocaust sind u.a. Angst, Stress, Hunger und Demütigung. Für die zwei jüdischen Heldinnen ist der Holocaust einerseits eine schwierige Erfahrung der Versachlichung (*Reifikation*) des jungen Menschen und seiner Entmündigung, andererseits ist es die Zeit der ungewollten Selbstständigkeit und des beschleunigten Erwachsenwerdens[71], die schwer nachvollziehbar, sogar unerklärlich ist.

Der Grund für die Entscheidung, ihre Geschichte zu schreiben (oder sie schreiben zu lassen), war bei den erwachsenen Überlebenden Stella Müller-Madej und Niusia Horowitz eindeutig. Es ging ihnen nicht nur um die Schilderung der täglichen Probleme, der Hoffnungen und Träume, sondern um das Bedürfnis, ein Zeugnis abzulegen und ihre Holocausterfahrung den nächsten Generationen zu vermitteln. Sie schildern die Hölle ihrer Kindheit mit der Überzeugung, alles aufschreiben zu müssen, – wie es Stella Müller-Madej zusammenfasst – „weil mir das, was ich erlebte, sowieso keiner glauben würde"[72]. Niusia Horowitz-Karakulska, die Jugendlichen bei Begegnungen ihre Geschichte erzählt, hofft insgeheim, dass sich die Geschichte nie wiederholen wird. In ihrer neuesten Biografie fügt sie hinzu: „Dies ist mein Nachfolger von Schindlers Liste. Was Spielberg begonnen hat, führe ich fort"[73].

Es gibt nur wenige Augenzeugenberichte, die den grausamen Alltag der Vernichtungslager so eindringlich und überzeugend beschreiben, wie die in diesem Beitrag dargestellten Lebensschicksale der jungen Krakauerinnen, die ein Zeugnis von Schindlers Wohltaten ablegen wollten.

Trotz der kritischen Stimmen einzelner Historiker, die „am Helden-Image"[74] des deutschen Geschäftsmannes nicht nur einmal zweifelten, steht die Holocaust-Überlebende Niusia Horowitz an Schindlers Seite und äußert eindeutig ihre Anerkennung: „Ich werde kein schlechtes Wort über ihn sagen lassen. [...] Wir glaubten an ihn als Wundertäter. Niemand sonst, kein Gott."[75] Schindlers Foto hängt bis heute über ihrem Bett in der Krakau-

69 R. Engelmann, *Doch meine Seele hat Narben*, S. 73.

70 Ebd., S. 227.

71 Vgl. J. Kowalska-Leder, *Doświadczenie Zagłady z perspektywy dziecka w polskiej literaturze dokumentu osobistego*, Wydawnictwo Uniwersytetu Wrocławskiego, Wrocław 2009, S. 235.

72 *Stella Müller*, Spiegel, Nr. 11/1994, https://www.spiegel.de/kultur/stella-mueller-a-c00f1a0b-0002-0001-0000-000013684016?context=issue (Zugriff am 28.12.2023).

73 M. Huzarska-Szumiec, *Niusia z Listy Schindlera. Historia ocalenia*, Warszawa 2024, S. 321.

74 Neue Schindler-Biografie. Zweifel am Helden-Image, https://www.spiegel.de/kultur/literatur/neue-schindler-biografie-zweifel-am-helden-image-a-329605.html (Zugriff am 04.01.2024).

75 O Schindlerze nie dam złego słowa powiedzieć, https://ipn.gov.pl/pl/publikacje/nie-tylko-o-ksiazkach/177781,O-Schindlerze-nie-dam-zlego-slowa-powiedziec.html, übers. v. A.B. (Zugriff am 04.01.2024).

er Wohnung. In einem Interview für die Krakauer Zeitung skizziert sie ihre Erinnerungen mithilfe ihres Geruchssinns: „Das Paradies roch nach Suppe und seinem Parfüm“[76]. Für Niusia, die in den 1960er Jahren von Anosmie und Ageusie betroffen war, waren Gerüche ein wichtiger, somatischer Aspekt ihrer Erfahrung der Vergangenheit.[77]

Die Schilderungen aus Sicht zweier heranwachsender Mädchen, welche ein unvorstellbares Grauen erleben mussten, sind ein erschütterndes und fesselndes Dokument, wie ihre bis zum Kriegsausbruch unbeschwerte Kindheit durch die deutschen Besatzer beendet wurde. Jede Geschichte ist ein individueller, einzigartiger Bericht über das Überleben, zu dem Oskar Schindler beigetragen hat. Er blieb in unmenschlichen Zeiten immer noch ein außerordentlicher und humaner Mensch, der meinte: „Das Leben hat einen Sinn, solange man jemanden rettet“[78].

Literatur

Aleksandrowicz Julian, *Kartki z dziennika doktora Twardego*, posłowie W. Bartoszewski, Wydawnictwo Literackie, Kraków 2017.

Bajorek Angela, Szczęśniak Dorota, *Medycy krakowskiego getta w tekstach o zagładzie*, in: *Lekarz w czasach zarazy.* Bd. 1: *Studia z dziejów literatury i medycyny*, hrsg. v. Ewa Baum, Edward Białek, Dariusz Lewera, Krzysztof Wronecki, Quaestio, Wrocław 2023, S. 143–160.

Batorski Przemysław, *Za murem w kształcie nagrobków. Likwidacja getta w Krakowie*, Żydowski Instytut Historyczny, https://www.jhi.pl/artykuly/likwidacja-getta-w-krakowie,2758 [Zugriff am 15.07.2023].

Engelmann, Reiner, *„Doch meine Seele hat Narben". Wie Niusia Horowitz dank Oskar Schindler den Holocaust überlebte*, cbt, München 2022.

Finder Rena, *Ich überlebte. Ein Mädchen auf Schindlers Liste*, Carl Hanser Verlag GmbH & Co. KG, München 2022.

https://ipn.gov.pl/pl/publikacje/nie-tylko-o-ksiazkach/177781,O-Schindlerze-nie-dam-zlego-slowa-powiedziec.html [Zugriff am 04.01.2024].

https://www.spiegel.de/kultur/literatur/neue-schindler-biografie-zweifel-am-helden-image-a-329605.html [Zugriff am 04.01.2024].

https://www.yadvashem.org/de/righteous/stories/schindler.html [Zugriff am 28.12.2023].

---

76 K. Kachel, Krakowianka Niusia Horowitz-Karakulska to ostatnia żyjąca w Polsce osoba z Listy Schindlera. ‘Raj pachniał zupą i jego perfumami’, https://plus.gazetakrakowska.pl/krakowianka-niusia-horowitzkarakulska-to-ostatnia-zyjaca-w-polsce-osoba-z-listy-schindlera-raj-pachnial-zupa-i-jego-perfumami/ar/c15-18263729 (Zugriff: 29.01.2024).

77 M. Huzarska-Szumiec, *Niusia z Listy Schindlera. Historia ocalenia*, S. 17.

78 Oskar Schindler, Krakau 1943, zit. nach: Aleksander B. Skotnicki, *Oskar Schindler w oczach uratowanych przez siebie krakowskich Żydów*, übers. v. A. B., Kraków 2007, S. 401.

Huzarska-Szumiec, Magda, *Niusia z Listy Schindlera. Historia ocalenia*, Wielka Litera, Warszawa 2024.

Jakowska Krystyna, *Inicjacja niedokonana w polskiej literaturze Holocaustu*, in: *Z problemów prozy. Powieść inicjacyjna*, Dom Wydawniczy DUET, Toruń 2003, S. 445–455.

Kachel Katarzyna, *Krakowianka Niusia Horowitz-Karakulska to ostatnia żyjąca w Polsce osoba z Listy Schindlera.* „Raj pachniał zupą i jego perfumami", https://plus.gazetakrakowska.pl/krakowianka-niusia-horowitzkarakulska-to-ostatnia-zyjaca-w-polsce-osoba-z-listy-schindlera-raj-pachnial-zupa-i-jego-perfumami/ar/c15-18263729 [Zugriff am 29.01.2024].

Kaniewska Bogumiła, *Historia i egzystencja. Współczesne biografie wobec wzorca powieści rozwojowej*, in: *O historyczności*, hrsg. v. Katarzyna Meller, Krzysztof Trybuś, Band 46, Poznańskie Studia Polonistyczne, Poznań 2006, S. 341–350.

Kowalska-Leder Justyna, *Doświadczenie Zagłady z perspektywy dziecka w polskiej literaturze dokumentu osobistego*, Wydawnictwo Uniwersytetu Wrocławskiego, Wrocław 2009.

Kurtz Heinrich, *Führer durch die Stadt Krakau. Mit zahlreichen Abbildungen [...] und Stadtplan mit neuen deutschen Strassenbezeichnungen*, zweite, erweiterte Auflage, Buchverlag Deutscher Osten G.M.B.H., Krakau 1942.

Löw Andrea, Toth Marcus, *Juden in Krakau unter deutscher Besatzung 1939–1945*, Wallstein, Göttingen 2011.

Müller-Madej, Stella, *Das Mädchen von der Schindler-Liste. Aufzeichnungen einer KZ-Überlebenden*, dtv, München 2004.

Pemper Mietek, *Der rettende Weg. Schindlers Liste – Die wahre Geschichte,* Hoffmann und Campe, Hamburg 2005.

Polanski Roman, *Roman Polanski. Autobiographie*, übers. v. Günter Panske, Scherz, Bern, München 1984.

Rosenberg Erika (Hrsg.), *Ich, Emilie Schindler. Erinnerungen einer Unbeugsamen*, F.A. Herbig Verlagsbuchhandlung GmbH, München 2001.

Rosenberg Erika (Hrsg.), *Ich, Oskar Schindler. Die persönlichen Aufzeichnungen, Briefe und Dokumente,* F. A. Herbig Verlagsbuchhandlung GmbH, München 2000.

Skotnicki Aleksander B., *Oskar Schindler w oczach uratowanych przez siebie krakowskich Żydów*, Wydawnictwo AA, Kraków 2007.

Stella Müller, Spiegel, Nr. 11/1994, https://www.spiegel.de/kultur/stella-mueller-a-coof1aob-0002-0001-0000-000013684016?context=issue [Zugriff am 28.12.2023].

Zimmerer Katarzyna, *Kronika zamordowanego świata. Żydzi w Krakowie w czasie okupacji niemieckiej*, Wydawnictwo Literackie, Kraków 2017.

„Ich will um Gottes willen leben!“[1]

Holocaust-Tagebücher von Mädchen aus dem Krakauer Ghetto

Dorota Szczęśniak
Uniwersytet Komisji Edukacji Narodowej w Krakowie

"I just want to live, for God's sake!": Holocaust Diaries of Girls from the Krakow Ghetto

The aim of this paper is to analyse the diaries of Jewish children from the Krakow ghetto during World War II. The authors of the diaries were girls and young women: Janina Goldstein, Irena Glück, Renia Knoll and Halina Nelken. Their memoirs differ significantly from the testimonies of adults as the young authors tend to describe their suffering, fears unfulfilled dreams and accelerated adolescence with childish naivety. Their diaries constitute a sad testimony of lost childhood during the Holocaust.

Keywords: children's diaries, Krakow, ghetto, holocaust

Von sechs Millionen europäischen Juden, die im Holocaust ermordet wurden, waren etwa eineinhalb Millionen der Opfer Kinder.[2] Die meisten Schicksale dieser Kinder wurden vergessen. Während die überlebenden Kinder des Holocausts ihre Geschichte *post factum* – sei es in Form von (Auto)Biographien oder Interviews – erzählen konnten,[3] sind kindliche Ego-Dokumente aus der Kriegszeit defizitär. Lediglich eine kleine Anzahl junger Juden und Jüdinnen verfasste während des Zweiten Weltkrieges eigene Tagebücher. Dazu sind relativ wenige Textzeugnisse aus dieser Zeit erhalten geblieben, weil sie in den Kriegswirren verloren gingen oder von den deutschen Besatzern vernichtet wurden. Seit der Erstveröffentlichung der Geschichte von Anne Frank im Jahr 1947 sollen nicht mehr

1 H. Nelken, *Pamiętnik z getta w Krakowie*, Polski Fundusz Wydawniczy w Kanadzie, Toronto 1987, S. 154. Alle nicht anders gekennzeichneten Übersetzungen stammen von D. Sz.

2 *Holocaust Encyclopedia*. Hrsg. von United States Holocaust Memorial Museum, https://encyclopedia.ushmm.org/content/en/article/childrens-diaries-during-the-holocaust (Zugriff am 21.02.2024).

3 Vgl. exemplarisch die Veröffentlichungen von zwei Autorinnen, die im Krakauer Ghetto gelebt haben. M. Akavia, *Jesień młodości,* Państwowe Muzeum Auschwitz-Birkenau 2010. S. Müller-Madej, *Das Mädchen von der Schindlers Liste. Aufzeichnungen einer KZ-Überlebenden.* übers. v. Bettina Thorn, Ölbaum Verlag, Augsburg 1994.

als 60 Tagebücher von jungen jüdischen Autoren aus verschiedenen Teilen des besetzten Europas verzeichnet worden sein.[4]

Die Bedeutung und Erfolgsgeschichte des Tagebuchs von Anne Frank überschattete eine Zeit lang Aufzeichnungen von anderen jüdischen Kindern. Im Fokus des folgenden Beitrags stehen deshalb Diarien von jüdischen Kindern im besetzten Polen. Vor dem Ausbruch des Zweiten Weltkriegs lebten in Polen nämlich etwa 3,3 Millionen Juden, und das Land hatte somit einen der höchsten jüdischen Bevölkerungsanteile (etwa zehn Prozent der Bevölkerung) nicht nur in Europa, sondern auch weltweit.[5] Die Kindertagebücher von polnischen Juden aus der Zeit des Holocaust entstanden unter den lebensbedrohenden Umständen der Ghettos, u.a. in Warschau, Krakau, Łódź (Ghetto Lodz/ Litzmannstadt), Będzin, Bodzentyn, Tschenstochau, Lublin und Stanislau (polnisch: Stanisławów) oder in Verstecken auf der arischen Seite.[6] Auch unter Partisanen sollte es schreibende, jüdische Kinder gegeben haben, die aus den von Deutschen kontrollierten Gebieten geflohen waren.[7]

Das besondere Augenmerk wird im Folgenden auf Kindertagebücher aus dem Krakauer Ghetto gerichtet. Die polnische Stadt Krakau kann auf eine jahrhundertealte jüdische Geschichte zurückblicken. Vor dem Zweiten Weltkrieg wirkte hier eine starke jüdische Gemeinde, die sich durch eine kulturelle, politische und religiöse Diversität und Pluralität auszeichnete.[8] Im Herbst 1939 lebten unter den 250 000 Einwohnern der Stadt über 68 000 Juden, davon fast 20 000 Kinder unter 16 Jahren (d.i. etwa 28 Prozent der jüdischen Bevölkerung von Krakau).[9] Die Shoah hat das einst blühende jüdische Leben in Krakau fast ausgelöscht. Unmittelbar nach dem Abzug der Deutschen lebten nur 500 Juden in Krakau.[10] Den Krieg überlebten lediglich rund 4000 (etwa 5 Prozent) der Krakauer Juden.[11]

Unter den Krakauer Kindern, die ihre Tagebücher im Ghetto verfassten und deren Aufzeichnungen die Nachwelt erreichten, gab es ausschließlich Mädchen und junge Frauen: Renia Knoll (1927–?), Halina Nelken (1923–2009) und die wahrscheinlich im KZ Stutthof verstorbene Janka Goldstein (1920–1945). Eine Sonderstellung nehmen die Aufzeichnungen von Irena Glück (1924–?) ein. Das Mädchen lebte im Krakauer Ghetto einige

4 A. Zapruder, *Salvaged Pages: Young Writers' Diaries of the Holocaust*, Yale University Press, New Haven 2022, Second Edition, S. 1.

5 A. Löw, M. Roth, *Juden in Krakau unter deutscher Besatzung 1939–1945*, Wallstein Verlag, Göttingen 2011, S. 14.

6 Unter den jungen Autorinnen und Autoren, deren Diarien veröffentlicht wurden, befinden sich u.a. Dawid Rubinowicz (Ghetto Bodzentyn), Dawid Sierakowiak (Ghetto Lodz), Heniek (Hersch) Fogel (Ghetto Lodz), Rutka Laskier (Ghetto Będzin), Mary Berg (eigentlich Miriam Wattenberg, Ghetto Warschau), Elsa Binder (Ghetto Stanislau), Miriam Chaszczewacka (Ghetto Radomsko) Rywka Lipszyc und Janina Hescheles (beide Ghetto Lodz/Litzmannstadt). Für den Hinweis auf das Tagebuch von J. Hescheles danke ich Prof. Karol Sauerland.

7 *Holocaust Encyclopedia*, ebd.

8 Hierzu exemplarisch A. Löw, M. Roth, *Juden in Krakau*, S. 14–15.

9 Vgl. M. Grądzka, *Jewish Women in the Kraków Ghetto: An Outline of Research Issues*, in: The Person and the Challenges, Bd. 3, 2013, Nr. 2, S. 128.

10 A. Löw, M. Roth, *Juden in Krakau*, S. 221.

11 Ebd.

Monate im Jahr 1942, aber sie beschrieb schon vor ihrem Zwangsumzug in das Ghetto die Verfolgung der jüdischen Bevölkerung, sowohl im Krakauer Ghetto als auch in anderen Teilen des besetzten Polens. Alle diese Tagebücher wurden auf Polnisch verfasst, und sie stammen von Kindern aus assimilierten jüdischen Familien. Die Kindertagebücher aus dem Krakauer Ghetto sind von Relevanz, und zwar aus folgenden Gründen: Erstens können sie nicht nur als historische Quellen, sondern auch als „Erinnerungsfiguren“[12] und zugleich als ein Teil des kollektiven Gedächtnisses[13] im Sinne von Maurice Halbwachs aufgefasst werden. Zweitens vermitteln sie die Erfahrung des Holocausts aus der Perspektive einer homogenen Gruppe, d. i. der Mädchen sowie jungen Frauen, und drittens: Sie stellen zutiefst erschütternde Textzeugnisse über die Kindheit in der Zeit des Genozids dar.

Das linierte Schulheft von Renia Knoll

Mit Ausnahme von Halina Nelkens Tagebuch wurden die Ego-Dokumente aus dem Krakauer Ghetto noch während des Krieges oder in der Zeit kurz danach durch Zufall entdeckt und erst nach vielen Jahren den zuständigen Institutionen eingereicht. Ein liniertes Schulheft, auf dessen Umschlag in Kinderhand geschrieben steht: „Das Tagebuch – Renia Knollówna – I. Buch – 1941“ wurde im März 1943 von einem Mitarbeiter einer Papierfabrik, Kazimierz Paciorek, in Jeziorna bei Warschau in einem Stapel Altpapier, welches zum Vernichten bestimmt war, gefunden. Erst im Jahre 1958 schenkte es der Finder dem Jüdischen Historischen Institut in Warschau, welches das Buch veröffentlicht hat und das Heft bis heute aufbewahrt.[14]

Renia Knoll wurde am 12. Februar 1927 als Tochter von Ozjasz Knoll (geb. 1887) und Lea Knoll, geb. Poss (geb. 1893) in Krakau geboren. Sie stammte aus einer Krakauer Familie assimilierter Juden, die religiös entfremdet waren.[15] Allerdings gibt es aus anderen Quellen als aus ihrem Tagebuch nur ganz wenige Informationen über das Mädchen.[16] Knolls Notizen umfassen den Zeitraum vom 16. Mai 1940 bis zum 1. September 1941, sie betreffen also sowohl die Zeit vor der Gründung des Krakauer Ghettos als auch fast sechs Monate seines Bestehens. Im ersten Eintrag des Tagebuches stellt sie sich vor: „Ich heiße

12 J. Assmann, *Kollektives Gedächtnis und kulturelle Identität*. In: *Kultur und Gedächtnis*, hrsg. von J. Assmann, T. Hölscher, Suhrkamp, Frankfurt am Main 1988, S. 12. S. 9–19.

13 M. Halbwachs, *Das Gedächtnis und seine sozialen Bedingungen*. übers. von Lutz Geldsetzer, Suhrkamp, Frankfurt am Main 1985.

14 *Dziennik Reni Knoll*, Archiv vom Jüdischen Historischen Institut (Żydowski Instytut Historyczny, ŻIH), „Tagebücher“, Sign. 302/197.

15 J. Kowalska-Leder, *Doświadczenie Zagłady z perspektywy dziecka w polskiej literaturze dokumentu osobistego*, Wydawnictwo Uniwersytetu Wrocławskiego, Wrocław 2009, S. 76.

16 Im Archiv des ŻIH findet man auch ein Protokoll vom Dezember 1945, welches eine Mitarbeiterin der Zentralen Jüdischen Geschichtskommission (Centralna Żydowska Komisja Historyczna) im Gespräch mit R. Knoll niedergeschrieben hat, Sign. 301/1223.

Renia Knollówna und bin 13 Jahre alt."[17] In ihrem letzten Eintrag vom 1. September 1941 verabschiedet sich die 14-jährige Renia nicht nur von ihrem Tagebuch, sondern auch von ihren Träumen einer schulischen Weiterbildung:

> Ich weiß, dass ich nie wieder zur Schule gehen werde, ich habe diese Vorahnung. [...] Ich mache Schluss mit Dir, mein Tagebuch! Ich habe es nicht einmal bemerkt, als du Seite für Seite immer weniger wurdest. Jetzt bin ich mit Dir fertig. Nie wieder wird die Feder von irgendjemandes Hand auf deinen weißen Seiten tanzen. Jetzt wirst du ruhen. Du wirst nur noch dazu dienen, zu lesen und dich an die vergangenen Jahre zu erinnern. Du hast mir treu gedient, und nun danke ich Dir dafür.[18]

Knolls Tagebuch ist keineswegs eine Chronik des Schicksals der Krakauer Juden während der deutschen Besatzung. Es ist ein polythematisches Tagebuch einer emotional labilen Teenagerin, die einerseits von den antisemitischen Repressalien betroffen ist, andererseits ihre Beziehungen zu Freunden und das Flirten mit Jungen schildert. Viel Aufmerksamkeit schenkt sie ihren Pflichten im Haushalt, Lernschwierigkeiten oder Konflikten mit ihren Eltern.

Am häufigsten berührt sie das Problem der Pubertät, ihres Aussehens oder sie beschreibt ihre Eindrücke von den gelesenen Büchern, den praktischen Kursen oder Tanzabenden. Das Tagebuch der jungen Renia ist aber voller literarischer Ambitionen. Neben für ein Tagebuch typischen Einträgen findet man hier auch ihr Herbarium, zahlreiche Gedichte, kurze Erzählungen, Dialoge, Sprichwörter, Liedertexte, aber auch Zeichnungen, Tabellen, Kataloge, Register, unterschiedliche Listen, z. B. von den schönsten Jungen und Mädchen aus der Gegend. Es sind typische Beispiele der Heterogenität der Gattung, die von einem Diaristen/ einer Diaristin aus unterschiedlichen Ausdrucksformen unbegrenzt ausgewählt werden.[19]

Der Leser, der nach einer Chronik der Ereignisse oder einem schockierenden Dokument sucht – das nur Ausdruck des Traumas des Holocaust ist –, wird es nicht finden. Die Fähigkeit von Renia Knoll, die Welt so zu akzeptieren, wie sie ist, vertuscht das Drama der damaligen Zeit und verschweigt Gewalt, Hunger und Tod im Alltag der Ghettobewohner.

Knolls Tagebuch ist ein außergewöhnliches Zeugnis, in dem die Erfahrung des Holocaust aus der Perspektive eines jüdischen Mädchens dargestellt wird, das sich sowohl mit den typischen Problemen der Adoleszenz als auch mit ihrer Existenz in der Besatzungszeit beschäftigt.

---

17 Knollówna ist die Bezeichnung einer unverheirateten Frau. R. Knoll, *Dziennik*, Znak, Warszawa 2013, S. 65.

18 R. Knoll, *Dziennik*, S. 310.

19 M. Głowiński, *Gry powieściowe. Szkice z teorii i historii form narracyjnych,* Państwowe Wydawnictwo Naukowe, Warszawa 1973, S. 84.

Halina Nelken und ihr Tagebuch

Am 20. März 1941 kam im Alter von 17 Jahren eine andere Krakauerin, Halina Nelken, zusammen mit ihren Verwandten ins Krakauer Ghetto.[20] Von Juli 1938 bis Juni 1945 führte Halina ein Tagebuch, das erst 1987 vom Polnischen Verlagsfonds in Kanada veröffentlicht wurde.[21] Sie beschrieb das äußerst schwierige Leben der Ghettobewohner und klagte über den Mangel an Nahrungsmitteln und Medikamenten. Im Unterschied zu der sorgenlosen Renia Knoll war Halina Nelken eine emotional reife Frau. Aufgrund der einschränkenden schwierigen Bedingungen des geschlossenen Ghettoviertels kämpfte sie gegen die brutale Realität und den Untergang ihrer jüdischen, bis dahin sehr glücklichen Familie. Gezwungen zur Arbeit kümmerte sie sich um fremde Kinder, räumte Schnee von der Straße und arbeitete in einer Bürstenfabrik. Erschöpft und verzweifelt von den extrem schwierigen Umständen im Ghetto unternahm sie im Mai 1941 einen erfolglosen Selbstmordversuch, doch sie wurde von ihrem Bruder gerettet.[22] Dieses absolut aufrichtige, manchmal naive Gespräch zwischen Halina und ihrem Tagebuch wurde durch ihre in den 1980er Jahren im US-amerikanischen Cambridge angefertigten Notizen ergänzt. Das Tagebuch bereichert die Memoirenliteratur aus der deutschen Besatzungszeit um ein wertvolles und seltenes Dokument, das durch die Analyse der psychischen Lage und der Erlebnisse eines jungen Mädchens aus Krakau dazu beitragen soll, die Situation einer im Ghetto eingesperrten Person besser zu verstehen.

Janina Goldstein: *Das Schwarze Heft*

Das Tagebuch von Janina (Janka) Goldstein (1920–wahrscheinlich 1945) wurde erst über 70 Jahre nach dem Ende des Zweiten Weltkrieges veröffentlicht. Jankas *Schwarzes Heft*, das seinen Namen wegen der Farbe des Umschlags trägt, wurde zuerst bei der katholischen Familie Łach aufbewahrt. Andrzej Łach war nämlich bis zum Krieg Mitarbeiter in der Kunst- und Bauschlosserei von Jankas Vater Julian Goldstein in Krakau. Nach Archivrecherchen über die Familie Goldstein brachte Ewa Czekaj, die Enkelin von Andrzej Łach und 'Erbin' des Tagebuchs, das ‚Schwarze Heft' im Jahr 2017 in das Jüdische Museum Galicja in Krakau, welches seinen Sitz *notabene* in der alten Schlosserei von Goldstein hat. Im Jahr darauf wurde das Tagebuch von Janka in Bearbeitung von Ewa Czekaj, Anna Wencel und Katarzyna Zimmerer veröffentlicht.[23]

Die Autorin des Tagebuches Janka Goldstein entstammte einer vermögenden, assimilierten jüdischen Familie. Ihr Vater Julian war nicht nur Besitzer der Schlosserei, sondern

20 J. Hajduk, A. Marszałek, Z. Semik u. a., *Śladami nastolatki. Krakowskie getto we wspomnieniach Haliny Nelken*, Muzeum Historyczne Miasta Krakowa, Kraków 2011, S. 3.
21 H. Nelken, *Pamiętnik z getta w Krakowie*, Polski Fundusz Wydawniczy w Kanadzie, Toronto 1987.
22 Vgl. den Eintrag vom 29. Mai 1941. H. Nelken, *Pamiętnik z getta w Krakowie*, S. 126.
23 J. Goldstein, *Dziennik Janki Goldstein*, bearb. v. Katarzyna Zimmerer und Ewa Czekaj, Żydowskie Muzeum Galicja, Kraków 2018.

auch ein Mitglied des Verbandes jüdischer Handwerker Szomer Umonim und Chefredakteur der Verbandszeitschrift Rękodzieło i Przemysł [Handwerk und Industrie], einer der wichtigsten Zeitschriften zu sozioökonomischen Fragen in der Region.[24] Während der deutschen Besatzung wurde er aufgrund seiner hohen Stellung in der jüdischen Gemeinde ein Mitglied des Judenrats.

Jankas Tagebuch ist ihr einzig erhaltenes Notizbuch, obwohl sie zusammen mit ihrer Freundin Helena Diczek parallel das Tagebuch *Unser Leben im Krakauer Ghetto* führte.[25] Das Schicksal des letzteren Tagebuches ist jedoch nicht bekannt. *Das Schwarze Heft* umfasst die Jahre 1940–1942 und ist damit ein wichtiges Zeugnis aus der Zeit der deutschen Besatzung. Es fängt mit der nummerierten Seite 238 an, was beweist, dass Janka ihre Notizen schon vor dem Entstehen des Ghettos verfasst hatte. Die Aufzeichnungen brechen am 17. August 1942 abrupt ab, und die weiteren Seiten des Heftes fehlen. Wahrscheinlich war dies auch der letzte Tag der Familie Goldstein vor der Deportation aus dem Ghetto.

Jankas Aufzeichnungen stellen den Alltag einer jungen Krakauerin im Ghetto dar. In ihrem Tagebuch widmet Janka der detaillierten Beschreibung der Ghettorealität relativ wenig Raum; sie konzentriert sich eher auf sich selbst, auf ihre Gefühle, Erinnerungen, Alltagsereignisse und -sorgen. Dargestellt wird also das fast normale Leben einer 17- bis 20-Jährigen, die gern mit Freunden ihre Zeit verbringt und die Verwirrungen der ersten Liebe erlebt. Die Lektüre dieser Passagen ist äußerst schwierig, weil man sich vergegenwärtigt, dass alle in den Aufzeichnungen erwähnten Personen am Vorabend der Katastrophe standen.

Wegen des Entstehungskontextes ist das intime Tagebuch Jankas von großer Bedeutung: Ihre Aufzeichnungen sind ein Zeugnis der Verdrängung der brutalen Ghettorealität, in dem es eine Überlebensstrategie war, die Normalität zu genießen. An mehreren Stellen verrät die Autorin, dass das Tagebuch ihr eine Ablenkung von der bedrückenden Wirklichkeit verschaffen soll: „Diese unangenehmen Erinnerungen werden mir für den Rest meines Lebens im Gedächtnis bleiben, warum also schriftlich festhalten.“[26]

Irena Glück

Irena wurde am 24. Juli 1924 in Krakau geboren und war ein Einzelkind.[27] Irenas Vater Leon Glück[28] war ein angesehener Arzt und arbeitete in der Kriegszeit u. a. in der jüdischen Sanitärkommission. Über das Leben der Familie Glück gibt es nur spärliche Infor-

24 P. Trojański, *Stowarzyszenie Rękodzielników Żydowskich Szomer Umonim w Krakowie – jego rozwój i działalność w okresie międzywojennym*, in: *Kraków. Studia z dziejów miasta: w 750 rocznicę lokacji*, hrsg. von J. Rajman, Wydawnictwo Naukowe Akademii Pedagogicznej, Kraków 2007, S. 225.

25 Janina Goldstein, *Dziennik Janki Goldstein*, S. 192 und 217.

26 Janina Goldstein, *Dziennik Janki Goldstein*, S. 260.

27 Die Informationen zum Leben von Irena Glück entstammen den Materialien des Jüdischen Historischen Instituts in Warschau, Signatur: Pamiętniki 302. https://www.jhi.pl/storage/file/core_files/2022/8/10/4e4b566c2ec629d58ea364780bb38409/Pamiętniki_302.pdf, (Zugriff am 21.02.2024).

28 Der Vorname des Vaters taucht in dem Buch von T. Pankiewicz auf. Vgl. T. Pankiewicz, *Apteka w getcie krakowskim*, Wydawnictwo Literackie, Kraków 1982, S. 161.

mationen. Wie Irenas Tagebuch zu entnehmen ist, entstammte sie einer wohlhabenden Familie, und sie genoss, so wie viele Mädchen aus gutbürgerlichen Kreisen, eine behütete Kindheit. Die letzten Tage ihrer unbeschwerten Kindheit verbrachte sie im Sommer 1939 im ostpolnischen Deljatyn in der Woiwodschaft Stanislau (heute Westukraine). Nach dem Ausbruch des Krieges suchten Irena und ihre Mutter den Schutz zuerst in Przemyśl im östlichen Teil Polens, wo Irenas Großeltern väterlicherseits lebten. Der Vater blieb in Krakau und fand seine durch den Krieg getrennte Familie erst nach einiger Zeit. Ende April 1940 kehrte die ganze Familie nach Krakau zurück, wo sie unter schwierigen Umständen und in materieller Not lebte. In ihrem Tagebuch erinnert sich Irena daran, dass noch weitere Leute in ihre Krakauer Wohnung einquartiert wurden. Von Krakau fuhr die Familie Ende Februar/Anfang März 1941 in die naheliegende Kleinstadt Niepołomice, wo Irenas Vater die Möglichkeit bekam, eine Arztpraxis zu führen. Die Geborgenheit wurde dem Mädchen auch dort nicht gegönnt. Um der Deportation ins KZ-Lager zu entgehen, fuhr die Familie im August 1942 voller Verzweiflung ins Krakauer Ghetto zurück. Nach zwei Monaten des Aufenthalts im Ghetto wurde Irena zusammen mit ihrer Mutter am 28. Oktober 1942 in das Vernichtungslager Belzec abtransportiert.[29] Laut dem Bericht des polnischen Pharmazeuten Tadeusz Pankiewicz, der freiwillig als Nicht-Jude im Krakauer Ghetto lebte, um seine Apotheke dort zu führen, gelang es nur Irenas Vater, dem Transport nach Belzec in letzter Minute zu entkommen.[30]

Das über 300 Manuskriptseiten lange Tagebuch von Irena Glück spiegelt den Leidensweg der Familie wider. Die ersten Tagebucheinträge stammen vom Mai 1940.[31] Der letzte Eintrag wurde am 19. August 1942 verfasst. Es ist zugleich der Tag, an dem die Familie Niepołomice verließ und sich in das Krakauer Ghetto begab. Das Mädchen ist sich dessen bewusst, dass es das Tagebuch nicht ins Ghetto mitnehmen darf: „19. 08. 1942 [...] Es sieht so aus, dass ich nach Krakau [...] fliehen werde und Dich Tagebuchlein verlassen muss."[32]

Irenas Tagebuch wurde in Niepołomice gefunden. Eine Kopie des Manuskripts überreichte der Krakauer Lehrer Tadeusz Kukuczka im Jahr 1980 dem Jüdischen Historischen Institut in Warschau.[33] Das Tagebuch von Irena Glück wurde noch nicht veröffentlicht. Das Mädchen führte – ähnlich wie Janka Goldstein – noch ein zweites Tagebuch zusammen mit ihrer Freundin. Es sollte allerdings in einer Art Geheimsprache verfasst werden und sich nur auf ihre Zeit in Przemyśl beziehen.[34] Das zweite Tagebuch von Irena ist jedoch verschollen.

---

29 J. Iwaszkiewicz, *Wtedy kwitły forsycje. Pamięci dzieci – ofiar Holokaustu*, BIS, Warszawa 2002, S. 236.
30 T. Pankiewicz, *Apteka w getcie krakowskim*, S. 161.
31 A. Zapruder, *Salvaged Pages: Young Writers' Diaries of the Holocaust*, S. 428.
32 J. Iwaszkiewicz, *Wtedy kwitły forsycje. Pamięci dzieci – ofiar Holokaustu*, S. 235.
33 Unveröffentlichtes Tagebuch von Irena Glück. I. Glück, *Dzienniczek*, Archiwum ŻIH, Sigle 302/270.
34 Das Tagebuch verfasste Irena entweder mit Cesia Lakser oder Janka Hartfelt. „Eigentlich ist dies nicht mein erstes Tagebuch, denn in diesem Jahr habe ich in Przemyśl mit einer meiner besten Freundinnen angefangen, ein Tagebuch zu schreiben, und von ihnen gibt es zwei: Cesia Lakser und Janka Hartfelt." I. Glück, *Dzienniczek*, o. S.

Das Beschreiben des Unbeschreiblichen

Die Kindertagebücher aus dem Krakauer Ghetto stellen die Wehrlosigkeit der jungen Menschen dar. Im Dezember 1940 schrieb die 15-jährige Irena Glück in ihr Tagebuch: „Ich würde lieber sterben, als diese Bestialität und diesen Sadismus zu sehen. Man kann es nicht in Worte fassen.“[35] Mit einer Ratlosigkeit und sprachlichen Ohnmacht reagierte sie auf die Deportierung der Krakauer Juden: „Sie ermorden wehrlose Menschen auf eine so grausame Art und Weise, dass es keine Worte gibt, um dies zu beschreiben.“[36] Nach zwei Jahren der Niederschrift ihres Tagebuchs war Irena schon an der Grenze der psychischen Belastbarkeit: „Ich kann nicht mehr schreiben. Meine Nerven sind wie gespannte Saiten.“[37] Auch die 21-jährige Janka war nicht im Stande, über die Brutalität der Zeit zu erzählen: „Alles zu beschreiben, was ich seit dem ersten Juni durchgemacht habe ... Nein!, es übersteigt meine Kräfte. Was vergangen ist, wird nicht wiederkommen, also ist es besser, es zu vergessen.“[38]

Den Mädchen fehlten Worte, um das Unvorstellbare in Sprache zu fassen. Angesichts der Gräueltaten, denen sie ausgesetzt wurden, erwies sich die Sprache als unzulänglich. Diese sprachsensiblen, jungen Frauen, die sich auch literarisch betätigen wollten und – wie Halina oder Renia – bereits die ersten lyrischen Versuche hinter sich hatten, konnten das Erschütternde kaum oder nur schwer in Worte fassen.

Die Kinder konnten diese gewaltsame Unterdrückung der jüdischen Gemeinschaft sowie ihres nächsten Umfelds nicht verstehen. Das Fundamentalbedürfnis nach einer Verwurzelung, von dem die französische Philosophin Simone Weil schrieb, es sei für das gesamte intellektuelle, moralische und spirituelle Leben eines Menschen entscheidend,[39] wurde diesen Kindern nicht gewährt. Der stabile Rahmen, in dem sie großwerden und ihre Identität allmählich aufbauen sollten, wurde ihnen auf einmal gestohlen. Halina wunderte sich über ihr beschleunigtes und ungewolltes Erwachsenwerden in der Kriegszeit:

> Viel zu schnell, viel zu abrupt habe ich den Sprung vom Schulmädchen zur Erwachsenen gemacht, mit all meinen Problemen und Verpflichtungen, die ich weder ertragen noch bewältigen kann. [...] Warum bin ich so müde, körperlich und geistig erschöpft, wie ein alter Mensch, ich, die vor kurzem doch erst ein Kind war?[40]

---

35 I. Glück, *Dzienniczek*, o. S., unveröff.

36 Ebd.

37 Ebd.

38 J. Goldstein, *Dziennik Janki Goldstein*, bearb. von K. Zimmerer und E. Czekaj, Żydowskie Muzeum Galicja, Kraków 2018, S. 332.

39 S. Weil, *Die Verwurzelung. Vorspiel zu einer Erklärung der Pflichten dem Menschen gegenüber*, Diaphanes Verlag, Zürich 2011, S. 43.

40 H. Nelken, *Pamiętnik z getta w Krakowie*, S. 111.

Sie akzeptiert nicht ihr Verhalten, das durch das Ghettoleben und die drohende Vernichtung geprägt wurde: „Ich bin gemein. Ich bin ratlos. Zur Vollständigkeit fehlt bloß die Entschuldigung, dass ich durch den Krieg so geworden bin.“[41]

Auch Renia Knoll, die in der schwierigen Zeit trotz aller Lebensfreude und Hoffnung bewahren wollte, bemerkte ihre bedrückende Veränderung:

> Ich verändere mich äußerlich und auch moralisch. Stell Dir diese Veränderung vor, Tagebuch, aus einem Wildfang mit goldblondem Haar ist ein ernstes und trauriges Mädchen geworden, mit geschwollenen braunen Augen und einem bleichen Gesicht.[42]

Irena macht sich sogar Vorwürfe, dass sie nicht reif genug sei, um die Bedürfnisse anderer Menschen richtig einzuschätzen. Voller Verzweiflung notiert sie:

> Ich habe eine schreckliche Besorgnis. Nun, hat Janka mir geschrieben, dass Cesia all ihre Habseligkeiten verloren hat und nichts mehr zum Anziehen hat. Ihre Freundinnen helfen ihr und ich Idiotin habe ihr Maskottchen geschickt.[43]

Trotz allem versuchten die der Kindheit, Tradition und Verwurzelung beraubten Mädchen ihr Kindsein im Ghetto zu bewahren. Sie hegten kindliche und jugendliche Wünsche und hofften, bald in eine gerechte, sichere Welt zurückkehren zu dürfen. Renia Knoll träumte im Juli 1941 vom Kriegsende und dem normalen Leben einer Teenagerin, die ihre Freiheit genießen möchte:

> Was für eine Freude und Befriedigung wird es sein, nach dem Krieg ohne Armbinde auszugehen und sich wieder wie ein Mensch und nicht wie ein obdachloser, gehetzter Hund zu fühlen. Was für eine Freude wird es sein, keine hasserfüllten Blicke auf mich zu richten! zur Schule gehen! Jungs haben! einfach Skat spielen, Ski fahren, auf dem Stadion schwimmen, ins Kino gehen, in die Parks gehen [...].[44]

Halina Nelken schrieb ähnlich wie Knoll von den primärsten Bedürfnissen einer jungen Frau, die ihr im Krakauer Ghetto gestohlen wurden: „Ich bin auch ein Mensch. [...] Ich will um Gottes willen leben, lernen, arbeiten und lieben!“.[45]

Die Wünsche und Überlegungen der Kinder kennzeichnet nicht nur eine große Trauer, sondern auch eine unfassbare Reife und Tiefe. Irena klagte über „die Leere der menschlichen Existenz“.[46] Halina äußerte ihre moralischen Dilemmata und stellte zahlrei-

---

41 H. Nelken, *Pamiętnik z getta w Krakowie,* S. 117.
42 R. Knoll. *Dziennik*, S, 238, Deutsche Übersetzung zit. nach: A. Löw, M. Roth, *Juden in Krakau*, S. 84.
43 I. Glück, *Dzienniczek,* o.S.
44 R. Knoll, *Dziennik*, S. 283.
45 H. Nelken, *Pamiętnik z getta w Krakowie,* S.154.
46 I. Glück, *Dzienniczek,* o.S.

che ethische Fragen, auf die es keine Antwort geben konnte: „Warum werde ich immer noch mit Ungerechtigkeit konfrontiert? Warum fühle ich immer noch Leere und Traurigkeit? Warum kann ich nichts dagegen tun?".[47]

Obwohl die Kinder entrechtet wurden, versuchten sie ihre Menschlichkeit und Würde zu bewahren. Sie taten alles, um sich in der neuen Situation zurechtzufinden und ihren Familienangehörigen keine weiteren Schwierigkeiten zu bereiten. Halina Nelken prägte sich die Anordnungen schnell ein und schrieb enttäuscht, dass für das illegale Verlassen „aus diesem Gefängnis die Todesstrafe steht. Es ist unvorstellbar, dass ich in Krakau weder die Weichsel noch den Wawel sehen werde."[48] Der erste Eintrag von Renia Knoll aus dem Krakauer Ghetto stammt vom 23. März 1941, also drei Tage nach der Zwangseinweisung aller Krakauer Juden in das Ghetto. Von diesem Tag an war das Verlassen des Ghettos ohne eine spezielle Kennkarte, was Halina Nelken und Janka Goldstein ebenfalls notierten, streng verboten.

Als das Ghetto gegründet wurde, war Janka schon 21 Jahre alt; und sie beschreibt die im Ghetto herrschenden Zustände:

> Ich kann lange nicht schreiben, wie üblich [schreibe ich – Anm. d. Verf.] im Bett. Und es gibt so viele Dinge. Wo soll man anfangen? Zuerst die neuesten Nachrichten: von morgen bis zum zwanzigsten des Monats müssen alle Juden, die Kennkarten haben, in das jüdische Viertel in Podgórze umziehen.[49]

Für die junge Frau bildete der Umzug in das Ghetto eine große Zäsur in ihrem Leben. Obwohl ihre Familie wegen der Stellung des Vaters in dem von den deutschen Besatzern eingesetzten Judenrat mit gewissen Privilegien, z.B. bei der Wohnungszuweisung oder der Ausstellung der Passierscheine, rechnen konnte, war es trotzdem ein besonders schwerer Schritt ins Ungewisse. In ihrem Tagebuch notiert sie:

> Aber jetzt bin ich diejenige, die nichts weiß. Ich bin ja noch jung und schon so lebensmüde. Und wenn ich daran denke, dass ich dort im geschlossenen Ghetto den ganzen Tag mit meinen Gedanken allein sein werde, dann denke ich, dass ich verrückt werde. Ich kann es nicht ertragen. Gestern Abend [5. III.], gegen acht Uhr, kam ich mit Mama vom Marktplatz nach Hause. Es gab nur wenige Menschen, und Juden waren kaum zu sehen. Ein SS-Mann mit einem Totenkopf [auf der Uniform – Anm. d. Verf.] in der Grodzka-Straße kam auf uns zu und verlangte die Kennkarten. Ich zeigte ihm meine, ohne etwas zu sagen, er schaute auf die andere Seite und zeigte auf das Verfallsdatum. *Morgen.*– sagte ich – *Ich weiss.*[50]

47 H. Nelken, *Pamiętnik z getta w Krakowie*, S. 111.
48 Ebd., S. 154.
49 J. Goldstein, *Dziennik Janki Goldstein*, S. 106.
50 Ebd.

Schon die ersten Tage im Ghetto waren für sie erdrückend. Da die Familie nur die nötigsten Sachen mitnehmen durfte, mussten sie auf Jankas Lieblingsinstrument – das Klavier – verzichten. Diesen Verlust kann Janka nicht ertragen:

> Kein Gegenstand, außer diesem Heft und dem Klavier, ist mir so viel wert. Ich kann sogar auf dem nackten Boden schlafen, solange ich diese beiden Freunde bei mir habe. Ich kann meinen Zustand, meine Trauer, meine Bitterkeit, meine Verzweiflung, meine Traurigkeit nicht in Worte fassen. Ein solches Gefühl kann nur jemand verstehen, der es durchgemacht hat. Ich möchte so viel schreien!![51]

Das Instrument gilt hier zweifelsohne als ein Symbol der Freiheit, des Friedens und des freien Geistes. Jankas Liebe zur Musik steht stellvertretend für die Normalität, derer die junge Frau somit beraubt wird.

> Ich will nicht glauben, dass ich vor dem Krieg jederzeit Musik im Radio hören konnte, ich konnte sogar jeden Tag ins Kino, Theater oder Café gehen. Und jetzt? Seit dem Krieg, also seit fast zwei Jahren, war ich nicht ein einziges Mal im Kino oder im Theater, und nur ein einziges Mal in einem Café.[52]

Die Normalität wurde von den jüngeren Mädchen auch mit einem Schulbesuch assoziiert. Die Schule wurde als ein Ort der Sicherheit, Toleranz, Akzeptanz und der Fröhlichkeit betrachtet. Der Schulbesuch galt somit als ein Symbol für eine geordnete Welt, für Normalität und Voraussehbarkeit. Das Verbot, zur Schule zu gehen, war daher gleichbedeutend mit dem Verlust eines wichtigen Teils der Kindheit. Am 9. Mai 1940 erklärt Irena voller Besorgnis, dass sie nicht zur Schule geht, weil „Juden nicht lernen dürfen“.[53] Renia gestand, dass sie die Schule vermisste und diese als den besten Freund eines jeden Kindes bezeichnete. Noch vor der Errichtung des Ghettos erinnerte sie sich an ihre unbeschwerte Schulzeit: „Bis jetzt wusste ich nicht, was ich verloren hatte, aber jetzt, wo ich mich in der Stadt herumtreibe, weiß ich, was du warst.“[54]

Die Schwerpunktsetzungen fallen in den Memoiren der jungen Frauen recht unterschiedlich aus. Während Janka vor allem über ihre eigenen Emotionen, die Einschränkung ihrer Privatsphäre oder den Zeitmangel schreibt und sich beklagt, dass sie sich nicht mehr der Musik widmen kann, konzentrieren sich die anderen Mädchen dagegen auf die extrem schwierigen Lebensbedingungen und die Allgegenwart des Todes.

Renia Knoll erinnert sich an die schwierigen Lebens- und Hygienebedingungen, die im Ghetto herrschen:

---

51 J. Goldstein, *Dziennik Janki Goldstein*, S. 112.
52 Ebd., S. 124.
53 I. Glück, *Dzienniczek*, o. S.
54 R. Knoll, *Dziennik*, S. 108–109.

> Wir sind schon im Ghetto. [...] Es wurde uns ein großes Einzelzimmer mit Küche, aber ohne Elektrizität, Gas, Wasserleitung, Toilette, Vorzimmer im Norden zugewiesen. Ich und die Mutti haben noch keine Kennkarte und die ganzen Tage lang müssen wir zu Hause sitzen [...].[55]

Solche Bedingungen waren damals im Ghetto jedoch üblich. Am Anfang ist es dem Mädchen und seiner Familie schwergefallen, sich an die neuen Verhältnisse zu gewöhnen. Knoll empfindet den Aufenthalt ähnlich wie Nelken, als ob sie in einem Gefängnis leben würde. Nicht nur die bedrückende räumliche Nähe zu anderen Verwandten und kein Recht auf Privatsphäre ist für ein heranwachsendes Mädchen eine schwer zu akzeptierende Veränderung der Lebensumstände. Diese schon depressive Stimmung verstärkt die Tatsache, dass das ganze Gelände Anfang April 1941 eingemauert und mit Stacheldraht abgeriegelt wird. Das Krakauer Ghetto wird nämlich von einer Mauer umgeben, deren Krone an die charakteristische Form von Matzewas erinnert. Diese grausame Realität kommentiert Renia Knoll: „Es ist so traurig hier! Wohin man hinschaut, sieht man schwarze, düstere Mauern, die in den Himmel ragen, mit Grabsteinen obendrauf."[56]

Die Deutschen hatten eine Reihe von antijüdischen Vorschriften eingeführt, die nicht nur den Zugang zur grundlegenden öffentlichen Infrastruktur (Behörden, Straßen, Geschäften, Cafés) erschwerten. Charakteristisch war auch die Einschränkung des Zugangs zu den Grünanlagen. Renia beklagt sich über die fehlenden Bäume, die nicht nur symbolisch für eine heile Natur stehen, sondern auch für das Leben und die Hoffnung: „Wie wunderbar ist Krakau! Es ist bereits Mai und im Viertel weiß man nicht, dass es Frühling ist, denn es gibt keinen einzigen Baum!".[57]

Halina Nelken klagt über diese Isolation und unmenschlichen Bedingungen. Sie kann sich kaum vorstellen, wie sie in dem Ghetto, wo sich nur ein paar Straßen befinden, leben wird: „Es gibt hier kein Gras, keine Sonne, keinen kleinsten Freiraum! Ich ersticke."[58] In beiden Einträgen spürt man zutiefst die Hoffnungslosigkeit der Situation und das Fehlen der Natur. Im August 1941 beschreibt sie ihr Vegetieren im geschlossenen und vom Rest der Stadt abgezäunten Ghettogebiet:

> Du sitzt auf der Mauer und schaust traurig in die Ferne [...]
> gefangen zwischen den Krzemionki-Felsen. [...]
> Dass es auf der Welt Schulen, Straßenbahnen,
> Radios und Autos, Kinos, Wiesen, Felder, Haine gibt.
> und du sitzt hier wie ein gefangener Vogel [...].[59]

---

55 R. Knoll, *Dziennik*, S. 163.
56 Ebd., S. 169.
57 Ebd., S. 176.
58 H. Nelken, *Pamiętnik z getta w Krakowie,* S. 121.
59 Ebd., S.139.

Renia Knoll kommentiert Ende Juli 1941, wie bescheiden ihr tägliches Menü aussah: „Ich habe seit heute Morgen großen Hunger. Zum Abendessen gab es nur Brot mit etwas Butter und bitteres, abgekochtes Wasser. Und das nennt man Leben! Ich verliere den Glauben an Gott."[60] Nach der Lektüre des Tagebuches kann man jedoch vermuten, dass ihre Familie keinen richtigen Ghettohunger erleiden musste, weil dieses Thema im Tagebuch nur nebenbei auftaucht. In anderen Einträgen schreibt sie über regelmäßige Essenszeiten zu Hause, beklagt sich auf einer Geburtstagsparty über den Geschmack des hausgemachten Eises und lobt den Vater, der auf der arischen Seite billigere Lebensmittel als im Ghetto besorgt.

Auf die unzureichende Versorgung mit Lebensmitteln im Ghetto weist auch Janka Goldstein hin. Obwohl Jankas Vater im Judenrat beschäftigt war, musste seine Familie mit den nur knappen Lebensmittelrationen auskommen. Schwierigkeiten bei der Beschaffung von Grundnahrungsmitteln gehörten aber auch für sie zum Alltag:

> Das Brot war weg. Sie verteilen es morgens, also muss ich morgen um 10 Uhr los. (...) Ziunka [Jankas Schwester – Anm. d. Verf.] wollte heute mein zweites Frühstück mit ins Büro nehmen (...). Gut, dass ich es ihr nicht gegeben habe, denn was würde ich zum Frühstück haben? Ich hatte sowieso so wenig, also habe ich vor dem Abendessen Bratkartoffeln genossen. Mein Bauch ist jetzt aufgebläht bis zum Gehtnichtmehr![61]

Im Laufe der Zeit verschlechterten sich die Bedingungen im Ghetto. Es fehlte an allem. Am 25. Oktober 1941 schreibt Halina Nelken in ihrem Tagebuch: „[Ich] habe Wasser in meinen Schuhen. Ich habe weder Handschuhe noch Strümpfe, ich stopfe diese immer und immer wieder [...]. Zum Abendessen gibt es wieder Kartoffeln."[62] Auch Irena, die größtenteils abseits der Ghettomauer lebte, beklagte sich über die Not der Juden: „Armut, Hunger, Krankheit. Unter dem Zeichen dieser drei Sterne leben wir derzeit. Hilfe, Hilfe!"[63]

Die analysierten Kindertagebücher aus dem Krakauer Ghetto verbindet die weibliche Perspektive. Wie den Ego-Dokumenten zu entnehmen ist, wird das Leben im Ghetto auch durch die Kategorie des Geschlechts determiniert. Die Mädchen beschreiben nicht nur ihre Probleme mit der Pubertät, ihre erste große Liebe und Freundschaften sowie ihr Aussehen, sondern sie erwähnen auch Erniedrigungen denen sie als junge Frauen ausgesetzt wurden. Ein wichtiges Thema sind medizinische Untersuchungen von Mädchen und jungen Frauen im Alter von 14 bis 24 Jahren. Wie den Tagebüchern zu entnehmen ist, transportierte der jüdische Ordnungsdienst die Mädchen zum Büro des Leiters des Zentralen Gesundheitsamtes im Generalgouvernement Jost Walbaum. Dort wurden sie demütigenden anthropologischen und gynäkologischen Untersuchungen unterzogen.[64]

60 R. Knoll, *Dziennik*, S. 276.
61 J. Goldstein, *Dziennik Janki Goldstein*, S. 144–145.
62 H. Nelken, *Pamiętnik z getta w Krakowie,* S. 153.
63 I. Glück, *Dzienniczek*, o.S.
64 A. Biberstein, *Zagłada Żydów w Krakowie*, Wydawnictwo Literackie, Kraków 2001 und K. Zim-

Renia Knoll dokumentiert diese Aktion ohne Details, aber voller Befürchtung: „Ich habe Angst, weil ich jeden Tag zu Tests gerufen werde. Diese medizinischen Tests sind etwas Schreckliches, viele Mädchen sind nach einer solchen Untersuchung keine Jungfrau mehr. Und noch mehr werden keine Kinder bekommen können."[65]

Viel ausführlicher beschreibt Halina Nelken diese entwürdigende Aktion:

> Ein deutscher Gesundheitsamtsarzt sieht wie ein Metzger aus, so fett und rot, verhält sich aber wie ein Drecksack. Er sah uns an, rief eine nach der anderen auf und ließ mich zum Schluss antreten, denn ich bin einer Jüdin am wenigsten ähnlich [...] Dann zog er mein Hemd aus und ich war nackt. Ich dachte angestrengt nach, er ist Arzt, aber es war eine seltsame Untersuchung, ekelhaft und verblüffend wegen seines Schweigens. [...] [E]r sagte mir, ich solle mich auf das Sofa legen und befummelte mich auf die unhöflichste Art der Welt, wo es notwendig und unnötig war, und bereitete mir Schmerzen.[66]

Zusammenfassung

Die Lektüre der Kindertagebücher aus dem Ghetto ist kein leichtes Unterfangen. Die durch die Perspektive der jungen Frauen dargestellten Geschichten waren leider erfahrbar und erlebbar. Die Aufzeichnungen der Autorinnen wurden von Angst und Todesgedanken begleitet. Zugleich trifft man aber auch auf Einträge der Mädchen, die in dieser trostlosen Situation voller Hoffnung versucht haben, dem Alltag etwas Struktur zu geben und ihr Leben sinnvoll zu gestalten. Sie lernten, waren kreativ, hatten Träume und Zukunftspläne. Daher besteht das Besondere dieser Tagebucheinträge darin, dass sie zwischen der Beschreibung der bedrückenden Realität und der Darstellung der erwünschten Normalität oszillieren.

Die Notizen der Kinder über den Holocaust sind durch eine andere Sprache gekennzeichnet als die der Erwachsenen. Die Wirklichkeit wird mit einer bedrückenden Geradlinigkeit und Ehrlichkeit geschildert. Die jungen Leute sprechen offen von guten oder schlechten Menschen, von der Angst um die Familie, von der Schutzlosigkeit und von ihren innigsten Wünschen. Umso markanter erscheint daher der Kontrast zwischen der kindlichen Unschuld, Naivität und der Skrupellosigkeit der Welt.

Die Tagebücher aus dem Krakauer Ghetto beweisen, dass die Mädchen an der Grenze der psychischen Belastbarkeit lebten. Das Schreiben der Tagebücher war für sie deshalb eine Art der Therapie, des Trosts in der schweren Zeit und seltener ein Akt des Widerstandes oder eine Form der historischen Dokumentation, wie es bei Aufzeichnungen erwachsener Autoren der Fall ist. Das Verfassen der Tagebücher diente den Kindern als eine Art

merer, *Zamordowany świat. Losy Żydów w Krakowie 1939–1945*, Wydawnictwo Literackie, Kraków 2004, S. 250–251.

65 R. Knoll, *Dziennik*, S. 278–279.

66 H. Nelken, *Pamiętnik z getta w Krakowie*, S. 173–174.

der Entfremdung und der Distanzierung von der umgebenden Welt. Oft konstruierten sie mithilfe ihrer Tagebücher eine Gegenwelt, in der sie der Eintönigkeit des tristen Alltags entfliehen konnten. Dem Tagebuch kam die Rolle einer Vertrauensperson zu. Es war der beste Freund und oft auch der einzige Empfänger, dem die Kinder ihre Probleme, Sorgen und Ängste anvertrauen konnten. Wie alle Einwohner des Ghettos glaubten die jungen Frauen auch daran, dass ihren Demütigungen und ihrem Leid bald ein Ende gesetzt würde, und dass die Deutschen der Gerechtigkeit nicht entkommen würden[67]:

> Werde ich das Ende des Krieges und normale Zeiten erleben? Ich lebe jedoch in der Hoffnung, dass alles in Ordnung sein wird, es muss sein, und zwar bald. Schließlich kann Gott nicht lange auf unser Leiden schauen, das sie uns zufügen. Es muss gerächt werden![68]

Die Mädchen aus dem Krakauer Ghetto teilten das Schicksal zahlreicher jüdischer Kinder und ihre eigene Erfahrung wurde zur kollektiven Erfahrung. Renia Knoll verlor ihre Familie im Lager Plaszow. Ihr selbst gelang die Flucht aus dem Ghetto. Während der Auflösung des Ghettos im März 1943 versteckte sie sich bei Polen und ging, ausgestattet mit sogenannten arischen Papieren, zum Arbeiten nach Österreich. Bis Kriegsende arbeitete sie in einem Hotel in Solbad Hall in Tirol und kehrte nach dem Krieg nach Krakau zurück.[69] Sie hatte vor, nach Palästina auszureisen.

Nach der Auflösung des Krakauer Ghettos wurde Halina Nelken zusammen mit ihrer Mutter in das KZ Plaszow, dann nach Auschwitz-Birkenau und Ravensbrück deportiert. In den folgenden Jahren war sie Häftling im Lager Malchow, dem Außenlager des Frauenkonzentrationslagers Ravensbrück, und im Lager HASAG-Leipzig, dem größten Frauenaußenlager des KZ Buchenwald. Nach dem Krieg lebte sie zuerst in Wien, wo sie an der Akademie der bildenden Künste arbeitete, und emigrierte zwei Jahre später nach Amerika, wo sie im Fogg Museum in Cambridge beschäftigt war. Im Jahr 2009 starb Halina Nelken in Brooklyn.

Der fünfköpfigen Familie von Janka Goldstein wurde ein tragisches Schicksal zuteil. Den Krieg überlebte nur Jankas Bruder Stefan, der sich auf Schindlers Liste befand. Janka wurde ins KZ Auschwitz und von dort ins KZ Stutthof an der Ostsee deportiert. Höchstwahrscheinlich kam sie Anfang 1945 während der Evakuierung des KZ Stutthof ums Leben.[70] Irena Glück und ihre Mutter wurden vermutlich im Jahr 1942 im KZ Belzec ermordet. Ihr Vater wurde vom Transport ins Vernichtungslager Belzec gerettet, und er soll den Zweiten Weltkrieg überlebt haben.[71] Sein weiteres Schicksal ist jedoch unbekannt.

---

67 Vgl. die gleichen Ergebnisse der Interviews von Barbara Engelking mit den Holocaust-Überlebenden. B. Engelking, *Holocaust and Memory, The Experience of the Holocaust and Its Consequences. An Investigation Based on Personal Narratives,* Leicester University Press, London 2001, S. 315–317.

68 J. Goldstein, *Dziennik Janki Goldstein*, S. 149.

69 Bericht Nr. 302/197, Żydowski Instytut Historyczny, https://www.jhi.pl/storage/file/core_files/2022/8/10/4e4b566c2ec629d58ea364780bb38409/Pamiętniki_302.pdf (Zugriff am 21.02.2024).

70 E. Czekaj, *Zakończenie*, in: J. Goldstein, *Dziennik Janki Goldstein*, S. 339.

71 J. Iwaszkiewicz, *Wtedy kwitły forsycje*, S. 236.

Die Kindertagebücher sind das erschütternde Zeugnis einer verlorenen Kindheit. Das gebrochene Leben der Mädchen und jungen Frauen aus dem Krakauer Ghetto steht repräsentativ für das traurige Schicksal zahlreicher jüdischer Kinder im Holocaust. Ihr Leiden ist nicht mehr anonym und es bekommt mit den Diarien von Janka, Renia, Irena und Halina nun seinen Namen. Die grauenvolle und unvorstellbare Geschichte rückt in die Sphäre des Sichtbaren.

Literatur

Akavia Miriam, *Jesień młodości,* Państwowe Muzeum Auschwitz-Birkenau 2010.

Assmann Jan, *Kollektives Gedächtnis und kulturelle Identität,* in: *Kultur und Gedächtnis,* hrsg. v. Jan Assmann, Tonio Hölscher, Suhrkamp, Frankfurt am Main 1988, S. 9–19.

Batorski Przemysław, *Za murem w kształcie nagrobków. Likwidacja getta w Krakowie,* Żydowski Instytut Historyczny, https://www.jhi.pl/artykuly/likwidacja-getta-w-krakowie,2758 [Zugriff am 15.07.2023].

Biberstein Aleksander, *Zagłada Żydów w Krakowie,* Wydawnictwo Literackie, Kraków 2001.

Czekaj Ewa, *Zakończenie,* in: Janina Goldstein, *Dziennik Janki Goldstein,* Żydowskie Muzeum Galicja, Kraków 2018, S. 336–341.

Dzienniczek Ireny Glück, Archiwum Żydowskiego Instytutu Historycznego [AŻIH], Pamiętniki Żydów Ocalałych z Zagłady [Tagebücher von Jüdischen Holocaust Überlebenden], 302/270.

Engelking Barbara, *Holocaust and Memory. The Experience of the Holocaust and Its Consequences. An Investigation Based on Personal Narratives,* Leicester University Press, London 2001.

Głowiński Michał, *Gry powieściowe, Szkice z teorii i historii form narracyjnych.* Państwowe Wydawnictwo Naukowe, Warszawa 1973.

Goldstein Janina, *Dziennik Janki Goldstein,* bearb. v. Katarzyna Zimmerer und Ewa Czekaj, Żydowskie Muzeum Galicja, Kraków 2018.

Grądzka Martyna, *Jewish Women in the Kraków Ghetto: An Outline of Research Issues,* in: The Person and the Challenges, Vol. 3, 2013, No 2, S. 123–141.

Hajduk Joanna, Marszałek Anna, Semik Zbigniew u. a., *Śladami nastolatki. Krakowskie getto we wspomnieniach Haliny Nelken,* Muzeum Historyczne Miasta Krakowa, Kraków 2011.

Halbwachs Maurice, *Das Gedächtnis und seine sozialen Bedingungen.* Übers. v. Lutz Geldsetzer, Suhrkamp, Frankfurt am Main 1985.

Holocaust Encyclopedia, hrsg. v. United States Holocaust Memorial Museum, https://encyclopedia.ushmm.org/content/en/article/childrens-diaries-during-the-holocaust, [Zugriff am 21.02.2024].

Iwaszkiewicz Joanna, *Wtedy kwitły forsycje. Pamięci dzieci – ofiar Holokaustu,* BIS, Warszawa 2002.

Jakowska Krystyna, *Inicjacja niedokonana w polskiej literaturze Holocaustu*, in: *Z problemów prozy. Powieść inicjacyjna*, hrsg. v. Wojciech Gutowski, Ewa Owczarz, Dom Wydawniczy Duet, Toruń 2003, S. 445–455.

Kaniewska Bogumiła, *Historia i egzystencja. Współczesne biografie wobec wzorca powieści rozwojowej*, in: *O historyczności*, hrsg. v. Katarzyna Meller, Krzysztof Trybuś, Wydawnictwo Poznańskie Studia Polonistyczne, Poznań 2006, S. 341–350.

Knoll Renia, *Dziennik*, Znak, Warszawa 2013.

Kowalska-Leder Justyna, *Doświadczenie Zagłady z perspektywy dziecka w polskiej literaturze dokumentu osobistego*, Wydawnictwo Uniwersytetu Wrocławskiego, Wrocław 2009.

Löw Andrea, Roth Markus, *Juden in Krakau unter deutscher Besatzung 1939–1945*, Wallstein Verlag, Göttingen 2011.

Müller-Madej Stella, *Das Mädchen von der Schindlers Liste. Aufzeichnungen einer KZ-Überlebenden*. Aus dem Polnischen von Bettina Thorn. Ölbaum Verlag, Augsburg 1994.

Nelken Halina, *Pamiętnik z getta w Krakowie*, Polski Fundusz Wydawniczy w Kanadzie, Toronto 1987.

Pamiętniki Żydów Ocalałych z Zagłady, Archiwum Żydowskiego Instytutu Historycznego, Sprawozdanie [Bericht] Nr. 302/197, Nr. 301/1223.

https://www.jhi.pl/storage/file/core_files/2022/8/10/4e4b566c2ec629d58ea364780bb38409/Pamiętniki_302.pdf [Zugriff am 21.02.2024].

Pankiewicz Tadeusz, *Apteka w getcie krakowskim*, Wydawnictwo Literackie, Kraków 1982.

Trojański Piotr, *Stowarzyszenie Rękodzielników Żydowskich Szomer Umonim w Krakowie – jego rozwój i działalność w okresie międzywojennym*, in: *Kraków. Studia z dziejów miasta w 750 rocznicę lokacji*, hrsg. v. Jerzy Rajman, Wydawnictwo Akademii Pedagogicznej, Kraków 2007, S. 221–236.

Weil Simone, *Die Verwurzelung. Vorspiel zu einer Erklärung der Pflichten dem Menschen gegenüber*, Diaphanes Verlag, Zürich 2011.

Wójcik-Dudek Małgorzata, *W(y)czytać Zagładę. Praktyki postpamięci w polskiej literaturze XXI wieku dla dzieci i młodzieży*, Katowice 2016.

Zapruder Alexandra, *Salvaged Pages: Young Writers' Diaries of the Holocaust*, Yale University Press, New Haven 2022.

Zimmerer Katarzyna, *Zamordowany świat. Losy Żydów w Krakowie 1939–1945*, Wydawnictwo Literackie, Kraków 2004.

„Die Zeit verwandelt uns nicht. Sie entfaltet uns nur."

Das Tagebuch als literarische Form der Geschichtsschreibung bei Max Frisch

Michael Gans

Pädagogische Hochschule Ludwigsburg

"Time Does Not Change Us. It Unfolds Us." The Diary as a Literary Form of Historiography in Max Frisch

Max Frisch, a Swiss writer, uses diaries to reflect on his right to write post-WWII, forging a new form of literary historiography. In works like *Diary 1946–1949*, *Stiller*, and *Homo Faber*, Frisch blends fiction, fact, and personal life. This study examines how Frisch expands historical understanding through individual experience, establishing a critical distance from bourgeois society.

Keywords: Max Frisch, diary, historiography, literary analysis

Frisch sieht sich 1949 in Zürich als ‚Verschonten', „dessen Schreibrecht niemals in seiner Person, nur in seiner Zeitgenossenschaft begründet sein kann" und der „außerhalb der nationalen Lager steht"[1]. Als deutschsprachiger, aber nicht-deutscher Autor liefert er uns Deutschen eine ungewohnte Perspektive auf die Ereignisse der Zeit, die er im *Tagebuch 1946–1949* zur literarischen Form bringt – keine erwartbaren chronologischen Aufzeichnungen aus dem unmittelbaren Erleben heraus, sondern in eine „zusammensetzende Folge"[2] gebracht, „die einzelnen Steine eines Mosaiks, und als solches ist dieses Buch zumindest gewollt"[3], die „sich allein kaum verantworten"[4] können; so beschreibt er es direkt an den ‚verehrten Leser' gewandt im Vorwort. Frisch erreicht im *Tagebuch* erstmals seinen charakteristischen Stil. Laut Bircher (1997)[5] ist Frischs Sprache geprägt von Klarheit und Leichtigkeit; sie wirkt beinahe schwerelos und verzichtet auf künstliche

1 M. Frisch, *Tagebuch 1946–1949*, in: *Max Frisch, gesammelte Werke Bd. 2*, hrsg. v. H. Mayer, Suhrkamp, Frankfurt am Main 1976, S. 349.

2 Ebd.

3 Ebd.

4 Ebd.

5 U. Bircher, *Vom langsamen Wachsen eines Zorns. Max Frisch 1911–1955*. Limmat, Zürich 1997, S. 176f.

Bilder und übertriebene Poetismen. Frisch hat sich bewusst vom Bürgertum entfernt und zeigt Interesse an den Ideen des Sozialismus, jedoch mit dem Fokus auf der Freiheit und Würde des Individuums, statt auf einem kollektivistischen Ansatz. Er hat sich von einem bürgerlich-konservativen Heimatdichter zu einem politisch engagierten, kritischen europäischen Intellektuellen entwickelt. In dieser Rolle erkennt er die Einschränkungen des Lebens sowohl gesellschaftlich und politisch als auch individuell und psychologisch. Frisch versteht Kunst und Politik als zwei sich ergänzende Aspekte eines umfassenden Zusammenhangs. Sein Tagebuch fungiert als wertvolles Reservoir an Stoffen, Geschichten und Ideen, dessen Erarbeitung ihn über die nächsten zwanzig Jahre beschäftigt. Viele seiner Werke aus den 1950er und 1960er Jahren sind Erweiterungen oder Ausarbeitungen der im Tagebuch festgehaltenen Gedanken.

Bezogen auf das Tagungsthema „Geschichte in Geschichten" spielt bei Frisch die individuelle Erfahrung eine Rolle, die sich in *Mein Name sei Gantenbein* noch 1964 eine Geschichte sucht.[6]

Die Geschichtsdidaktik unterscheidet nach Rüsen (2001)[7] kategorisch Vergangenheit und Geschichte. Vergangenheit gilt nur abhängig von einer Narration als erkennbar, Geschichte bezeichnet eine grundsätzlich narrativ verfasste Bezugnahme auf die Vergangenheit und ihren Zusammenhang mit der Gegenwart. Insofern reden wir eigentlich von einer Selbstverständlichkeit: historisches Bewusstsein manifestiert sich im Narrativ, das Abstrakte historischer Großereignisse konkretisiert sich im erzählten Einzelschicksal. Frisch konstruiert aus den wesentlichen Elementen „Fiktion, Faktum und persönliche[m] Leben"[8] im *Tagebuch 1946–1949* eine Gesamtkomposition, die im Folgenden exemplarisch dekonstruiert werden soll. Knapp (1997) unterscheidet bei literarischen Tagebüchern der Moderne faktische Texte bzw. Dokumentation der Zeitgeschichte, Reflexionen des Tagebuch-Ichs auf faktische Eindrücke, persönliche Eintragungen des Tagebuch-Ichs, poetologische Fragestellungen und fiktionale Skizzen.[9] All dies lässt sich auch in Frischs Tagebüchern finden.

So sitzt das sprechende Ich 1946 im *Café de la Terrasse* in Zürich und reflektiert über den Sinn eines Tagebuchs, über die Natur der Zeit und des Schreibens. Demnach verändert die Zeit uns nicht, sondern entfaltet unser Wesen: „Die Zeit verwandelt uns nicht. Sie entfaltet uns nur."[10] Frisch schreibt, um sich selbst kennenzulernen und den Zickzack der eigenen Gedanken zu bezeugen, anstatt auf späteres, vermeintlich klares Verständnis zu hoffen. Er bemerkt: „Man ist, was man ist. [...] Schreiben heißt: sich selber lesen."[11]

6 Vgl. M. Frisch, *Mein Name sei Gantenbein*, in: *Max Frisch, gesammelte Werke Bd. 5*, hrsg. v. H. Mayer, Suhrkamp, Frankfurt am Main, S. 11.

7 Rüsen, Jörn, Historisches Lernen. Grundlagen und Paradigmen, Schwalbach: Wochenschau Verlag 2001.

8 M. Frisch, *Tagebuch 1946–1949*, zit. nach U. Bircher, *Vom langsamen Wachsen eines Zorns. Max Frisch 1911–1955*. Limmat, Zürich 1997, S. 174.

9 U. Bircher, *Vom langsamen Wachsen eines Zorns. Max Frisch 1911–1955*. Limmat, Zürich 1997, S. 174.

10 M. Frisch, *Tagebuch 1946–1949*, in: *Max Frisch, gesammelte Werke Bd. 2*, hrsg. v. H. Mayer, Suhrkamp, Frankfurt am Main 1976, S. 361.

11 Ebd.

Hier verschmilzt die faktische Dokumentation mit subjektiven Reflexionen und poetischen Skizzen, um das Wesen des Schreibers zu entfesseln und die Illusion der Zeit zu dekonstruieren. Während Frisch deutsche Städte nach dem Krieg bereist, hält er seine Eindrücke auf fast lyrische Weise fest. In München sieht er „grüne Inseln"[12], die von einer „fast italienischen Helle"[13] umspielt werden, doch er beschreibt auch die „Leere eines vergangenen Raumes"[14] und die „Fassaden, deren Fenster leer [...] wie die Augenlöcher eines Totenkopfes"[15] wirken. Dieser Kontrast zwischen vergangener Pracht und gegenwärtiger Zerstörung wird durch bildhafte Beschreibungen verdeutlicht, „Ein Eroberer zu Pferd", der „auf einem Sockel von Elend"[16] reitet, schlägt eine Brücke zwischen Geschichte und Gegenwart, indem er die Zerbrechlichkeit menschlichen Schaffens und den festen Griff der Vergangenheit auf das Jetzt zelebriert. Diese Reflexionen zeigen Frischs Vision des Tagebuchs als Raum, in dem persönliche und kollektive Erinnerungen zusammenfließen. Sie bieten zudem einen Vergleich zu anderen modernen Tagebuchschreibern, die ähnlich zwischen Faktum, Fiktion und persönlichem Erleben navigieren.[17] Die Eigenheiten von Frischs Stil liegen in diesem einzigartigen Verweben von introspektiven Gedankenspielen und geschichtlichen Wahrnehmungen, wodurch er nicht nur sein eigenes Ich, sondern auch die Zeit selbst befragt.

Max Frisch, in seiner Rolle als Architekt, erlebt bei seiner Reise durch das zerstörte Europa sowohl Bestürzung als auch Hoffnung. In Warschau bemerkt er die Chancen, die der Wiederaufbau für einen zeitgemäßen Städtebau bietet, der die Bedürfnisse der Bewohner besser berücksichtigen könnte. In seinen Tagebuchaufzeichnungen hält er fest, dass der anfängliche Eindruck der „trostlosen Vernichtung"[18] sich in eine Vision von Leben und Arbeit wandelt. Er berichtet von einer Stadt, die voller „Lärm der Arbeit"[19] ist, aber auch voller Zukunftsperspektiven, sobald das Vergangene als solches akzeptiert wird. Diese Reflexion verdeutlicht Frischs Fähigkeit, in der Zerstörung Potenzial für Erneuerung zu erkennen, eine Erkenntnis zwischen faktischer Dokumentation und persönlicher Reflexion. Neben seiner schriftstellerischen Tätigkeit verantwortet Frisch als Architekt den Bau des Freibads Letzigraben in Zürich. In seinen Tagebüchern berichtet er nicht nur über den Baufortschritt, sondern auch über inspirierende Begegnungen mit Bertolt Brecht. Frisch beschreibt Brecht als einen neugierigen und aufmerksamen Beobachter, einen „Könner im Fragen"[20], der die Baustelle erkundet und durch gezielte Fragen tiefere Probleme aufdeckt. Die Schilderungen von Zerstörung und Aufbau in Frischs Ta-

---

12 M. Frisch, *Tagebuch 1946–1949*, S. 367.
13 Ebd.
14 Ebd.
15 Ebd.
16 Ebd.
17 Man denke etwa an die Tagebücher von Virginia Woolf, Franz Kafka, Anaïs Nin, Thomas Mann oder Susan Sontag.
18 M. Frisch, *Tagebuch 1946–1949*, in: *Max Frisch, gesammelte Werke Bd. 2*, hrsg. v. H. Mayer, Suhrkamp, Frankfurt am Main 1976, S. 609.
19 Ebd., S. 610.
20 Ebd., S. 637.

gebüchern spiegeln seine Überzeugung wider, dass Herausforderungen stets auch Chancen bieten, um das Alltägliche zu hinterfragen und neue Denkweisen zu entwickeln. Seine Aufzeichnungen dokumentieren dabei nicht nur seine Erlebnisse als Architekt, sondern auch seine grundlegende Haltung: eine kritische Neugier und das Streben danach, die Essenz hinter der äußeren Form zu ergründen, als prägende Merkmale seiner Tätigkeit sowohl in der Architektur als auch in der Literatur.

Zu den konkret durchlebten und zur Sprache gebrachten Ereignissen kommen grundsätzliche Überlegungen „zur Schriftstellerei", „zum Theater" oder „zur Architektur". Die wohl bedeutsamste Einlassung betrifft die so genannte ‚Bildnis-Problematik':

> In gewissem Grad sind wir wirklich das Wesen, das die andern in uns hineinsehen, Freunde wie Feinde. Und umgekehrt! Auch wir sind die Verfasser der andern; wir sind auf eine heimliche und unentrinnbare Weise verantwortlich für das Gesicht, das sie uns zeigen, verantwortlich nicht für ihre Anlage, aber für die Ausschöpfung dieser Anlage. Wir sind es, die dem Freunde, dessen Erstarrtsein uns bemüht, im Wege stehen, und zwar dadurch, daß unsere Meinung, er sei erstarrt, ein weiteres Glied in jener Kette ist, die ihn fesselt und langsam erwürgt.[21]

Einem eher theoretisch verhandelten Problem folgt das veranschaulichende Beispiel, in diesem Fall *Der andorranische Jude*, eine Handlungsskizze, die später von Frisch zum Bühnenstück *Andorra* ausgebaut wird:

> Du sollst dir kein Bildnis machen, heißt es, von Gott. Es dürfte auch in diesem Sinne gelten: Gott als das Lebendige in jedem Menschen, das, was nicht erfaßbar ist. Es ist eine Versündigung, die wir, so wie sie an uns begangen wird, fast ohne Unterlaß wieder begehen –
> Ausgenommen wenn wir lieben.[22]

Die Parabel vom andorranischen Juden konkretisiert das menschliche Grundproblem des Vorurteils, der blitzschnellen und für Fluchttiere lebensnotwendigen, gleichzeitig fatalen Einordnung des Gegenübers in Schubladen, aus denen es kaum je wieder herauskommt und unser Verhalten ihm gegenüber prägt. Die Tragödie des vermeintlichen Juden Andri als Ganzes zerlegt sich in einzelne Rechtfertigungen, Frisch ruft die Andorraner in der Bühnenfassung in den Zeugenstand. Die Summe der Fehlleistungen führt zur Kollektivschuld, womit im Modell eines fiktiven Kleinstaates mit existentem Namen exemplarisch faschistische Mechanismen vorgeführt werden. In der Montage mit den Erkundungsreisen nach Deutschland, der dort wahrgenommenen Zerstörung, fügt sich mosaikartig ein Bild von Geschichte, die in die Katastrophe geführt hat und künftig verhindert werden muss.

---

21 Ebd., S. 371.
22 Ebd., S. 374.

Zu Beginn von Frischs Tagebuch wird Andorra als ein „sehr kleines Land“[23] beschrieben, dessen Bewohner misstrauisch und ehrgeizig sind. Die Andorraner haben stets die Angst, dass sie die „Maßstäbe verlieren“[24] könnten. Diese Charakterisierung spiegelt Frischs Betrachtung von Andorra als einen Mikrokosmos wider, in dem sich die Unsicherheiten und Komplexitäten einer abgeschlossenen Gemeinschaft zeigen.

Im Tagebuch kehrt das schreibende Ich immer wieder zu bestimmten Orten zurück, wobei jedem Ort spezifische Themen zugeordnet sind. So dient das *Café de la Terrasse* als „grünende Insel der Stille, der Muße“[25], wo Frisch Reflexionen über den „Sinn eines Tagebuches“[26] anstellt. Diese Überlegungen korrespondieren mit seinen Gedanken zur Schriftstellerei. Frisch betont, dass in der Literatur das Wichtigste oft „unsagbar“ sei, das „Weiße zwischen den Worten“[27]. Worte thematisieren oft Nebensachen, indirekt umkreisen sie jedoch das eigentliche Anliegen. Das Eigentliche bleibt dabei unausgesprochen und erscheint bestenfalls als Spannung zwischen den Aussagen.

Von hier aus ist es nicht mehr weit zu den Spuren des Denkens nach Jaques Derrida[28], die den scheinbar interpretierbaren Sinn von Text dekonstruieren. Das Café dürfte später auch der Ort einer Entscheidung gewesen sein: Der Feierabendschriftsteller Frisch entscheidet sich nach dem Erfolg seines *Tagebuchs* für das Schreiben und gegen seine bisherige Hauptprofession, die Architektur. Das Café als Ort der Begegnung und des Informationsaustauschs.

Auch „Zum Theater“ äußert sich das sprechende Ich mehrmals.[29] Darin werden konkrete Beobachtungen der Probenarbeit am Zürcher Schauspielhaus mit konzeptionellen Einlassungen kombiniert. Die Begegnungen mit Brecht, Frischs Auseinandersetzung mit dessen epischem Theater sind unverkennbar. Während einer Theaterprobe erlebte Max Frisch die starke Wirkung des scheinbar Banalen auf einer leeren Bühne ohne Kulissen. In der Dunkelheit einer Loge, die einer Beichtnische glich, beobachtete er, wie das einfache Verhalten eines Arbeiters und einer Schauspielerin, die beiläufig „guten Morgen“[30] sagte, eine unerwartete Tiefe und Resonanz entfaltete. Diese alltägliche Szene vermittelte ein „Dasein“[31] und eine „Gegenwart“[32], die den Raum erfüllten, obwohl die Details dem Beobachter verborgen blieben. Frisch erkannte, dass der leere Rahmen der Bühne das Sehen und Wahrnehmen provozierte, indem er als „Fenster nach dem Geist“[33] dien-

23 Ebd., S. 352.
24 Ebd.
25 Ebd., S. 358.
26 Ebd., S. 360.
27 Ebd., S. 378.
28 J. Derrida, *Die Schrift und die Differenz*. Übersetzt von Rodolphe Gasché, Suhrkamp, Frankfurt am Main 1976.
29 M. Frisch, *Tagebuch 1946–1949*, in: *Max Frisch, gesammelte Werke Bd. 2,* hrsg. v. H. Mayer, Suhrkamp, Frankfurt am Main 1976, S. 398ff, 570–576.
30 Ebd., S. 398.
31 Ebd.
32 Ebd.
33 Ebd., S. 399.

te, und somit das Theater als Sinn-Bild fungierte, das alltägliches Geschehen in neuem Licht erscheinen lässt. Diese Beobachtung verweist deutlich auf Bertolt Brechts Episches Theater, das die Zuschauer zur kritischen Reflexion anregen soll, anstatt in emotionale Identifikation zu versinken. Brecht verfolgte mit seinem Verfremdungseffekt das Ziel, das Bühnengeschehen hinterfragbar zu machen. Frischs Darstellung alltäglicher Gesten auf der Bühne entspricht dieser brechtschen Idee, das Gewöhnliche so darzustellen, dass es zu einem tieferen Erkenntnisprozess führt. Während Brecht das Theater als Mittel sah, um Distanz zu schaffen und das Publikum zur Überprüfung sozialer und politischer Zusammenhänge zu befähigen, spiegelt sich diese Herangehensweise in Frischs literarischen Ansätzen wider. Das Zusammenspiel von Fragmentarischem und Alltäglichem in Frischs Werk fördert ebenso eine kritische Reflexion und öffnet neue Bewusstseinsräume, analog zu der brechtschen Theaterpraxis.

Wenige Seiten später folgt die Dramenskizze *Der Graf von Öderland*, in der ein gewissenhafter Bankangestellter einen Hausmeister scheinbar grundlos mit der Axt erschlägt. Einzig der Staatsanwalt bringt Verständnis für die Tat auf und lässt sich von ihr zum Ausbruch aus seinem geregelten Leben inspirieren, zieht mit einer Axt in der Hand durch die Lande und tötet alle, die sich seinem Anspruch auf Freiheit entgegenstellen. Hinter der Leitfigur des Grafen Öderland scharen sich Anhänger, die Einzeltat des Staatsanwalts wächst sich zum allgemeinen Aufruhr aus. Die Rebellion führt am Ende zu einem politischen Umsturz, ohne dass sich die ersehnte Freiheit für den Staatsanwalt verwirklicht. Kennzeichnend für *Graf Öderland* ist die Vermischung von privaten und politischen Motiven, die auf zwei Hauptthemen in Frischs Werk zurückgehen: die Sehnsucht nach Ausbruch aus gesellschaftlichen Zwängen sowie eine wachsende Kritik an der bürgerlichen Ordnung.

Die Begegnungen mit Brecht finden mehrfach Erwähnung und führen zur intensiven Auseinandersetzung mit dessen Theatertheorie:

> Es wäre verlockend, all diese Gedanken auch auf den erzählenden Schriftsteller anzuwenden; Verfremdungseffekt mit sprachlichen Mitteln, das Spielbewußtsein in der Erzählung, das Offen-Artistische, das von den meisten Deutschlesenden als ‚befremdend' empfunden und rundweg abgelehnt wird, weil es ›zu artistisch‹ ist, weil es die Einfühlung verhindert, das Hingerissensein nicht herstellt, die Illusion zerstört, nämlich die Illusion, daß die erzählte Geschichte ‚wirklich' passiert sei usw.[34]

Man kann Frischs Romane, besonders *Mein Name sei Gantenbein*, als Umsetzungsvariationen dieser konzeptionellen Analogie zur Brecht'schen Theatertheorie lesen. Ein Spiel mit Möglichkeiten, dargeboten von einem unzuverlässigen Erzähler, der mitten in entstehender Imagination des Erzählten beim Leser abbricht und unter neuen Bedingungen anders fortfährt.

34 Ebd., S. 600f.

Das *Tagebuch 1946–1949* fungiert auch als Reisetagebuch, in dem Orte und Daten genannt werden, die zu tiefgründigen Reflexionen anregen. Einer dieser Einträge stammt aus Hamburg im November 1948. Der Autor beschäftigt sich intensiv mit dem Begriff der Kultur, einem Thema, das seiner Ansicht nach weitreichende und dringliche Fragen aufwirft, die seine intellektuelle Kapazität oft übersteigen. Er stellt fest, dass es nicht ausreicht, Kultur ausschließlich auf Kunst zu beschränken und dass ein Volk sich nicht als kulturell bezeichnen kann, nur weil es Sinfonien besitzt. Eine prägende Erfahrung seiner Generation, die im 20. Jahrhundert geboren und im Geiste des 19. Jahrhunderts erzogen wurde, insbesondere während des Zweiten Weltkrieges, ist die Erkenntnis, dass Menschen, die von dieser Kultur erfüllt sind und mit großem Interesse und Begeisterung über große Komponisten diskutieren, ebenso fähig sind, grausame Taten zu vollbringen, ohne dass ein Widerspruch besteht. Er fragt sich, wie er selbst davor gefeit sein kann, unvorstellbare Taten zu begehen, wenn Menschen mit derselben Erziehung und denselben Interessen offensichtlich nicht davor geschützt sind.[35]

In einem weiteren Eintrag aus Kampen im August 1949 reflektiert der Autor über die Möglichkeiten des Erlebens, das entweder in Erwartung oder in Erinnerung stattfindet. Die Gegenwart, gesehen als Schnittpunkt dieser beiden Zustände, ist schwer greifbar und erklärbar, weshalb es oft schwierig ist, eine Landschaft zu beschreiben, während man sie betrachtet. Er erkennt, dass es ein sinnloses Unterfangen ist, etwas zu beschreiben, solange es direkt vor einem liegt – es sei die Zeit des Sehens, nicht des Beschreibens. Zudem benennt er die „Verwechslung zweier Begriffe: erleben und dabeisein“.[36] Der Großteil dessen, was Menschen als Erleben beschreiben, bewegt sich im Bereich der Ahnung, während die Erinnerung erheblich kleiner ist. Dieser Umstand ermöglicht erst die Existenz von Dichtern und Lesern. Ein Leser öffnet ein Buch, um sich vom bloßen Dabeisein zu verabschieden und in den Bereich der Ahnung einzutreten, um tatsächlich etwas zu erleben.[37]

Frisch geht in seinen Texten an die Grenzen des Dar- und für die Leserinnen und Leser Vorstellbaren. Er sabotiert das Grundvertrauen der Rezipientinnen und Rezipienten, dass ihnen von einer klar identifizierbaren Instanz eine Geschichte von A bis Z erzählt wird. Als Autor der Moderne erkennt er die Komplexität diverser Realität als nicht vollständig darstellbar an und experimentiert mit dem erzählerischen Mosaik aus Fiktion, Fakt und Erlebtem, das zufällig erlebt, erdacht oder existent ist. Das Einzelne, Exemplarische, Fragmentarische, Skizzierte, das Bruchstück kann für sich stehen, verwebt sich aber in der Vielgestaltigkeit der Einzeltexte zu jener besonderen Textur, deren Summe mehr ist und der Komplexität des, wie auch immer vermuteten, tatsächlich Vorhandenen und sich Ereignenden wohl näherkommt, als es stringente Narrative mit durchgehenden Handlungssträngen und einem festen Figurenarsenal vermögen.

So wird auch das Unfassbare des Zweiten Weltkrieges, dessen ‚Zeitraum‘ sich für den Schweizer Frisch als Soldat in den Alpenstellungen schreibend vollzieht, teilweise, also in Teilen mit Schrift umstellt. In der Retrospektive, den Trümmern des Danach und den

35 Ebd., S. 628f.
36 Ebd., S. 711.
37 Ebd., S. 711f.

Ruinen der deutschen Sprache selbst, spürt Frisch das Beispielhafte auf, formuliert es, ordnet es, verknüpft, verbindet, deutet an, lässt offen, überlässt es den Leserinnen und Leser, Zusammenhänge wahrzunehmen, Bezüge herzustellen, im Nacheinander der Anordnung Tiefergehendes für sich zu entdecken. Und dennoch werden Haltungen des Tagebuch-Ichs deutlich, bleibt es nicht bei protokollierender Zeitzeugenschaft. Es wird erzählt und fabuliert in Skizzen, Entwürfen und Beispielen zur Veranschaulichung. Es werden in sich abgeschlossene Geschichten, Episoden, Anekdoten einmontiert, ohne dass sie einer moderierenden Einordnung bedürften. Somit ist das *Tagebuch 1946–1949* ein zeitloses Zeitzeugnis, dessen Modellcharakter ein neues Genre begründet hat: das „Tagebuch als literarische Form".

Literatur

Aust, Hugo, *Literatur und Geschichte.* In: *Der historische Roman*, Metzler, Stuttgart 1994.

Bircher, Urs, *Vom langsamen Wachsen eines Zorns. Max Frisch 1911–1955*, Limmat, Zürich 1997.

Derrida, Jaques, *Die Schrift und die Differenz*, übers. v. Rodolphe Gasché, Suhrkamp, Frankfurt am Main 1976.

Frisch, Max, *Tagebuch 1946–1949*, in: *Gesammelte Werke in zeitlicher Folge. Band 2, 1944–1949*, hrsg. v. Hans Mayer unter Mitwirkung von Walter Schmitz. Suhrkamp, Frankfurt am Main 1998, S. 347–750.

Gans, Michael, Vogel, Harald, *Max Frisch lesen. Lesewege und Lesezeichen zum literarischen Werk. Leseportraits Bd. 5*, Schneider Verlag Hohengehren, Baltmannsweiler 2012.

Gerstberger, Lea, *Geschichte in Geschichten.* Blog http://geschichte-in-geschichten.de/ [Zugriff am 10.06.2024].

Geschichte und Literatur: https://guides.clio-online.de/guides/themen/geschichte-und-literatur/2016 [Zugriff am 10.06.2024].

Knapp, Gerhard P., *„Das Weisse zwischen den Worten". Studien zur Entwicklung und zur Ästhetik des literarischen Tagebuchs der Moderne.* In: *Sprachkunst 28* (1997), S. 291–319. Nach: Heinrich-Korpys, Meike, *Tagebuch und Fiktionalität. Signalstrukturen des literarischen Tagebuchs am Beispiel der Tagebücher von Max Frisch.* Röhrig, St. Ingbert 2003, S. 117.

Rüsen, Jörn, *Historisches Lernen. Grundlagen und Paradigmen*, Wochenschau Verlag, Schwalbach 2001.

Steinmetz, Horst, *Max Frisch: Tagebuch, Drama, Roman,* Vandenhoeck & Ruprecht, Göttingen 1973.

Verzeichnis der Autorinnen und Autoren

Angela Bajorek, Dr. habil., Professorin der Universität der Kommission für Nationale Bildung in Krakau (UKEN); von 2017–2024 stellvertretende Direktorin des Neuphilologischen Instituts und Leiterin der Abteilung Germanische Philologie an der UKEN; Leiterin des Lehrstuhls für deutschsprachige Literatur; Gutachterin des Ministeriums für Nationale Bildung in Warschau für DaF-Lehrwerke. Forschungsinteressen: deutschsprachige Kinder- und Jugendliteratur; Didaktik der deutschen Literatur. Ausgewählte Monographien: *Europäisches Sprachportfolio für Kinder im Alter von 6–10 Jahren*, Warschau 2006; *Heretyk z familoka. Biografia Janoscha*, Kraków 2015; *Wer fast nichts braucht, hat alles. Janosch. Die Biographie*, Berlin 2016; *Motywy autobiograficzne w twórczości Janoscha*, Kraków 2018; *Kinder- und Jugendliteratur im DaF-Unterricht. Textvorschläge für den didaktischen Einsatz*, Berlin 2019 und *Deutschsprachige Kinder- und Jugendliteratur im DaF-Unterricht*, Berlin 2023; Mitherausgeberin der Bände: *Krakau im Blickfeld von Geschichte, Kultur, Literatur und Sprache vom 19. bis zum 21. Jahrhundert*, Band 1: *Geschichte*, Band 2: *Kultur, Literatur und Sprache*, Harrassowitz 2024; zahlreiche Aufsätze zur deutschsprachigen und polnischen Kinder- und Jugendliteratur.

Carlo Brune, Dr. phil. habil., Professor für deutsche Literaturwissenschaft und Literaturdidaktik an der Pädagogischen Hochschule Ludwigsburg. Nach dem Studium der Germanistik, kath. Theologie und Philosophie an den Universitäten Münster, Bielefeld und Basel wurde er 2002 mit einer Arbeit zu Roland Barthes an der Universität Münster promoviert. Im Anschluss an das Zweite Staatsexamen und eine langjährige Tätigkeit als Gymnasiallehrer habilitierte er sich 2018 mit der Arbeit *Literarästhetische Literalität – Literaturvermittlung im Spannungsfeld von Kompetenzorientierung und Bildungsideal* an der Leibniz Universität Hannover. Publikations- und Forschungsschwerpunkte bilden die Literatur der Epochenumbrüche 1800 und 1900, Gegenwarts- und Popliteratur sowie die Spezifika literarischer Textrezeption und ihrer Vermittlung. Seine letzte Publikation ist der 2024 im Reclam Verlag erschienene Band *Lyrik unterrichten – Analyse, Didaktik, Unterrichtspraxis*.

Natalia Fuhry, Dr. phil., studierte Literatur- und Kulturwissenschaften, Sprachwissenschaften und Musikwissenschaft in Dortmund und Warschau. Sie promovierte mit einer genderorientierten Untersuchung englischer und deutscher Komödien. Nach ihrer Tätigkeit als Dramaturgin (Theater Augsburg/Opernfestspiele Heidenheim) arbeitet sie seit 2019 als Akademische Rätin für Literatur-/Theaterwissenschaft und Theaterpädagogik an der Pädagogischen Hochschule Ludwigsburg. Letzte Publikation: *Repräsen-*

tationen von Weiblichkeit – Theater als Verhandlungsraum von Zukunftsentwürfen. In: Langner, Lind, Mirecka (Hrsg.): *Zukünftigkeit im Zeitgenössischen Drama und Theater. Literatur- und theaterwissenschaftliche Studien.* Brill Fink: Paderborn 2025, 147–158.

Michael Gans, geboren in Stuttgart, Abitur in Leonberg, Schreinerlehre in Sindelfingen und Großaspach, Lehramtsstudium an der Pädagogischen Hochschule Ludwigsburg, Magisterarbeit über Erich Kästner, Promotion über Rose Ausländer. Seit 2003 Akademischer Rat für Literatur, Medien und ihre Didaktik sowie Spiel- und Theaterpädagogik an der Pädagogischen Hochschule Ludwigsburg, dort u. a. Senatsbeauftragter für Kultur. Publikationen u. a. zu Rose Ausländer, Hilde Domin, Erich Kästner, Max Frisch, Erich Fried, zu Lyrik, Literaturdidaktik, Slam Poetry. Autor von Romanen, Regionalkrimis, Kinderbüchern, Kurzprosa und Gedichten. Kooperationen mit und Kurzzeitdozenturen in Samara (Russland), Tscherniwtsi (Ukraine) und Cluj Napoca (Rumänien). Leiter der digitalisierten Forschungsstelle Nachlass Rose Ausländer an der PH Ludwigsburg.

Paul Martin Langner, Professor für die Geschichte der deutschen Literatur an der Schlesischen Universität Opava in Tschechien; Präsident der Friedrich-Hebbel-Gesellschaft e. V. (Wesselburen), Forschungsgebiete: Literaturhistorische Areastudies, narrative und performative Strukturen mittelalterlicher Texte, Strukturen des modernen Dramas und Studien zu Friedrich und Christine Hebbel. Letzte Publikationen: *Hebbel im weiten Blick. Perspektiven für eine zukünftige Forschung.* In: *Hebbel Jahrbuch*, 80/2025. Hrsg. v. Martin Langner und Hargen Thomsen, Heide: Boyens Buchverlag, 2025, S. 7–15; *Nachreden – Überlagern – Auflösen. Zu Elfriede Jelineks Stück „Lärm. Blindes sehen. Blinde sehen“.* In: *Zukünftigkeit im zeitgenössischen Drama und Theater.* Hrsg. v. Julia Lind, u. a. Paderborn: Brill 2025, S. 35–46.

Marijana Mandić, Assistentin an der Abteilung für deutsche Sprache und Literatur der Fakultät für Geistes- und Sozialwissenschaften Osijek. Im September 2025 hat sie ihre Doktorarbeit mit dem Titel *Die Krise der Stadt und des Bürgerbewusstseins in der zeitgenössischen kroatischen und deutschsprachigen Prosa* erfolgreich verteidigt. Von Oktober 2021 bis Oktober 2025 arbeitete sie als wissenschaftliche Mitarbeiterin am Projekt UIP-2020-02-3695 *Analyse von Systemen in Krisen und vom neuen Bewusstsein in der Literatur des 21. Jahrhunderts*, das vom Kroatischen Wissenschaftsfonds finanziell unterstützt wird. Ihre Forschungsinteressen richten sich auf die Geisteswissenschaften, Philologie, Literaturgeschichte und Literaturwissenschaft, mit besonderer Berücksichtigung der zeitgenössischen deutschsprachigen und kroatischen Prosa und Drama und der Themen Raum, Raumwahrnehmung und Stadt.

Agata Mirecka, Dr. phil., Professorin am Lehrstuhl für deutschsprachige Literatur, Universität der Kommission für Nationale Bildung in Kraków und vereidigte Dolmetscherin der deutschen Sprache in Polen. Gutachterin des Ministeriums für Nationale Bildung in Warschau für DaF-Lehrwerke. Studium der Deutschen Philologie in Kraków,

Wien und Brno. Ihre Dissertation betraf die Prager deutsche Literatur. Im Zentrum ihrer jetzigen Forschungen stehen das Gegenwartsdrama, Ästhetik der dramatischen Form, Theoretische Forschungen zur deutschen Literatur seit Anfang des 20. Jhs., Migrantenliteratur, Transkulturalität im Drama. Sie war und ist an mehreren Projekten zur heutigen Theatersituation und des modernen Dramas leitend beteiligt. Letzte Monographie: *Schreiben auf der Bühne* bei Roland Schimmelpfennig. Rezeptionsästhetische Aspekte und *New Philology* als Metapher der Dokumentation der deutschen dramatischen Gegenwartsliteratur. Brill, Paderborn 2022.

Sonja Novak, Dr. phil., außerord. Professorin an der J.-J.-Strossmayer-Universität in Osijek, Kroatien; hat 2006 das Diplomstudium der Anglistik und Germanistik abgeschlossen und 2013 mit dem Thema *Das Verschwinden der Tragödie aus dem Theater des 20. Jahrhunderts* promoviert. 2017 Forschungsaufenthalt in Pécs, Ungarn und 2018 in Wien, Österreich. 2019/2020 Gastdozentin an der Universität Tuzla in Bosnien und Herzegowina. Als Plenarvortragende wurde sie nach Spanien, Türkey und Portugal eingeladen. Ihr Forschungsschwerpunkt ist das deutschsprachige Gegenwartsdrama; sie arbeitet u. a. komparatistisch, kulturwissenschaftlich, interdisziplinär und mit Methoden der Digital Humanities. Sie leitet das Forschunsgprojekts UIP-2020-02-3695 ASKiNS21 (20021–2026). Letzte Publikation: mit Marijana Mandić: *Exploring the crisis motif in contemporary German-speaking, English-speaking, and Croatian literature—a digital and interdisciplinary approach.* In: *Digital Scholarship in the Humanities*, 40 (2025), 1; S. 253–267. doi: 10.1093/llc/fqae081.

Ralph Olsen, Dr. sc. paed., Professor für Literaturwissenschaft und Literaturdidaktik mit den Schwerpunkten Theaterdidaktik und literarisches Lernen am *Institut für deutsche Sprache und Literatur* der Pädagogischen Hochschule Ludwigsburg. Studium der Fächer Deutsch, Geschichte und Biologie für das Lehramt an Grund- und Hauptschulen an der Pädagogischen Hochschule Kiel und der Christian-Albrechts-Universität zu Kiel. Mehrere Jahre Lehrer an einer allgemeinbildenden Schule in Lübeck, währenddessen Studienleiter für das Fach Deutsch am Kieler *Institut für Qualitätsentwicklung an Schulen in Schleswig-Holstein* (IQSH). Dissertation über Rainer Maria Rilkes Roman *Die Aufzeichnungen des Malte Laurids Brigge*. Letzte Publikation: Von den didaktischen Beispielhaftigkeiten des rilkeschen Panthers, in: *z. B. Zeitschrift zum Beispiel*, Nr. 6, 2024, S. 99–119, abrufbar unter: https://ub-deposit.fernuni-hagen.de/receive/mir_mods_00002062.

Sabine B. Pfäfflin, Dr. phil., Akademische Oberrätin am Institut für deutsche Sprache und Literatur der Pädagogischen Hochschule Ludwigsburg; lehrt und forscht in Literatur- und Medienwissenschaft sowie Literatur- und Mediendidaktik. Studium der Germanistik, Romanistik, Musik- und Erziehungswissenschaft an den Universitäten Saarbrücken und Nantes, Referendariat und Gymnasiallehrerin in Baden-Württemberg und Frankreich, Promotion an der Universität Augsburg mit einer Arbeit zu Auswahlkriterien für Gegenwartsliteratur im Deutschunterricht. Arbeitsschwerpunkte: Gegenwartsliteratur, Hörspiel und Hörspieldidaktik, Literatur und Musik, Lyrik und Lyrikdidaktik, literarisches Schreiben und literarische Performance, literarisches Lernen. Letzte Publikation: *Das kleine Gespenst*. In: *KinderundJugendmedien.de*. Erstveröffentlichung: 27.10.2023 (Zuletzt aktualisiert am: 16.11.2023). URL: https://www.kinderundjugend medien.de/kritik/hoerspiele-und-buecher/6947-preussler-otfried-das-kleine-gespensthoerspiel. Zugriffsdatum: 29.09.2025

Felix Quiram, geboren 1996 in Filderstadt, studierte von 2018 bis 2024 an der Pädagogischen Hochschule Ludwigsburg und der Universität Stuttgart Germanistik und Philosophie. Sein Masterstudium beendete er mit einer Arbeit über Metafiktionalität bei Daniel Kehlmann. Von 2020 bis 2024 war er zunächst als studentische, später als wissenschaftliche Hilfskraft am Seminar für deutsche Sprache und Literatur der Pädagogischen Hochschule Ludwigsburg tätig.

Karol Sauerland, Prof. Dr. habil.; studierte Mathematik, Germanistik, 1970 Diss., 1975 Habil., 1977–2006 Leiter der Literaturwissenschaftlichen Abt. an der Warschauer Germanistik; Lehrstuhlinhaber an der Germanistik der Universität Thorn (1979–2006 mit Unterbrechung wegen Zugehörigkeit zur Solidarność), 1980–1990 Vorstandsmitglied der IVG, 1992–2000 Vorsitzender der Philosophischen Gesellschaft in Warschau, 1993–2003 Mitglied der Jury Europäischer Buchpreis Leipzig, 1994–2003 und 2007–2016 Mitglied der Jury des Hannah-Arendt-Preises, Bremen, 1995 Preis der Alexander von Humboldt-Stiftung. 2015 Petöfi-Preis, Budapest. Gastprofessuren ETH-Zürich, Univ. Mainz, FU Berlin, Amiens, Fritz Bauer Institut, Frankfurt/M., Universität Hamburg, Franz-Rosenzweig-Professur Kassel, Universität in Ústí, Częstochowa, Akademia Pomorska in Słupsk (2013–2018). Über 300 wissenschaftliche Artikel, 60 Rezensionen, über 100 politische Artikel und Essays (u. a. in der NZZ, FAZ, SZ sowie in poln. Publikationsorganen), Hrsg. bzw. Mitherausgeber von 20 Sammelbänden. Letzte Publikation: *Mariupol. Reflexionen über die russische Invasion gegen die Ukraine* (hrsg. mit Detlef Krell), Dresden 2022.

Dorota Szczęśniak, Dr. phil., Studium der Germanistik an der Jagiellonen-Universität in Kraków und an der Ruhr-Universität Bochum. Dissertation: Zum Aphorismus der Wiener Moderne: Arthur Schnitzler, Hugo von Hofmannsthal, Karl Kraus. Wissenschaftliche Mitarbeiterin am Lehrstuhl für die deutschsprachige Literatur der Universität der Kommission für Nationale Bildung in Kraków; Gutachterin des polnischen Ministeriums für Nationale Bildung in Warschau für DaF-Lehrwerke. Forschungsinteressen: österreichische Literatur, Literatur und Kultur des Fin de Siècle, polnisch-deutsche/österreichische Kulturbeziehungen, Literaturdidaktik. Letzte Publikationen: Krakau im Blickfeld von Geschichte, Kultur, Literatur und Sprache. Band 11,1. Geschichte, Band 11,2. Kultur, Literatur und Sprache (Hrsg. mit Angela Bajorek, Isabel Röskau-Rydel, Jan Rydel), Harrassowitz Verlag: Wiesbaden 2024.

Monika Tokarzewska, Dr. phil. habil., Universitätsprofessorin und Leiterin des Lehrstuhls für Literatur, Kultur und Medien des deutschen Sprachgebiets an der Nikolaus Kopernikus-Universität Toruń in Polen; studierte germanische sowie polnische Philologie an der Warschauer Universität, 2006 promovierte sie über Verschränkungen zwischen Literatur und Soziologie bei Georg Simmel; 2016 Habilitation über kosmologische Metaphern in der Philosophie und Literatur um 1800; ihre wissenschaftlichen Interessen sind Metaphern und Begriffsgeschichte, Beziehungen zwischen Literatur und Philosophie (vor allem die Frühromantik) sowie mit Literatur und Wissenschaft, darüber hinaus mit Shoah-Literatur und der deutsch-polnischen Komparatistik, Hannah Arendt und Walter Benjamin. Längere Auslandsaufenthalte: einjähriges DAAD-Promotionsstipendium an der Universität Hamburg, Stipendium der Klassik-Stiftung Weimar, Fellow am Alfried-Krupp Wissenschaftskolleg Greifswald. Eine der letzten Publikationen: *Literary practice and immanent literary theory*, in: The Routledge international handbook of Simmel studies, hrsg. v. Gregor Fitzi, New York: Routledge 2020, S. 213–224.